摇滚吧，经济学
ROCKONOMICS

［美］艾伦·克鲁格（ALAN KRUEGER）/著
马韧 路旦俊/译

Rockonomics: a Backstage Tour of What the Music Industry Can Teach Us about Economics and Life
Copyright © 2019 by Alan B. Krueger

© 中南博集天卷文化传媒有限公司。本书版权受法律保护。未经权利人许可，任何人不得以任何方式使用本书包括正文、插图、封面、版式等任何部分内容，违者将受到法律制裁。

著作权合同登记号：图字 19-2019-279

图书在版编目（CIP）数据

摇滚吧，经济学 /（美）艾伦·克鲁格（Alan Krueger）著；马韧，路旦俊译. —长沙：湖南文艺出版社，2020.4
　　书名原文：Rockonomic
　　ISBN 978-7-5404-9457-5

Ⅰ. ①摇⋯　Ⅱ. ①艾⋯　②马⋯　③路⋯　Ⅲ. ①经济学 – 通俗读物　Ⅳ. ①F0-49

中国版本图书馆 CIP 数据核字（2019）第 274955 号

上架建议：经济通识·商业

YAOGUN BA，JINGJIXUE
摇滚吧，经济学

作　　者：	［美］艾伦·克鲁格（ALAN KRUEGER）
译　　者：	马　韧　路旦俊
出 版 人：	曾赛丰
责任编辑：	薛　健　刘诗哲
监　　制：	吴文娟
策划编辑：	黄　琰
特约编辑：	刘　君
版权支持：	辛　艳　张雪珂
营销支持：	刘晓晨　秦　声
封面设计：	利　锐
版式设计：	李　洁
出　　版：	湖南文艺出版社
	（长沙市雨花区东二环一段 508 号　邮编：410014）
网　　址：	www.hnwy.net
印　　刷：	三河市鑫金马印装有限公司
经　　销：	新华书店
开　　本：	700mm × 995mm　1/16
字　　数：	256 千字
印　　张：	20
版　　次：	2020 年 4 月第 1 版
印　　次：	2020 年 4 月第 1 次印刷
书　　号：	ISBN 978-7-5404-9457-5
定　　价：	68.00 元

若有质量问题，请致电质量监督电话：010-59096394
团购电话：010-59320018

目 录
Contents

第一章　前言　001

第二章　紧跟资本的走向：音乐经济　030

第三章　音乐人的供给　055

第四章　超级明星经济　084

第五章　运气的力量　113

第六章　演出必须继续：现场音乐演出的经济学　136

第七章　欺诈、骗局与音乐业务　168

第八章　流媒体正在改变一切　187

第九章　模糊界线：数字世界中的知识产权　213

第十章　全球音乐市场　238

第十一章　音乐与良好生活　261

附录　对《明星选票》票房数据库的评估　273

致谢　280

附注　283

到音乐产业的后台转一转，
我们便能窥见经济学以及生活的门道

致莉萨，只因是你

第一章
前 言

曾有人对我说："可披头士乐队是反对物质主义的。"其实此言大谬。约翰（·列侬）和我曾经坐在一起相顾而言："来，我们再写个游泳池出来。"此事千真万确。

——保罗·麦卡特尼

"你喜欢什么样的入场音乐？"无论是在此前还是此后，都没人问过我这个问题。当时我在摇滚乐名人堂正准备开始演讲，主持人想知道在我登台亮相之前该放什么音乐。

不，不是我入选名人堂。我不是搞音乐的，我唱歌连调子都拿不准。我是普林斯顿大学的经济学教授。当时我正担任总统经济顾问委员会的主席。我之所以会被邀请去演讲，是因为我有个想法：以音乐产业为标志，进而论述美国经济与音乐产业的相似之处——尤其是关于中产阶级家庭挣扎的经济现状，以及富人和其他人之间日益扩大的贫富差距。最重要的主题是美国就业市场已成为一个超级明星或者赢家通吃的市场，这正与音乐产业的状况一模一样：少数几位顶级艺人能日进斗金，而其他所有人却只能勉强维持生计。

我的演讲中用"摇滚经济学"这个词来解释这一切为什么会发生，对普通美国人而言它意味着什么，以及应当采取怎样的措施才能创造一个惠及每个人的更公平的经济。"摇滚经济学"是我对音乐产业进行经济学研究的术语。当时我恰巧产生了一些极为大胆的想法，想借此来帮助重建我们国家的希望与梦想。做这样的演讲，还有比克利夫兰的摇滚名人堂更好的地方吗？

我当时的老板——奥巴马总统——很喜欢这个主意。更棒的是，他也喜欢这个演讲。趁他乘"空军一号"出行的空当，我给他发了一份演讲副本。之后有一次开会时，他高声对大家说："你们每个人都该读读艾伦的那篇演讲。"很快我便收到了劳工部部长和商务部部长的请求，让我也给他们提供一份演讲副本。

本书从最初的摇滚经济学的比喻出发，进而论述了近年来美国整体经济所发生的变化，以及我们每个人应该做好哪些准备，才能应付在21世纪的商店里出现的变化。我在自己的职业生涯中有一个发现——这个发现是有心理学研究作为根据的——最佳的学习效果不是从抽象的原理或方程式中获得，而是从故事中。而音乐不就是讲故事嘛。

经济学同样是讲故事，只不过这个领域早已有了一个令人遗憾且有误导性的名声，即"沉闷的科学"。经济模型、统计数据和回归分析都是能让故事讲得更严谨、更精确的工具，只是我们这些经济学家未能把故事讲好或讲清楚。在2016年美国总统大选期间，选民们对专业知识和最基本的经济学概念（包括贸易的益处和公正客观的经济学统计所具有的价值）

的抗拒和抵制之所以会那么强烈,这也是原因之一。我们需要找到更有说服力的方法来分享经济学的经验教训。倘若能透过音乐产业的棱镜来讲述诸般经济作用力是如何扰乱这个世界的,可能会有更多的听众愿意甚至渴望倾听吧。毕竟,音乐是极少数能让我们团结一致的活动之一,无论我们的背景或兴趣是什么。几乎每个人都以这样或那样的方式与音乐产业有着联系。我将之称为"一度分隔"理论*,即我们都以某种方式与音乐和音乐产业紧密相连,不管是通过朋友、家人,还是同事。

为了对参与塑造音乐产业的各种经济作用力进行研究,我以音乐人和音乐产业的高管们为对象进行了数十次采访,从崭露头角的艺人、仍在事业中挣扎的歌手,到摇滚名人堂的传奇人物。高管们有的来自声田(Spotify)音乐服务平台和亚马逊,有的来自世界最大的音乐公司——环球音乐集团,还有的就是我所在地区的唱片店老板(是的,普林斯顿唱片交换行还在,而且还越办越红火,尽管零售店所面临的处境已变得极其艰难且充满挑战)。

我还采访了一些曾经帮助塑造音乐产业的标志性人物,包括有史以来最成功的跨语系艺术家格洛丽亚·埃斯特凡及著名音乐经纪人和表演艺术家昆西·琼斯。后者替几乎为每一位明星都出过唱片,从弗兰克·辛纳屈、唐娜·萨默到迈克尔·杰克逊。我还经常见到 Q Prime 公司的联合创始人克利夫·伯恩斯坦和彼得·门施,他们俩负责打理金属乐队、红辣椒、笼中象、埃里克·丘奇以及其他数支成功的乐队。艺人经纪公司威廉·莫里斯奋进娱乐的音乐板块负责人、传奇人物马克·盖格,与我分享了他对

---

* 英文为 one degree of separation,为作者化用自"六度分隔理论"。该理论用于衡量人与人之间的社会距离,你和任何一个陌生人之间所间隔的人不会超过六个,也就是说,最多通过六个人你就能够认识任何一个陌生人。这里作者是用来说明每个人都与音乐产业有着或多或少的联系。

音乐产业的未来所抱的乐观态度。音乐界的顶级行业律师唐·帕斯曼和约翰·伊斯门则在音乐版权和唱片公司的合同方面对我进行了辅导。为了更加全面地了解音乐演出所涉及的工作和努力，我随艺人及其工作人员一起历经了多次演出，并现场采访了演出场馆里的引座员、叫卖的摊贩，以及汇演邦（Live Nation）和特玛捷票务（Ticketmaster）等售票机构的管理人员。

回答与金钱和合同条款相关的问题从来都是件难事，对艺术家来说尤其如此。正是金钱方面的分歧导致披头士乐队的解体。[1] 金钱这个话题可以变得非常棘手。而这也正是我对许多艺术家、高管和从业人员深怀谢意的原因，因为他们愿意与我分享经验、财务数据和观点。在接下来的篇章中，为了对音乐产业的经济学进行解释，我将尽量忠实地讲述他们的故事。更重要的是，我希望能将他们对于创作及与人分享音乐的那种热情传递出来。或许，他们对我影响最大的一点是，他们对音乐创作和为听众提供娱乐的那份虔诚和爱。正是这份虔诚和爱在鞭策着大多数音乐人，让他们不仅仅是为了赚钱或者谋生而工作。

作为一名一切以观察和实验为依据的经济学家，我深信，任何理论、观点和传闻都必须对照客观和有代表性的数据接受评估和检验。在为写作本书而进行的研究过程中，我有幸对《明星选票》（*Pollstar*）杂志收集的数十万场演唱会的数据进行了分析，因为该杂志破例给我提供了访问其票房数据库的权限。我对数十亿支音乐流媒体、数百万张唱片的实体销售和数字下载、数十万场演唱会，以及数千名音乐人的数据做了分析。为了填补某些空白，我还以 1200 名专业音乐人士为对象进行了问卷调查。* 结合音乐产业最前沿人士的经验与整个产业的大数据，我绘制了一幅更为

---

* 感兴趣的读者可以在 *Rockonomics.com* 网站中找到本书所使用的调查和其他数据来源。

丰富、更为可信，也更具代表性的关于经济作用力是如何塑造了音乐产业的图卷。

幸运的是，经济学家、社会学家、心理学家和计算机科学家关于音乐产业的研究文献也越来越多。其他学者也已经发现，音乐产业不但为相关研究提供了肥沃的土壤，也为激发和吸引学生兴趣提供了一种富于趣味的方法。为了给研究人员提供思想交流的论坛，也为了支持音乐产业跨领域研究，我于2016年协助成立了名为"音乐产业研究协会"（MIRA）的非营利性组织。本书的写作得益于社会科学的创新研究成果以及音乐产业研究的相关文献。

经济学其实正处于所有音乐创作和制作的核心，尽管听音乐的人也许并未意识到这一点。各种经济作用力深刻地影响了我们所听的音乐、我们所用的设备、所制作的音乐类型和流派，以及我们为观看现场演出、使用音乐流媒体服务和为购买音乐唱片所支付的金额。

迪克·克拉克曾在其主持的电视节目《美国演奏台》中问山姆·库克，他为什么会在20世纪50年代后期从福音音乐转而投入了流行乐坛，该歌手笑着认真地答道："因为我的经济状况。"保罗·麦卡特尼最近也曾向霍华德·斯特恩解释说，披头士乐队并没有想掀起一场革命。"我们只是从利物浦的一个穷地方来的几个孩子，就想挣点钱而已。"即使音乐人本人不觉得他们的行动受到了经济利益的驱使，各种经济作用力仍会悄悄影响他们的成败。泰勒·考恩在《商业文化礼赞》（哈佛大学出版社）一书中也曾提出："经济效应对文化的影响比人们普遍了解的要大得多。印刷机为古典音乐铺平了道路，而电力则使摇滚乐成为可能。无论如何，艺术家们都受着经济条件的局限。"

要想真正理解和欣赏音乐，您就必须懂经济学。举个例子，您也可能已经注意到，今天，由多名艺术家合力呈现的作品越来越多。通常是由一位音乐巨星主打，再辅以几名期望能在音乐界大展拳脚的新人或者从别的领域转过来想打开新市场的艺人。2017年最流行的歌曲《慢慢来》（Despacito）就是个很好的例子：该歌曲由路易斯·丰西和扬基老爹创作，贾斯汀·比伯主唱。如果你仔细听过其他歌手主唱的歌曲，你会注意到，巨星的声音一般会在歌曲最开始的30秒内出现。这很合乎逻辑，因为流媒体平台只为播放时间超过30秒的音乐支付版税。*换句话说，流媒体的经济刺激机制直接影响到了歌曲的词曲创作和表演。

对音乐产业的经济学研究能够揭示出音乐的发展方向及其原因。随着时间的推移，音乐和音乐产业都将发生变化，新的流派和应用层出不穷，了解一些永恒的经济学原理对我们理解这个行业大有裨益。更重要的是，懂得音乐产业中的经济学还能让你了解各种经济作用力是如何以不同的方式影响我们日常的生活、工作和社会的。

摇滚经济学的七项要诀

就许多方面而言，音乐产业是研究经济学相关问题的理想实验室。从留声机和电唱机，到在线流媒体点播，由技术变革引发的颠覆和断裂通常首先会在音乐产业出现。矿工们常用金丝雀来探测矿井中有无危险，音乐产业正是这场变革中的"金丝雀"。创造性的破坏在音乐产业中时有发生。数字化改变了音乐的制作、宣传、发布、发现和消费的方式。音乐人、唱

---

* 流媒体平台的前30秒由广告费支持，对用户是免费的，而收听完整歌曲需用户支付一定的服务费，相应地，流媒体会将这笔收入按一定比例支付给版权方。

片公司、广播电台、设备制造商和粉丝都在对音乐产业中不断变化的经济诱因做出回应。许多其他产业中的企业也都能从音乐产业中学到重要的生存和成功之道。通过反思音乐产业中的经济现象，音乐爱好者可以学习和了解经济因素是如何对他们的生活施加影响的。

在音乐产业幕后进行走访的过程中，下列的这七项经济学的要诀就如同乐曲中的音符一般不断在我耳边回响。而这七项要诀便构成了本书的主要内容：

♪ **供、需，以及其他相关的因素**。与其他经济领域一样，供需的作用也主宰着音乐产业。比如说，因为滚石乐队演唱会的门票供应有限，加上粉丝对观看滚石演出的需求巨大，票价便被哄抬到令人咋舌的高度。然而，另外一些因素——我称之为"其他相关的因素"——也起了巨大的作用。比如说，由于担心被人批评不能公平对待粉丝，许多音乐人有可能会把其演唱会的票价降到由市场供需关系所决定的水平以下。而这种出于对公平的考量抑制了价格、造成了短缺，它是规模巨大的二级市场能长期存在下去的主要原因。如果不能认识到其他相关的情感、心理以及社会关系因素对供需关系这双"无形之手"所产生的干扰，你就无法理解市场或者经济。

♪ **规模和不可替代性：打造超级明星的两个要素**。音乐产业是由超级明星操纵整个市场的典型范例，少数参与者吸引了绝大部分的眼球并赚走了绝大部分的钱。经济学家早就洞悉了超级明星是凭借什么才主宰某些市场的。这些市场都有两个重要特征。首先，那些最成功的艺人、专业人士或者公司往往能接触和覆盖巨大的受众和客户群；这便是我们所说的规模。其次，在超级明星市场中销售的那些声音、服务和产品都必须独一无二，并且具有鲜明的特征。对消费者而言，它们不存在其他替代品。即使市场上排名第二和第三的优异者合起来也无法打造出能与最优秀者相媲美的声音、服务或产品。互联网、数字化和社交媒体正日益将市场改造成超级明星市场，这反过来导致了中产阶层的萎缩，并给工薪阶层、消费者以及整个政治、社会和未来带来了严重的后果。

♪ **运气的作用**。才华和勤奋是成功的必要而非充分条件。运气，这个无法预测的命运的随机作用以数不胜数的方式影响着我们的生活，在音乐产业，这种影响尤甚。因为在音乐产业，人们的喜好变化无常，衡量质量的标准又极其主观，所以众多的才子才女或者有明星潜质的人历尽千辛却还是功亏一篑。最合适的艺人有可能在最不合适的时机被推向市场；或者，尽管艺人赶上了最合适的时机，但推出的歌曲又不合适；还有的艺人推出的时机和推出的歌曲都无可挑剔，但他选错了经纪人或唱片公司。无论运气所起的作用是好是坏，运气在超级明星市场中的作用都会被成倍地放大。

♪ **鲍伊理论**。已故的大卫·鲍伊说过："音乐这东西将变得像自来水或电一样方便可用……你们得做好要办很多巡演的准备，因为那真的可能会是剩下的唯一还带有个人特色的东西。"[2] 他这番话绝好地阐述了以下这一点的重要性：除了唱片，你还需要有其他能拿来推销和兜售的产品——经济学家称之为"互补商品"。音乐产业有一长列互补商品的名单：现场演出、周边商品、书籍、音乐视频，迪伦和金属乐队推出的威士忌、邦·乔维乐队的红葡萄酒、艺人奎斯特拉夫的爆米花调味料，以及吻乐队推出的棺材，等等。成功的公司对鲍伊理论的重要性早已心知肚明。比如，苹果公司通过销售手机、平板电脑和电脑赚钱，同时亏本运营着苹果音乐服务，目的就在于用它来推动音乐设备的销售。[3]

♪ **价格歧视有利可图**。当一支乐队或一家企业有独特的产品出售，而且，如果它还能限制该产品的转售，那它便可以向愿意支付更多的客户收取更高的价格，而对想少交钱的客户降低价格，从而大大增加其收入和利润。经济学家称之为"价格歧视"。所有细分客户并向某些群体收取的价格高于其他人的做法都属于此类。航空公司早就品出了价格歧视的个中三昧。价格歧视并不违背道德，也不违法。它有助于解释为什么泰勒·斯威夫特要将她的新歌在网上流媒体服务平台的推出时间延迟到向她的忠实粉丝群开售新专辑之后。同样，演唱会上不同座位的票价不同，也是实行价格歧视的一种方式，即根据现场观众支付意愿来定价。还有，把不同的产品捆绑在一起，比如在一张专辑中收录十二首歌，而不是每一首单独出售，也有助于实行价格歧视。

♪ **成本可以把事情搞砸**。挣钱，有时即使挣很多钱，也不能保证绝对会成功。成功的乐队和企业必须控制并最大限度地降低成本，以实现利润的最大化。他们明智而非过度地投资，并尽可能通过协商削减成本。像爱默生、雷克与帕玛（ELP）那样带着58个人组成的管弦乐队巡演的日子早已一去不复返了。正如基思·爱默生自己所说："我们的经纪人在我们身后挥着'霰弹枪'说：'听着，只能你们三个去演，人数再多的话，你就不用费那心思了，你肯定会破产的。'"[4] 在宏观经济层面，一个生产力停滞不前的部门将面临成本上升和患上"鲍莫尔成本病"的压力。这种经济病症以已故的普林斯顿大学经济学家威廉·鲍莫尔命名。为了阐述这一见解，鲍莫尔特地举了舒伯特弦乐四重奏的例子：对今天的人们而言，表演这首四重奏所花的时间和劳动力与200年以前仍然是一样的。

♪**金钱不是一切。**有太多的人将经济生活中的潜在动机与贪婪和盲目地追求金钱混为一谈。好的经济学也同样承认，人们行为的动机不只是金钱。生命的巨大乐趣来自追求个人的所爱与激情、与朋友和家人共度时光，以及享受各种人生体验。正如保罗·麦卡特尼和比利·乔尔的律师约翰·伊斯门对我所说的："音乐是奇迹。"[5] 音乐，比金钱更称得上幸福的滋补品。音乐能帮人们营造美好的瞬间和社交氛围，编织记忆和情感。音乐的秘密正在于此，正像尼尔·扬所说："摇滚乐永远不死。"[6]

如果以上要诀讲得还不够清晰，请别担心。它们将在整本书中反复出现。这些经济理念所起的作用，你从音乐产业的几乎每一个方面都看得到，包括从演唱会门票的定价、音乐人才的供应和储备，到乐队和唱片公司的组织形式、艺术家之间的合作类型，以及流媒体合同的架构等各个方面。音乐产业也揭示了情感在决策和经济效益中扮演的重要角色，而这一领域被经济学家称为"行为经济学"。音乐，在本质上是一门在听众（终极消费者）中引发情感共鸣的艺术。表演者将情感倾注于作品之中。正如Lady Gaga所说："你必须深入你心灵破碎的那个地方去写歌。"[7]

看看音乐人如何以牺牲短期利益为代价来建立和观众的情感纽带，以及他们如何让情感引导其工作并塑造其经济决策，这些都让经济学家受益匪浅。正因为情感在音乐产业发挥着如此巨大而显著的作用，所以该产业让一些在其他产业和生活领域中隐藏着的行为显露出来。可其实这些行为无论在哪一个产业和领域都是普遍存在的，而且作用都很重要。

此外，经济学家已逐渐意识到，人的品味与偏好和经济学入门课程通常认为的不一样，并非一成不变的。相反，在某种程度上，它们由社会压力决定，而且可能会伴随着经验的变化发生变化。这在音乐上表现得最为明显。研究表明，你听一首歌的次数越多，你就会越喜欢它，你就越有可能去购买唱片。[8]这个路径依赖*的过程能够解释付费播放音乐（payola）这种贿赂电台 DJ，让其在广播节目中播放某些特定歌曲的非法操作，为何一度非常流行和有效，以及为何这种做法如今又以新的形式在流媒体中涌现。

换言之，经济学和音乐是条双行道。音乐产业有助于解释经济是如何运作的，以及各种经济作用力是如何改变我们的生活的。经济学家也可以通过研究音乐产业获得经济和人类行为方面的新见解。这也就是我的摇滚经济学。

音乐市场的脱节

在当今音乐产业的核心存在着一个根本的脱节之处：艺人收入的主要来源与大多数粉丝消费和欣赏他们音乐的途径截然不同。当您漫步于城市街头，或者搭乘地铁、坐飞机或火车旅行，您一定会见到戴着耳机听音乐的人。收音机里最常见的节目内容是什么？音乐。[9]在电梯、候诊室、健身房、

---

* 指在既定条件下，人们的决策选择受制于其过去的决策，即使过去的境况可能已经过时。路径依赖被经济学采用，以解释在制度变迁中偶然性因素所起的作用，以及制度变迁对初值的敏感性。

酒吧和餐馆里，音乐也同样无处不在。下次看电视或者电影的时候，请留意一下音乐在您喜欢的电视节目或电影的背景里被多么频繁地使用。而且，我们还花很多时间去听唱片，多亏了我们的智能手机，我们随时随地都能接触到这些音乐。

然而，大多数音乐人的绝大部分收入来自现场演出，而非唱片的销售。保罗·麦卡特尼爵士创作了许多热门金曲，其数目在音乐史上无人能出其右，可即使是这样的人物，他的大部分收入也都来自现场演出。[10] 文件共享和音乐盗版使音乐人从唱片和从现场演出获得的收入之间的差距拉大。然而即使在纳普斯特（Napster）*出现之前，现场演出就已是音乐人收入的一项重要来源了。在第二章里，我将跟随音乐产业中金钱的流向，尝试给大家解释音乐是如何在经济上如此成功的。付费流媒体这一最新涌现出的颠覆性技术，使得艺人从唱片中所获得的收入开始回升。不过，消费者如何消费音乐，艺术家如何挣钱谋生，几乎可以肯定这二者之间的脱节还将继续存在下去。

斯迪利·丹乐队的唐纳德·费根 69 岁时曾就他为何会在 2017 年决定重新加入巡演做了简单的回答："巡演是我唯一的谋生方式。"[11] 一些主流艺人，如詹姆斯·泰勒、老鹰乐队、比利·乔尔，过去只在为自己的专辑做宣传的时候才会参加巡演，而现在，即使没有新歌需要推广，他们也照样巡演。为了娱乐和吸引观众，今天的流行演唱会在烟火特效、影像投射、舞蹈以及其他舞台效果上的投入比过去多得多。音乐已不再是唯一的焦点。如今的演唱会和音乐节卖的是体验。

---

* 一种计算机程序，它允许用户在互联网上共享歌曲。音乐从此无处不在，而且全是免费的。

一位明星诞生了，超级明星都是极其走运并极有才华的

没有进行创作和表演的词曲作者和音乐人，就不会有音乐——至少在机器学会算法，或者在人工智能（AI）发展到可以用计算机为流行音乐作词、作曲之前，情况不会改变。你也许在笑，但 AI 已经越来越多地被应用于编写商业用途的音乐旋律，以及音乐人的培训当中。将来，音乐人有可能会被计算机程序员所取代。

但与此同时，有个重要的问题我们不得不问："是什么把音乐人都吸引到风险如此大的音乐之路上来的呢？这些年来，音乐人的背景状况发生了哪些变化？音乐人如何获取报酬，获取多少报酬？"在第三章中，在对业余爱好者组建的乐队或者众多音乐巨星进行研究之后，我提出了这些问题。

大多数音乐从业者都鲜为人知。相较而言，他们只是默默无闻地苦心打磨着作品，有的甚至连基本的生活费都赚不到。最终能成为超级明星的只有极少数人。那为什么有的音乐人能爬上超级明星的宝座，而其他同样才华横溢的音乐人却只能不声不响地穷一辈子呢？经济学家就此提出了一个更根本的问题：首先，为什么某些行业更易形成超级明星现象？零售店里没有超级明星收银员，也没有超级明星保险推销员，或者超级明星护士。音乐产业更易形成超级明星现象，还有几个领域也是如此，为数不多但数量在日益增多，这是为何呢？

经济学家以音乐产业为向导，研究出了一种久经时间考验的超级明星模式，这一模式在更广泛的经济领域内也产生了巨大影响。正如我在第四章中所解释的，要让一个市场被少数几个明星主导，它必须具备两个基本特征：首先，必须有规模经济（scale economies）的存在，也即有人能让他的作品在大规模的受众面前展现，这样每增加一位受众所需的

额外成本极小；其次，该市场里的参与者必须是不完美替代品（imperfect substitutes），也即他们的作品必须具有差异性和独特性。而这两个特征音乐产业全都具备。每一位成功的歌手、每一个成功的乐队和管弦乐团都拥有其独特的声音。一旦录制完毕，他们的音乐可以以极少的额外成本传达给数十亿的听众。而相比之下，我们拿医疗行业举个例子，有的外科医生比其他的同行要优秀得多，但他们一天内能进行的手术的次数是有限的，比如髋关节置换手术。尽管顶级外科医生挣的钱已经很多了，但与顶级音乐人和非顶级音乐人之间的收入差距相比，他们比普通水平的外科医生多挣的那点钱实在不值一提。

早在125年前，伟大的经济学家阿尔弗雷德·马歇尔就率先指出了可扩展性在某些特殊领域内产生超级明星的过程中所起的重要作用。马歇尔在其著作中特意提到了伊丽莎白·比林顿的演唱生涯。比林顿是当时首屈一指的歌剧演员。讽刺的是，那时候马歇尔是把音乐人作为受市场规模限制的职业的典型范例。早在数字化录音、麦克风和音乐视频诞生之前，马歇尔就已指出：因为"人类靠自身发出的声音所能触及的听众数目极其有限"，所以比林顿夫人能接触到大量观众的可能性也是极小的。[12] 可今天，数字技术让艺术家能以几乎为零的增益成本获得不计其数的观众，也因而使极少数超级明星取得巨大成功。

音乐产业的造星能力因其另一个特点而被成倍地放大了。这个特点，即歌曲和艺人的人气是呈几何级数而非呈线性增长的，通常也被人称为"幂律"。它在音乐以外的其他行业也越来越多地发挥着作用。最优秀的艺人的人气比排名第二者要高出好几倍，而排名第二者又是排名第三者的好多倍，依此类推。在科学家的记录中，我们能查到各式各样由幂律造成的结果，从各种词语的使用频率到各个城市的规模，乃至一年中发生飓风的次数，不一而足。

网络对幂律的形成也发挥了一臂之力。人气经由朋友和熟人构成的网络不断弹跳和传递，并形成幂律所需的各种关系，几乎所有人的注意力都被少数几位艺人吸引过去。在音乐产业中，你能从演唱会的收入、音乐下载和Shazam音乐识别服务收到的请求次数、脸书和推特的粉丝数量，以及艺人周边商品的销售金额等极度偏态的分布中看出此中的端倪。在其畅销书《长尾理论》中，时任《连线》杂志编辑的克里斯·安德森曾经预言，互联网将为那些身处被他称为"长尾市场"的人带来更多的机会，因为小型生产商将能从中找到适合他们而且有利可图的利基市场。[13] 但在音乐产业中，此种趋势尚未出现。正好相反，处于中层的那些人已退出音乐这一行业，因为越来越多的消费者都被极少数超级明星给吸引过去了。

在过去的30年中，顶尖的1%的音乐人的演唱会收入的占比增长了一倍多，从1982年的26%增至今天的60%。[14] 顶尖的5%的音乐人则占据了全部演唱会收入的85%。唱片的销售也呈现了相同的模式。"长尾"依旧长而孤独；所有激动人心的事都只发生在那条尾巴的最前端。

这其实只是整个美国收入分配所出现的变化的极端版本。从1979年到2017年，美国收入最高的1%的家庭的收入占全国总收入的比例增长了一倍。[15] 在1979年，收入最高的1%的家庭的收入只占全国总收入的10%；而到了2017年，他们已占到了22%。以此衡量，今天美国经济的收入状况几乎与20世纪80年代摇滚乐市场的收入状况一样不平衡，而那时布鲁斯·斯普林斯汀刚刚推出他的专辑《出生在美国》（*Born in the U. S. A.*）。

整个经济转向超级明星和赢家通吃的原因之一是数字技术的兴起。那些成功的企业家将应用程序和数字技术转变为价值数十亿美元的财富。六位最富有的美国人中有五位（比尔·盖茨，马克·扎克伯格，拉里·埃里森，迈克尔·布隆伯格和杰夫·贝索斯）都是靠数字技术发家的。[16] 他们几位的财富加在一起几乎等于全世界一半人口的财富总和。数字技术具有可扩展性。凭借数字技术的不断改进，可能用不了多久，顶级外科医生就能够为数目比现在多得多的患者进行治疗。

这场技术革命还带来了许多其他深刻的经济和社会变革，而所有这些变化在音乐产业中都已有所表现。因为将最优异者与其他人区分开来的往往是质量上的细微差异，因此，运气比以往任何时候都变得更重要。能否在合适的时机发布合适的唱片对音乐人的成败至关重要。在宏观经济中，这一点同样适用。1980年，IBM首先联系了加里·基尔代尔和数字研究公司，想让他们为新型的个人计算机开发一套操作系统。假如当时基尔代尔和数字研究公司同意了IBM提出的条件，比尔·盖茨可能就是一个没有人记得他姓什么的普通比尔了。因为同数字研究公司没谈成，IBM才去找了比尔·盖茨和当时还是家新公司的微软。[17]

成功很难事先预测，更无法保证，即使对那些最优秀的艺人也是如此。消费者的品味是变化无常的，当某位艺人声名鹊起，从众效应通常会大行其道。一辈子只唱红过一首歌的现象在音乐产业中很常见，因为想让一首歌红起来，你需要在方方面面都很走运；而且，运气就像闪电，它很少会光顾一次以上。即使是那些有利益关系的行业专家也很难预测出最终的胜出者。在第五章中，我记述了好运气和坏运气是如何在摇滚音乐产业中扮演着超级重要的角色，就像它们在生活中一样。

史蒂夫·费罗内：
伤心人乐队和录音间伴奏师

史蒂夫·费罗内在英国的布赖顿长大。他几乎给每一位主要明星歌手都当过鼓手，从乔治·哈里森、大卫·鲍伊、埃里克·克莱普顿到夏卡·康和史蒂薇·妮克丝，当然，他还与伤心人乐队的汤姆·佩蒂合作了25年。甚至当普林斯（"王子"）当年在摇滚名人堂上演他的传奇曲目《我的吉他轻轻哭泣》(While My Guitar Gently Weeps)时，费罗内也在伴奏乐手之列。史蒂夫·费罗内既是录音间的伴奏师，也参加乐队巡演。2018年3月15日，我在他位于加利福尼亚州范奈斯的家中对他进行了采访。

和汤姆·佩蒂一起参加超级碗中场秀的演出，最高兴和最沮丧的事是什么？

我们坐私人飞机前往菲尼克斯，住在驼峰山上的一家酒店，酒店漂亮极了。原计划是我们演一场疯狂的中场秀，然后去机场，坐在飞机上等着——因为在超级碗比赛结束前机场方不允许任何私人飞机飞行——然后再飞回洛杉矶。可演出当天，我接到一个电话，他们说："我们今晚不走了。"改计划了。汤姆的妻子想参加比赛之后的派对。

我原定第二天一早9点飞往日本。而伤心人乐队从来没有在中午之前动身上路的习惯。可我必须赶回去。后来多亏乐队中一位伙计的妻子是乘商务航班来的，而且还订了回程机票。最后由国家橄榄球联盟（NFL）出面，他们把她的票改成了我的名字。我们演完中场秀，挥手道别，我就又回到了属于我自己的世界。

来的时候我坐的是超级头等舱，回去却变成了……在机场，他们告诉我："你那把切雪茄的刀不能带上飞机。"过安检的时候他们把它给扔了。演出结束后，我浑身都湿透了，因为舞台上热得要命。我从包里随手拿出件衬衫换上。我来到登机口，有个从俄克拉何马州来的小家伙正在电视上看超级碗比赛。他两支队都不喜欢。他不喜欢裁判。他也不喜欢插播的广告。他什么都不喜欢，而且，他说话的声音还挺大。然后，有那么几分钟突然安静了下来，我能感觉到他正四处踅摸，寻找下一个供他批评的对象。我当时并未意识到，我从包里拿出换上的那件T恤，上面印有"超级碗中场秀"的字样。他也瞧见了，就对我说："这T恤是真的还是假的呀？"我就问他看没看中场秀。他说："哦，看了，我觉得就那么回事。"我说，是，就那么回事。

几个小时之后，我便跌回到了属于我自己的普通乐手等级区。

您是怎么成为一名乐手的?

3岁的时候，父母就开始让我学跳踢踏舞，因为那时我常常手拿调羹坐在幼儿的高脚椅里，一边听收音机，一边随着音乐用调羹有节奏地敲。所以，他们就送我上踢踏舞课。我打一开始就想要进演艺界，他们就经常带我去看演出。在12岁那年，我加入了一个由几个年纪比我大的孩子组的乐队，因为……他们的鼓手得了阑尾炎，得动手术，而他们需要找一个人代替他参加那个周末的演出。

14岁的时候，学校老师开始问我有什么职业规划，因为15岁就要从学校毕业了。我来自工薪阶层的家庭。我从未打算要继续留在学校。他们问："从学校离开以后你打算干什么？"我说，我想当一名鼓手。他们听了之后，说："你可别那么做。那不是什么真正的工作。"我说，披头士乐队的鼓手林戈·斯塔不就做了嘛。我也要和林戈·斯塔他们一样。他们说："原来是这样啊。"从此他们就老拿这事儿笑话我，还管我叫"林戈"。

20年前，在洛杉矶的录音室做乐手是什么感觉？与现在相比如何？

那时候的工作机会太多了。所有的录音室每天24小时都在连轴转。而现在，它们一间间全关了。

给双薪报酬的活不像过去那么普遍了。如今很多人都不愿通过工会来揽活。可其实我的退休金都是通过工会接来的活挣来的。

那时候，唱片公司常常在艺人身上投资。他们不但能发掘有音乐天赋的人才，而且对他们非常赏识。可有天赋的人并不总是头一炮就能打响。如今的唱片公司只愿制作销量有保证的作品。

过去他们还经常资助音乐人录制样本唱片。我就参与过路德·范德鲁斯第一张样本唱片的录制。结果那些歌全被拒了。当时路德只在录音室乐手的圈子里有些名气。他还仅仅是一位录音室的伴唱歌手。他为美国陆军的征兵广告唱了那首《尽你所能》(*Be All You Can Be*)。想让他从一位背景乐歌手或者广告歌曲的演唱者一下变成超级明星路德·范德鲁斯，还是挺困难的。

您有没有遇到过在您看来绝对属于音乐天才，最终却没能真正闯出名堂来的人？

有，很多，而且是由于各种各样的原因。其中有些人是态度问题，很可能与吸毒和酗酒有关。但也有些人，我也弄不懂，完全是因为不走运。

您挣得最多的一次零活是哪次？

乔治·哈里森给我的录音伴奏费也许是世界上最贵的。有一次他打电话跟我说："史蒂夫，我真的很需要你过来一趟，我们刚录好的一首曲子里头鼓点的声音不大对。我需要你帮我把它换掉。"他立刻给我订了协和航班。飞机刚一降落，一辆大型豪华轿车已经在等着接我。我到了乔治位于亨利的豪宅。我说："出什么问题了？"我们进到录音间，开始听他录的歌，突然就发现每节音乐开头加重的鼓点声没了。其他都还好，就是听不见低音鼓。他说："你听出来了吗？"我说："只不过是少了低音鼓的声音。你可以从其他录好的曲子里复制一段放进去。"他说："不，不行，不行，我要你重新敲一遍。"所以我就重新把低音鼓的部分敲了一遍。然后我们就去吃饭了。

您从您录制的唱片拿到过版税吗？

我在普通白人乐队的时候拿过版税。和埃里克·克莱普顿和汤姆·佩蒂合作时也拿过一些。但拿的最多的是最开始和汤姆在一起的时候。

您在伤心人乐队当鼓手拿的是固定报酬还是有收入分成？

我是他们雇的鼓手。只有乐队的几名创始成员才是合伙人。我不知道他们是怎样分成的。其实罗恩·布莱尔也是创始成员之一，他离开乐队20年之后又回来了。虽然回来了，可他跟我一样也是被雇来帮忙的。汤姆给我们所有人的报酬都是顶好的。他爱他的乐队。而且，他让乐队成员关系都非常亲近，他对我们真的非常非常好。对那段经历，我毫无怨言。

我可以告诉你，那支乐队真的棒极了，以后再也难得一见了，不仅仅是汤姆·佩蒂和伤心人乐队。汤姆是伤心人乐队的一部分。他就是乐队的灵魂。这种事以后也不会再有了。尽管有很多乐队仍在继续，但汤姆真的很特别，他有种异于常人的风范。

现金和演唱会

数字技术也引发了音乐商业模式的巨变，而这种变化对音乐以外的领域的意义也同样重大。历史上众多的技术进步，从扩音器、收音机、黑胶唱片、八轨磁带、盒式录音带，到音乐视频、激光唱片、MP3 播放器和流媒体，让艺人能覆盖到更加广泛的听众群体。而全球化和世界各国之间日益紧密的联系也极大地增加了那些人气高的艺人的影响力和声望。音乐人不再需要依赖特定的实体唱片店来存放他们的专辑。如今，通过流媒体平台,几乎在世界每一个地方都可随时听到他们的音乐。

然而技术进步也有意想不到的后果。复制和传送音乐录音的成本变得极其低廉,对未经授权的音乐复制的监管又难以实施。这便导致那些最成功的艺人的版税收入下降,也使得他们不得不转而提高现场演唱会的票价。我的研究表明,这也是自20世纪90年代末以来,演唱会票价上涨势头如此凶猛的最主要的原因,它的涨幅几乎与医疗保健成本的通胀速度一致。

弄清演唱会门票定价的门道为理解其他活动、服务和商品并定下最优价格提供了宝贵经验。成功的乐队早已学会如何在将短期收入最大化和长期保持人气和盈利能力之间掌握平衡。演唱会这一终极"派对商品"的门票定价所受的社会制约是显而易见的。这对解释其他产业和市场的价格形成也大有裨益,因为经济学家和企业都过分依赖简单化的供需框架这一经济学的基本工具。

过去,许多艺人都视演唱会和巡演为亏本买卖,他们只把它当作在推销自己的专辑之外,赚取知名度和磨炼音乐技能的手段。他们办巡演的目的一向都是为了卖出足够多的唱片,因为只有这样,他们才能拿到下一份报酬丰厚的唱片合同。以往,为了赢取忠实的粉丝群体并为唱片销售做宣传,演唱会的票价会被人为压低,甚至比粉丝愿意支付的金额还要低。但正如我在第六章中所述,如今情况已经完全反了过来。从1981年到2018年间,演唱会的平均票价上涨了400%以上,远远高于总体消费物价指数160%的涨幅。[18]至于顶尖艺人演唱会上最好座位的价格,涨幅就更大了。

其原因就在于,文件共享极大地降低了音乐人从专辑销售中获取的版税收入。唱片业内的整合,在经过萧条的几年之后,进一步威胁到艺人的唱片收入。所以,演唱会现在被视为最主要的利润来源,数字唱片倒成了替演唱会做宣传的工具。摇滚明星兼经济学的先驱，大卫·鲍伊，多年前就预见到了这一趋势。他当时说："音乐这东西将变得像自来水或电一样方便可用……你们得做好要办很多巡演的准备，因为那真的可能会是剩下的唯一还带有个人特色的东西。这真令人兴奋。"鲍伊还补充说："另一方面，无论你对此感到兴奋与否，都不要紧，因为反正它都会发生。"

我所说的鲍伊理论也正越来越多地被运用于音乐以外的行业，比如报纸、书籍、杂志。《华尔街日报》《纽约时报》、彭博社和《经济学人》杂志都在越来越多地通过现场活动来增收。如今，新闻可以从不计其数的在线资源中获取，而且许多时候还是免费的。不久，与现场讨论和讲座相比，报纸和杂志很可能会成为赔本生意。

想要在新的经济险滩上不迷失方向十分困难，尤其因为人们的行为准则会对经济活动起到制约作用。艺人不能给人留下他们在欺骗粉丝或者过于贪婪的印象，否则他们与听众之间的纽带就有被削弱的危险，更不用说这还会危及他们的唱片销量、版税、演唱会收入和周边商品的销售。即使在人工智能和数字经济的时代，粉丝和艺人也仍然是人，他们仍然会受情绪和情感的支配。

摇滚经济学

魁北克大学的玛丽·康诺利和我在2005年我们合作的一篇文章的标题中首次使用了"摇滚经济学"一词。后来，《今日美国》把这个词的发明归功于我一人，这个说法是不正确的。[19]尽管我们确实是各自独立地想到了这个新词，可大约就在我的朋友史蒂文·莱维特和史蒂芬·达布纳合写了他们那本《魔鬼经济学》的同时，我发现这个词之前就已有人用过了。

1984年10月，比尔·施泰格瓦尔德在《洛杉矶时报》上发表了一篇文章，文中说布鲁斯·斯普林斯汀在经济上很幼稚，因为他所有演唱会的票价都是相同的，结果门票常常在45分钟内便售罄，然后他又开始抱怨那些卖黄牛票的。* 施泰格瓦尔德那篇文章的标题是《供给学派摇滚经济学》。据我所知，这是该词最早被公开使用（在第六章我还会给大家解释，为什么说其实布鲁斯在经济上毫不幼稚）。

马克·艾略特在他1989年出版的《摇滚经济学：音乐背后的金钱》一书中详细记录了音乐合同中各式各样的肮脏伎俩。我们也可以举出许多艺人受唱片公司和经纪人不公平对待和欺诈的例子，但在大多数情况下，音乐人之所以会面临令人失望的财务结果，主要还得归咎于音乐产业经济状况的不景气，而不是他们遭到了恶意对待。音乐合同对大多数艺人来说似乎都是不公平的。唱片合同则对超级明星不公平。在第七章中，我将此二者都放在经济背景下进行分析。比如说，因为每十张专辑中只有一两张能真正为唱片公司带来回报，所以一份成功的唱片合同不仅能抵销所有不赚钱的录音成本，而且能给唱片公司的投资带来回报。[20] 但尽管如此，只要能遵循几条简单的法则，艺人就能在财务上保护自己，并为将来做好必要的储蓄。比如，我将谈到这个行业中逐渐发展起来的一种做法，即艺人自己筹集和审计款项，然后再付报酬给他们的经纪人，这样就能防止渎职，也能避免产生误会。

《今日美国》的那篇文章见报之后，洛杉矶的音乐制作人罗恩·克里

---

* 施泰格瓦尔德先生在《今日美国》的那篇文章见报后和我取得了联系，并称在该词的发明上他也有功劳。他极有预见性地写道："我相信，总有一天你能写出一部关于摇滚经济学的著作（你也应该写，因为它将会成为讲授经济学原理的很好的教学工具），到时请在您的著作中适当地提到我。"

斯托弗告诉我，1985年他曾为国会唱片公司的闪光卡汉乐队的一张专辑混过音。而那张专辑里就有一首名为《摇滚经济学》（Rockanomics）的歌。歌中有一些词句已被人们遗忘很久了：

> 要拿这辆雪佛兰车去换一把美式吉他
> Rockanomics，Rockanomics

无须赘言，"Rockanomics"并未成为一个家喻户晓的词，那首歌也没红起来。

出于写作本书的目的，所有受人欢迎且适用于经济分析的音乐都可以被纳入摇滚经济学的范畴。它几乎涵盖了所有的音乐类型及音乐产业的方方面面。从课外音乐课、酒吧乐队到卡内基音乐表演厅，从特玛捷和汇演邦这些售票机构到声田音乐平台，从ABBA乐队到ZZ Top乐队。用比利·乔尔的话来说就是："不管是热情的乡村爵士乐，还是耍酷的朋克音乐，即使它们全都老掉牙了，对我来说也仍是最经典的摇滚。"

这毕竟是个小世界（It's a Small World After All）*

关于音乐，有两件事是肯定的：一、音乐风格在不断变化，每一代人都瞧不起下一代的音乐品味；二、我们听音乐的方式——从黑胶唱片到

---

* 本书很多小节名直接取用或化用了一些著名歌曲的名字，书中会酌情在小节标题后标出。特此说明。——编者

数字下载，从 YouTube 到苹果手机——也在不断变化。声田、潘多拉、Tidal、Deezer 和 QQ 等流媒体服务都是听音乐的最新方式。流媒体正给音乐世界带来深刻的变化。一方面，流媒体为唱片的销售带来了增长，这在最近十几年还是头一次。在音乐产业经历了多年的衰退之后——全球唱片的收入从 2002 年的 250 亿美元下降到了 2015 年的 150 亿美元——资深音乐产业从业者终于有了感到乐观的理由，因为在 2016 年和 2017 两年间，拜流媒体服务所赐，音乐产业的收入出现了增长。[21] 正如我将在第八章中所讨论的，因为数十亿流媒体播放量和数百万用户的存在，流媒体提供了一个再好不过的实验室，让人们见证经济学是如何发挥功效的。

比如，潘多拉由广告支持的免费服务拥有 2000 万用户。潘多拉想知道这些用户的收听习惯对他们每小时接触到的商业广告数量的敏感程度，于是他们做了一次别具一格的试验。[22] 该试验的结果为经济学中的需求曲线提供了极有力的证据。当听众越来越多地受到不断增加的广告的干扰时，他们继续使用这一由广告支持的免费服务的可能性就越小，而他们转而使用付费服务的可能性就越大。而这样的试验结果正是企业可以用来实现其利润最大化和改善用户体验的标准范例。

流媒体还起到了另一个更为广泛的作用。听众不再像过去那样要受唱片店货架上为数不多的唱片库存的局限，也不再是只能听到收音机里选播的音乐。过去大多数唱片店的做法是在有限的货架空间上尽量摆放当地人喜闻乐见的音乐和热门歌曲的唱片。而今天，无论你在世界的哪个角落，几乎所有存世的音乐唱片都触手可及（或者只需对亚马逊语音服务 Alexa 说一句口头命令）。正如我们将在第十章中所看到的，这一变化已开始影响世界各地的人所听的音乐。他们不再像以往那样只关注本国的音乐人。就音乐而言，这毕竟是个很小的世界。

尽管没有人确切地知道将来流媒体会发展到何种地步，但有一点是可以肯定的：它还会继续变下去。电影流媒体和电影制作公司（网飞、亚马逊、迪士尼）之间的相互融合就表明，音乐产业有可能会朝同样的方向发展。未来的音乐，将像亚马逊 Prime 一样，与其他娱乐节目（如电影、体育和电视节目）捆绑在一起，这种猜测不无道理。按照网飞和亚马逊的电影模式，声田、亚马逊、苹果音乐等音乐经销商很快将参与到原创的尝试中来。果真那样的话，音乐产业的经济学很有可能会再次被颠覆。

流媒体为音乐新人提供了无须通过唱片公司便能踏进行业并接触到更为广泛的受众群体的机会。这一商机也催生了一大批新公司。在第八章中，您将了解到刚成立四年的 Rehegoo，一家由意大利和美国企业家创办的公司。它专门与那些尚待发掘的音乐人合作，帮助他们改进、营销和利用流媒体传播他们的音乐作品。到目前为止，他们音乐的网络播放量已超过 100 亿次。如果长尾理论果真能为音乐人提供更多机会的话，那就得归功于诸如 Rehegoo 一类的创新。

所有的经济体都遵照某些规则运行。而其中就包括对产权的定义、分配和保护——谁有拥有或使用某些商品和资源的权利，该权利如何进行交易，以及如何保护这些权利。在音乐产业，最重要的规则就是如何遵照版权法进行音乐授权。制作音乐的是音乐人和唱片公司。而音乐是受版权保护的。对同一首音乐使用目的或方式的不同，所需的授权也不同。例如，在电影或视频中使用音乐需要的是同步使用授权或同步授权。那些适用于音乐授权的法律条文早在流媒体出现之前便已过时。虽然在 2018 年有《音乐现代化法案》这样重要的立法，而时至今日，这些法律中的部分条款又已经有些过时了。我在第九章中讨论了音乐授权为何重要，它涉及哪些需要权衡的因素，以及在流媒体时代对授权的程序应该做出怎样的改进。

幸福之声

我和心理学家丹尼尔·卡内曼合作的研究表明，人们花在听音乐上的时间是日常生活中最愉快的活动之一。[23] 人们认为，听音乐、体育、宗教崇拜和参加聚会等活动不但能催生人的正面情绪，还能帮助人抵消和驱除压力及愤怒等负面情绪。更重要的是，听音乐还能使人们从事其他活动时的体验得到改善，例如，通勤或者打扫房屋的时候。每个将父母"不要一边做功课一边听音乐"的要求置之脑后的孩子都知道，音乐能让许多本来枯燥乏味的事变得有趣起来。事实上，当你读着我书中的这些词句时，你很可能也正听着音乐呢。

我将在第十一章中指出，音乐其实是人类社会所能想象到的最划算的买卖之一——而且它每天都在变得更加划算。平均而言，我们每天花三到四个小时聆听和欣赏录制的音乐。而普通消费者每天花在音乐上的费用还不到10美分。与1999年相比，除去通货膨胀的影响，这一数据竟然下降了80%。[24] 美国人花在吃薯片上的钱都比用来买音乐的多。[25]

如今，人们随时随地都能听到任何歌曲或者任何类型的音乐，而且基本上是免费的，人类的幸福指数得到了大幅的提高。

事实上，音乐是最典型的"体验经济"。所谓"体验经济"，是依靠销售体验而非实体商品和服务的经济领域。在我们的GDP（国内生产总值）中，生产和销售体验所占的份额越来越大。其他经济领域可以从音乐产业中学到许多关于如何销售和创造体验的经验。

准确地说，到底是什么原因让音乐能激发如此深切的情感呢？是什么原因让人们在感到忧郁或快乐的时候，在感到寂寞或者渴望归属感的时候，都不约而同地想体验音乐呢？究竟是音乐的哪一种特性让麦迪逊大道上的众多广告公司意识到，播放音乐会有助于销售包括从咖啡到汽车在内的诸多商品？在政治竞选、酒吧、毕业舞会、婚礼，以及其他难以尽数的活动和仪式中，音乐也有助于营造气氛和情绪。音乐教我们识字，并增强我们的记忆。事实上，音乐疗法已被证明有助于治疗一些心理和神经系统的疾病。[26] 虽然音乐的魔力在某种程度上仍是个谜，但考古学家们发现，乐器成为人类文明的一部分已有数千年的历史，这比其他任何已知的人类工具和器械都要早。音乐似乎早已嵌入我们人类的 DNA 中。正如 ABBA 乐队在他们那首《谢谢你的音乐》(*Thank You for the Music*) 一歌中所唱："没有歌曲和舞蹈，我们的生活会变成什么样？"

在那个街道都没名字的地方（*Where the Streets Have No Name*）

在如今两极高度分化的时代，音乐成了现代生活中少数能让来自不同政治、宗教、文化、地区、民族和种族背景的人团结起来的活动之一。经济问题也具有普遍意义。寻找体面且报酬丰厚的工作、存款以备未来的不时之需，以及追求幸福的生活，这些挑战对所有的人都是至关重要的。我认为，了解进而战胜这些挑战所需的基本知识，你在摇滚经济学里都能找到。

那么，在克利夫兰的摇滚名人堂登台发言之前，我究竟挑选了哪些歌作为我的入场音乐呢？我的首选，大概许多人都猜得到，是和我同样来自新泽西州的老乡，布鲁斯·斯普林斯汀。他的音乐，包括他演唱赞美诗时发自内心的情感和他长达三个小时的演唱会，是在不断变化的经济中挣扎的现代工薪阶层的精彩写照。他那首《希望和梦想之地》（*Land of Hope and Dreams*）是那天我选播的第一首歌。

我选的第二首暖场歌曲是约翰·梅伦坎普的《相携之手》（*Hand to Hold On to*）。我希望观众能从他动人的歌词中所传递的至简却又普世的智慧中得到反思："那只手无须多么强大／那只手无须多么富有／每个人需要的，只是一只相携之手。"

那我选的最后两首是什么呢？西斯托·罗德里格斯的《小糖人》（*Sugar Man*）和帕克·斯瑞的《她说》（*She Said*）。想知道我为什么选它们，你就得读读第五章。那一章讲的是运气在成功和失败中所起的巨大影响。

第二章
紧跟资本的走向：音乐经济

事实上，流行音乐是美国的国家产业之一。它和资本主义是紧密联系在一起的。想将二者分开是愚蠢的。

——保罗·西蒙

保罗·西蒙自幼在音乐的熏陶中长大。他父亲路易斯不但是一位专业贝斯手，还是录音伴奏师和伴舞乐队的指挥。他演出时用的艺名叫李·西姆斯*。从成人礼、婚礼和社交舞会上的演奏，到西蒙和加芬克尔划时代的令50万名乐迷如痴如醉的中央公园现场演唱会，保罗父子二人都对音乐产业了如指掌。

保罗·西蒙说过，流行音乐是美国的国家产业之一。尽管这句话毫无

---

* Lee Sims（1898—1966），钢琴家，曲作者，唱片出版商。年轻时曾给管风琴制造商打工，在全国各地向人们展示乐器。

疑问是正确的，但流行音乐其实是个小得令人惊讶的产业。如果不是因为音乐在其他方面也极其特别，它几乎都无法引起人们的注意。[1]2017年，美国的音乐消费额——包括演唱会门票、流媒体的收费、唱片的销售和版税——总共为183亿美元。虽然这听上去像是很大一笔钱，足以支撑起历史上最优秀和最精美的娱乐制作，但它在GDP（国家年度生产的所有商品和服务的价值总和）中所占的比重还不到0.1%。换句话说，美国经济总值中每1000美元中仅有不到1美元用于音乐。音乐产业的从业人数不到全国劳动力总人数的0.2%。美国是世界上最大的音乐市场，它占据了全球音乐消费2/3以上的份额。[2]

保罗·西蒙说过，音乐与资本主义是紧密联系在一起的，想割裂它与推动我们资本主义制度运行的经济力量联系的做法是错误的。他说得没错。这个行业需要一种可持续的商业模式，让音乐能一直玩下去，让新的艺人不但能进来，而且还有望成功。的确，音乐常常被麦迪逊大道上的广告公司用来兜售产品，但在众多社会活动和政治运动当中，音乐也被用来激发群众的热情。比如女权革命——《我是女人，听听我的怒吼》（*I Am Woman, Hear Me Roar*），美国民权运动——《我们将会获胜》（*We Shall Overcome*），南非种族隔离制度的崩溃——《比科》（*Biko*），音乐和音乐人在其中都起到了提升意识、振奋精神和震撼心灵的重要作用。这种说法并不为过。

音乐比其他任何行业都更能振奋人心、重塑都市、推翻各种阻碍和藩篱，让人们团结起来抵御外敌，或者揭竿而起、进行革命。正如布鲁斯·斯普林斯汀所说："如果我干好了自己的工作，我便能在某种程度上帮助人们恪守自己仁爱的本性。"[3]用经济学的行话来说，音乐构成了实质性的正外部性，即音乐为社会所创造的效益远远大于创作它所花的成本。

音乐产业的规模

从经济上讲，无论从哪个角度看，音乐都是一个相对较小的产业。2017年，全球音乐总消费仅为500亿美元，这只占全球GDP的0.06%。[4] 即使与别的娱乐产业相比，音乐产业的规模也算小。2017年，全球在娱乐和媒体上总共消费了2.2万亿美元。而音乐在该市场中仅占2%的份额。

我曾对音乐界的资深咨询顾问鲁斯·克鲁普尼克说，我很惊讶为什么没有更多的经济学家为音乐公司出谋划策。他简短地解释道："因为音乐产业没钱可赚。"[5] 他这话很难反驳。

当我们从更综合全面的角度来看，在北美地区，人们花在职业运动上的钱是花在音乐上的三倍以上。[6] 单单大学和职业橄榄球一个项目的收入就比整个音乐产业的要多。[7]

美国人花在抽烟上的钱是花在音乐上的五倍多。而让人难以置信的是，烟草公司为推销其产品所花费的广告金额比用于制作音乐的全部费用还多。[8] 与我们大多数其他良性消费相比，音乐也同样难以与之比肩：例如，美国人花在健身俱乐部上的开销比花在音乐上的要多50%。[9] 在美国，仅那些成为健身俱乐部会员却并未真正使用的人所缴纳的会费，就比唱片的总销售额还要多。

音乐支出的分布

我们花在音乐上的钱都去哪儿了？图2.1简要介绍了2017年美国音乐总支出在各主要项目中的分布情况。但是，应该提醒您的是，对音乐产业而言，绝对全面且无懈可击的财务数据是不存在的。因为合同是不公开的，演唱会的门票收入和唱片销售收入是如何划分的很少被披露。正如金属乐队、红辣椒乐队和其他乐队的经纪人克利夫·伯恩斯坦曾告诫过我的："我们这个行业透明度有限。"[10] 所以，在将音乐产业的收入这块大饼细分时，我只能依靠一些零散的数据、明智的判断，以及业内专业人士的建议。

除此之外，今天，人们在音乐产业中每花 1 美元，其中约有一半是用于购买唱片，而另一半则与观看现场演出有关。大部分时候，粉丝都是通过唱片来体验和欣赏音乐的。然而时至今日，对大多数音乐人而言，他们的大部分收入是从现场演出中挣来的。[11]

图 2.1　2017 年美国音乐产业总收入组成比重的估算

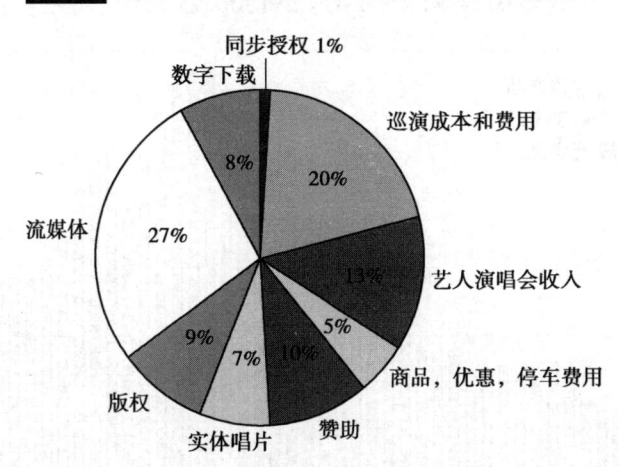

- 同步授权 1%
- 数字下载 8%
- 巡演成本和费用 20%
- 艺人演唱会收入 13%
- 商品，优惠，停车费用 5%
- 赞助 10%
- 实体唱片 7%
- 版权 9%
- 流媒体 27%

数据来源：作者基于《明星选票》杂志和 Statista 等民调公司和美国唱片业协会所公布的数据，以及作者对多位行业经理进行的采访估算而得。

在整个 20 世纪，伴随着留声机、录音机和收音机的发明，传播和收听音乐的方式一直在发展和变化。然而，进入 21 世纪以来，随着音乐的数字化，这种变化变得更加彻底，也更加迅猛。图2.2显示的是近几十年来，3种最普遍的音乐形式及其收入所占的份额：CD、磁带和黑胶唱片等实体产品，数字下载和流媒体。21世纪初的数字化浪潮带来了两个极为重要的影响，并波及所有的音乐销售。首先，数字下载使实体唱片的销售黯然失色。其次，文件共享和盗版严重侵蚀了唱片的销售收入。类似纳普斯特的服务、未经授权的翻录CD等非法复制和共享音乐的方法使得正版唱片的需求日趋下降。近10多年来，唱片公司的业务，与钢铁和煤炭业的走势一样，出现了长期下滑。联众唱片公司的总裁兼联合创始人埃弗里·利普曼告诉我，这个时期唱片业给人的感觉就像坐在一架"缓慢下降了15年的飞机上一样"。[12]

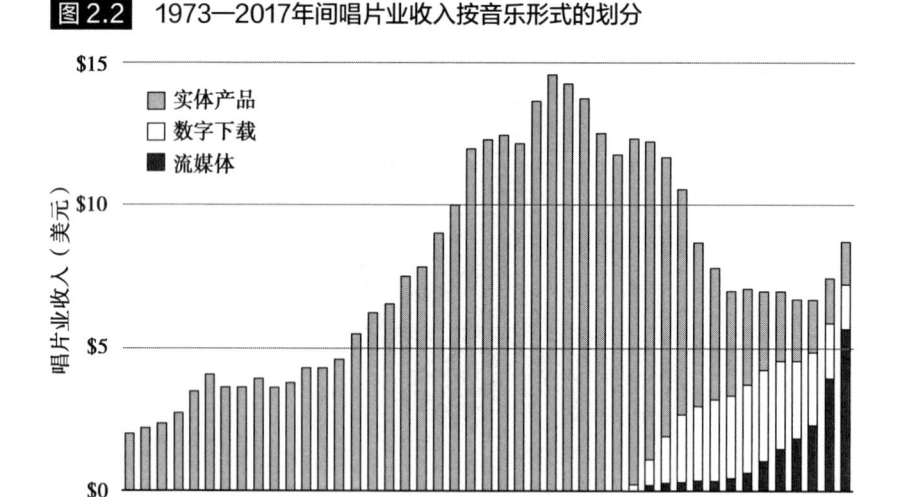

图 2.2 1973—2017年间唱片业收入按音乐形式的划分

数据来源：作者基于美国唱片业协会的国内销售数据计算而得。音乐同步授权的收入包含在数字下载一类中。

但另一波浪潮接踵而至，再一次扰乱了这个行业。声田、潘多拉和苹果音乐等流媒体服务的快速增长几乎一夜之间取代了数字下载。通过iTunes等在线服务进行iPod和其他MP3设备的数字下载，在10年前似乎还是一项革命性的技术，可现在已像当年的八轨磁带和45转黑胶唱片机一样成了历史。经济学家很少能有机会实时观察这种创造性破坏*的发生，这就好像说达尔文在加拉帕戈斯群岛的时候亲眼见证不同物种的演变过程。

与此同时，尽管实体唱片的销售仍处于较低水平，但总算稳定下来。以音乐发烧友为主要对象的黑胶唱片的销售也有所复苏，而CD市场目前主要是靠那些开老式汽车的顾客支撑下去的，因为他们需要为仪表板上的CD播放器购买新的CD。[13]

流媒体对音乐销售也产生了革命性的影响。在经历了15年的衰退和停滞之后，唱片的销售在2016年终于有了回升。而且有迹象表明，这种上升趋势仍将持续一段时间。音乐收入的增长完全归功于流媒体服务，特别是实行付费会员制的声田、潘多拉、苹果音乐、亚马逊音乐和法国音乐网站Deezer的快速增长。这些服务就好比音乐产业中的无限量自助餐，乐迷只需按月支付订阅费，或者忍受时而弹出的广告所带来的不便，便能聆听到历史上几乎所有的唱片。这场革命为我们树立了一个重要的范本，那就是，如果能便捷地为乐迷提供音乐服务，那他们会愿意付费购买。流媒体正在颠覆整个音乐产业，它对包括嘻哈音乐、电子舞曲和拉丁音乐在

---

* 创造性破坏（creative destruction），创造性破坏理论是经济学家约瑟夫·熊彼特（Joseph Schumpeter，1883—1950）最有名的观点，这是其企业家理论和经济周期理论的基础。在熊彼特看来，"创造性破坏"是资本主义的本质性事实，重要的问题是研究资本主义如何创造并进而破坏经济结构，而这种结构的创造和破坏主要不是通过价格竞争而是依靠创新的竞争实现的。

内的某些音乐类型青眼有加；同时，也使得大量老唱片（比如托尼·本内特等老艺术家以及披头士、滚石等经典摇滚乐队的作品）的版税收入又重新振作了起来。[14]

当他们的音乐在流媒体上被人收听时，艺人和其他版权所有者所获得的金额并非一成不变，具体金额取决于推出他们音乐的服务是由广告还是由用户支持的。而且，即使是同一类服务，金额也会有所差别。但一首歌每被点播100万次，它能挣到的版税通常在2000美元到3000美元之间。[15] 声田是最大的流媒体运营商，它用于支付音乐版税的金额约占其营销总收入的60%。[16] 我们当前仍处于流媒体时代的早期。它仍有极大的发展空间。鉴于其改变音乐产业的巨大潜力，我将在第八章接着讨论流媒体所起的作用。而眼下，毫无疑问的是，流媒体给唱片市场打了一针急需的强心剂。

流媒体也推动了音乐词曲版权收入的增长，而后者眼下占音乐产业总收入的9%。词曲版权是一门复杂而又有些过时的生意，它确保人们为获取音乐的使用权而付费。歌曲创作者可以自行管理自己音乐的版权业务，但更为常见的是，为了确保能拿到其音乐的各种使用权所应得的收入，他们会选择与音乐版权管理公司合作。尽管我们无从得知具体数字，但音乐创作者通常会拿走45%的版权收入。[17] 由于音乐创作变得越来越复杂，在完成音乐创作的过程中，会有越来越多的人参与其中，为之出力或者出主意，所以，如今会有越来越多的词曲作者和其他合作者共同分享这些收入。

还有另一个收入来源，尽管它只占音乐总收入的1%，但还是值得一提，那就是音乐的同步授权。在录像、电视节目、电影或者商业广告中使用和编辑他人的音乐都必须有同步授权。例如，YouTube是谷歌于2006年收购的网络视频共享服务商，在YouTube上播放音乐视频就要求有同步授权，而如今的YouTube在音乐方面所起的作用怎么夸大都不为过：2017年，足有一半的美国人每周至少会在 YouTube 上听一次音乐，这比美国人在任何一周内使用声田和潘多拉服务的次数的总和还要多。[18] YouTube 几乎自然而然便成了音乐产业内一位主要而有争议性的参与者。它虽然占据了网上音乐流媒体用户使用时间总量的 1/3，但它所创造的（版税）的收入却只占音乐产业总收入的 6%。[19] 这种不平衡有可能会改变，尽管业内的专业人士对这样的变化是否会很快到来感到悲观。2017 年，YouTube 向音乐唱片公司和其他音乐版权持有者支付的金额超过了 10 亿美元，这与 2016 年基本持平。[20]

对音乐人和唱片公司而言，YouTube 的这种发展趋势究竟是利是弊呢？可以一言以蔽之的简单答案是没有的。一方面，YouTube 为音乐版权支付的金额比那些真正的流媒体服务商要少得多，这也是许多音乐人和唱片公司对 YouTube 心怀不满的原因之一。但另一方面，唱片公司和音乐人过去往往需要承担其音乐视频发布和宣传的成本。因为 YouTube 已经取代了全球音乐电视台（MTV），而且它的覆盖面比后者更广，所以从这个角度来看，它对唱片公司和音乐人的利润还是产生了积极的影响。而且，因为艺人从唱片中获得的收入通常只占其总收入很小的一部分，所以对试图打开市场建立和积累自己的听众基础的艺人来说，YouTube 的业务又有其利好的一面。不过对那些业已成名的大明星而言，面对 YouTube 支付给他们的相比之下极其寒酸的版税，他们的抱怨也不无道理。

新型商业模式

数字化和互联网为音乐人能将录制完毕的音乐直接销售给他们的乐

迷提供了新的机会。最早开始这方面试验的是一支名为电台司令的英国摇滚乐队。2007 年，电台司令在其网站上直接发布了他们名为《彩虹里》（*In Rainbows*）的专辑，让粉丝自行下载和付费，付费多寡也由粉丝自行决定。该试验是为了测试粉丝对经济鼓励措施的反应。所有的付款都是完全自愿的。粉丝也可以选择不为这张专辑支付任何费用。第一个月从乐队网站上下载了录音的 100 万名粉丝当中，约有 60% 的人未支付任何费用。还有数百万人从未经授权的网站上进行了免费下载。但是，在那些从电台司令的官方网站下载录音的人当中，有 40% 的人选择了付费，平均下来，每下载一张付费 6 美元。因为电台司令拥有《彩虹里》专辑的母带使用权，他们从这次"付费多少由你定"的试验中挣了将近 300 万美元。电台司令的主唱汤姆·约克声称："从数字下载的收入情况看，我们从这张唱片挣到的钱比从其他所有的唱片所挣的总和还多。"[21]

电台司令的这个试验预示着一种崭新的音乐发行方式的到来。泰勒·斯威夫特、阿黛尔和碧昂丝等当今最热门的歌手，都采取逐层逐级发布音乐的方式。比如，斯威夫特在她的专辑《声誉》（*Reputation*）发布之后，等了足足 3 周才在亚马逊、苹果音乐和其他流媒体服务上推出。为什么呢？因为这些服务所支付的版税比她从实体专辑的销售中能获得的收入要少。她那些最忠实的粉丝果然买了她的专辑。该策略让《声誉》在发行后的第一周内便创下了售出超过 120 万张的纪录，超过并取代艾德·希兰的专辑，成为 2017 年销量最为火爆的音乐专辑。[22]

在技术的迅速促进下，"去中介化"的趋势愈演愈烈。音乐人无须唱片公司的介入便能制作、录制、发布和传播自己的音乐。像科伯特音乐出版公司（Kobalt）一样帮助独立音乐人发布音乐和收取版税的公司正在兴起。而 DistroKid 等服务商则让音乐人可以将他们的音乐上传至流媒体和在线商店。随着新音乐的大量涌现，赢得观众将成为那些新入行、尚鲜为人知的音乐人的艰巨挑战。

一些不太知名的音乐人正转向一种与订阅服务相关的模式。在这种模式下，乐迷会直接付费给艺人。比如，在Patreon网站，艺人为他们在该网站上发布的音乐设定了订阅月费（或单次的下载费）。艺人得以保留由此得来的收入的90%，这样的收入分成基本上把唱片公司唱片合同中的分成条款完全颠倒了过来。歌手兼词曲作者阿曼达·帕尔默在Patreon网站上独家发行了她的歌曲《弯刀》（*Machete*）和纪念大卫·鲍伊的名为《天国的痴迷：鲍伊弦乐四重奏》（*Strung Out in Heaven: A Bowie String Quartet Tribute*）的作品。结果两年之内，超过1.1万名顾客的光顾让她收入100多万美元。正如帕尔默本人所说："自从2008年离开唱片公司以后，我一直在为寻找一个能持续为我提供支持的合适平台而苦苦挣扎，这个平台必须能让我即时发布音乐（并且获得报酬）。"她还使用过Kickstarter这一众筹平台为需要制作的音乐和视频集资。[23]

电台司令的试验还揭示了另一个早在无数次"分馅饼"的经济试验中被发现过的现象：并不是所有人都纯粹受自身利益的驱动行事。在只有两位参与者"分馅饼"的试验（通常也被称为"最后通牒"游戏）中，第一位参与者提出他与第二位参与者将如何划分这个馅饼（比如说，是100美元）的建议。第二位参与者可以接受，也可以拒绝该提议。如果提议被拒，两位参与者就什么也得不到；如果提议被接受，两位参与者则按第一位的建议把钱分了。如果你是第一位参与者，在这种情况下你会给第二位参与者分多少呢？最好的策略是第一位参与者给第二位很少的数量，比如说，一分钱；而第二位参与者仍然接受这一建议，因为能得到一些总比什么都得不到要强，这样第一位参与者则从这一策略中获利最多。当然，很多人认为只给第二位参与者如此少的数额不公平。实际上，第一位参与者通常会提议二人平分，因为那是最公平的分法。当人们企图把绝大部分的钱留给自己时，他们会发现提议常常会遭到拒绝。第二位参与者宁愿放弃他可以拿到的金额，因为他觉得这个提议不公平。

电台司令所做的"付费多少由你定"的试验为我们提供了一个现实世界中的证据，即对公平与否的考量会影响人的行为。你放心，这个世界有人慷慨大方，也有人贪婪无度。越来越多的音乐人在琢磨出各种方法，向愿意支付更多的消费者收取更高的价格，而这种做法被称为"价格歧视"。事实上，泰勒·斯威夫特发布《声誉》专辑所采取的策略就可以被视为一种较为聪明的价格歧视的形式。那些最忠实的粉丝愿意支付的费用是最高的。他们选择在专辑刚刚发布并且价格最高的时候便买一张回去。而其他对价格更为敏感的人则会一直等到能在流媒体上买到的时候再去购买。

音乐人的收入来源

从唱片中赚到的大部分钱并未被创作的音乐人得到。通常，唱片合同签署之后，唱片公司会给音乐人一笔预付金，后者则同意在音乐未来的版权收入（扣除成本）中只拿10%至12%的份额。这种不均衡的收入划分原因很简单：绝大多数唱片都是不赚钱的。[24] 唱片公司发行的唱片每十张中只有一到两张能够回本。唱片公司需要面对巨大的风险。他们类似于风险投资人，将赌本押在众多新人和新音乐上，期待他们当中有几位能够大红大紫一把。唱片公司必须用少数能赚钱的唱片来抵付其在许多亏本的唱片上花费的成本，至少在那些终于成名的明星重新谈判并达成他们的新合同之前是如此。

如今，即使是那些唱片销售占据了音乐产业总收入绝大部分份额的超级明星，其大部分收入也仍然来自现场演出，而非版税。比如说，2017年，被誉为"钢琴师歌手"的比利·乔尔通过现场演出挣了2740万美元，但他从唱片销售和流媒体得到的收入只有130万，而版税收入只有60万。换句话说，他90%以上的收入都来自现场演出。[25] 即使在21世纪初，情况也大致相似，而当时乔尔尚未与麦迪逊广场花园签下那份每月一场现场演出的合同（内行人士有时把乔尔称为麦迪逊广场花园继尼克斯职业男子篮球队、自由职业女子篮球队和流浪者职业冰球队之后，拥有的第四个特许经营的商品）。或者再看看保罗·麦卡特尼，他创作的排行榜金曲在音乐史上比任何人都多，而即使是他在2017年的总收入里也有82%来自现场演出。

U2乐队2017的收入在所有音乐人中独占鳌头，他们挣了5400万美元，其中96%来自巡演。2016年则是碧昂丝以6200万美元名列榜首，她收入的88%来自巡演。

2017年办过巡演的48位艺人平均80%的收入来自巡演，15%来自唱片，5%来自版税。巡演为他们挣来了绝大部分的钱。

当然，这种模式也有例外，尽管这些例外通常都相当短暂。据《公告牌》杂志报道，加拿大说唱歌手德雷克2016年获得了2330万美元的唱片收入，现场演唱会收入"仅有"1360万美元。2017年德雷克没有巡演，当年他从唱片中倒是赚了1030万美元。当然德雷克的情况比较特殊，因为他不但自己制作音乐，而且拥有自己的唱片发行公司OVO Sound。"每年的收入并不稳定。"克利夫·伯恩斯坦就曾指出，他经纪的金属乐队2016年从唱片销售中赚了1320万美元，巡演只赚了380万美元，而到了2017年，他们的唱片销售收入只有1090万美元，巡演却挣了3070万。伯恩斯坦说，从这5年的时间来看，通常金属乐队的巡演收入还是要高于唱片销售的收入。伯恩斯坦还说，总体上，金属乐队唱片销售收入多于巡演收入的日子已一去不复返了。如果对金属乐队来说是这种情形的话，对其他所有人可能也是如此吧。因为根据尼尔森音乐统计的资料，自1991年至今，金属乐队在唱片销售方面的排名只低于加斯·布鲁克斯和披头士乐队。[26]

总而言之，在2017年巡演过的48位音乐人当中，有47位的现场演出收入高于其唱片销售和流媒体收入。

对大多数音乐人来说，只有现场演唱会才能挣钱。流媒体不太可能改变这种平衡。弗利特伍德·麦克乐队曾经在歌里唱道"玩家们（players）只在寻欢作乐（playing）的时候才会爱你"，他们说的也许是对的，但如果说"音乐人只在演出（playing）的时候才能挣到钱"，应该也不为过。好像是为了证明这一点，尽管乐队成员都已过古稀之年，2018年和2019年，他们又在50多个城市重新办起了巡演。[27]

市场脱节

与其他许多企业一样，音乐人也销售多种产品，其中最重要的就是现场演出和唱片。用经济学术语来说，音乐人是拥有多种产品的企业。而另一个拥有多种产品的企业是苹果公司，在本书写作之时，苹果公司是全球市值最高的公司。苹果公司不但出售手机、电脑和平板电脑等设备，它还通过苹果音乐销售音乐，通过苹果书店销售书籍。

然而音乐人的不同在于，他们从其最受欢迎的产品——唱片——中获得的收入相对较少。这种脱节将音乐人与其他文娱行业的从业者区别开来。电影演员的大部分收入来自其出演的电影，因为这是影迷欣赏和消费他们艺术的方式。有些职业运动员虽然也通过赞助产品或出演电影挣钱，但他们主要还是靠从事体育运动领取薪水的方式谋生，这也让粉丝能接触到他们的工作。最接近音乐人的或许就是写书的作家们了。他们的大部分收入来自书籍出版之前出版商支付的预付金和书籍销售带来的版税。偶尔他们也会凭借其知名度或专业知识巡回演讲赚上一笔。

20世纪90年代末到21世纪初，由于文件共享和盗版导致音乐人唱片销量下降，粉丝消费音乐的方式和音乐人谋生的方式之间的脱节已严重到了无以复加的地步。但这种鸿沟将来有逐渐缩小的可能，因为流媒体和社交媒体使音乐人能直接与其粉丝进行互动，而这将为现场演出和唱片建立起比以往更为强大的纽带。

泰勒·斯威夫特堪称这方面的先行者。通过观看这位流行歌手的音乐视频、加入她的电邮发送名单，或者购买她的专辑或周边商品，粉丝可大大提高自己买到她演唱会门票的机会。音乐人利用与粉丝之间的联系售卖唱片，从而增加收入，这样的捆绑销售也不会显得霸道。

如果授权协议许可的话，技术发展其实也能缩小唱片和现场演出之间的差异。拿它与体育做个比较，你就能看得更为清晰。在职业体育当中，一支球队所赚取的大部分收入来自出售体育赛事在无线电视和有线电视上的实况转播权。[28]从体育赛事现场获得的门票收入相当于现场演唱会的门票收入——可音乐人却很少能有机会通过录制或播放他们的现场演出赚更多的钱。将来，粉丝也许会开始购买现场演出的录像和视频，而更多的艺人为了增加收入，会试着在流媒体上实况转播他们的现场演唱会。所有这些在经济学上都可以讲得通。

个性化的唱片也许会即将到来，正如个性化的医疗走在了医疗保健的前沿一样。雅各布·科利尔，这位多才多艺的歌手兼乐手，便在Patreon上开通了为顾客提供个性化音乐的服务。粉丝把自己的歌词录音发送给他，科利尔为它们配上旋律及和声。毫不意外，这位格莱美奖得主配完乐以后歌曲非常动听。还有些音乐人有偿为客户演唱《生日快乐》或其他歌曲。

为了缩小从现场演出和唱片中所赚取的收入之间的巨大脱节，唱片公司将不得不改变它们的运营模式，而目前的模式通常不允许对现场录音进行转售。或者，艺人也可能将不再依赖唱片公司而变得更加独立。电台司令的汤姆·约克给年轻音乐人的建议是："第一点，也是最重要的一点，千万不要为了签下一份大唱片合同而把你所有的数字版权都让人给拿去……如果你在演艺界还是个新手，你眼下的处境一定不会太好。即使大唱片公司因此招揽不到新鲜血液，在我看来事情也坏不到哪儿去，因为该拿这些新人怎么办，他们心里反正也还没个谱。"

然而，大多数音乐巨星要么与三大唱片公司（环球、华纳、索尼）中的一家签合同，要么与一家大型的独立唱片公司签合同。而最近发生的最引人瞩目的一个例外是乔纳森·本内特，他更为人熟知的是他"创世说唱歌手"的昵称。这位生于芝加哥的 25 岁的年轻人仍然坚守着独立音乐人的身份，并打算以此走出一条独特的艺术之路。他免费发布音乐专辑（他称之为"混音带"），只靠巡演和销售周边商品挣钱。他是第一位在没有卖出过一张实体唱片的情况下赢得格莱美奖的艺人。虽然未来大多数艺人仍将选择与大唱片公司签约，步本内特后尘的艺人可能也会越来越多。

你生命中的时光

尽管音乐在经济活动中只占极小的一部分，但在我们的日常生活中却占了很大的比重。诗人卡尔·桑德伯格曾经写道："时间是你人生的硬币。"而在能帮我们度过人生时光的那些货币当中，音乐无疑占有重量级的经济地位。

时间的使用很难衡量。尽管如此,人们还是从调查中发现,超过80%的美国人说,一般情况下他们每天都会听音乐。而那些听音乐的人平均每天要听上2到4个小时。[29] 流媒体服务商能更准确地估算出订阅用户在平台上听音乐的时长。比如说,潘多拉公司就发现,那些最积极的听众每个月会花大约20个小时在流媒体上收听音乐。因为流媒体占据了人们所有听音乐时间的1/3,也就是说,人们每天用于听音乐的时间至少有2个小时。

然而音乐通常只是次要性的活动,在人们通勤的途中、工作、学习、做家务、健身或者在酒吧社交的时候,音乐都只是在背景中响起。正因如此,音乐占据的时间比其他任何休闲活动都要多,可能只有电视除外。但即便在我们观看电视和电影时,背景中也会时时响起音乐。

在人类历史上,从未有任何时候像今天这样拥有如此多的听音乐的方式。我们可以有的选择包括:YouTube、潘多拉、声田、脸书、iTunes、亚马逊的Echo Dot(智能家居机器人)、iHeart和卫星广播,更不用说还有黑胶唱片、调频收音机和CD。如今,任何一个普通人都能用四种不同的方式听音乐。在人们花在听音乐的时间中,传统的无线电广播仍然占据最大的比例,尽管这个比例正在快速缩减。[30] 智能手机和电脑如今已成了听音乐时使用最为广泛的设备。

流媒体服务的增长使人们能花更多的时间听音乐。根据尼尔森市场调研公司的报告,从2015年到2017年间,美国人听音乐的时间增加了37%。[31] 而流媒体服务商的报告也称,在同一时期,付费用户听音乐的时间也有所增加。这毫不奇怪。

一些经济学家和权威人士认为,按照经济学家常说的边际效用递减的规律,随着获取音乐变得越来越容易,人们从更多听音乐的时间中获得的享受有可能会减少。边际效用递减规律并非万有引力之类的物理定律,它所指的是，对大多数商品和服务而言，人们通过消费所得到的效用超过某一界点之后，新增加的每一消费单位所得到的效用便会呈现下降的趋势。假如您只能在播放音乐的列表中放入有限的几首歌曲，而不能把有史以来的全部歌曲都放进去，那您肯定得仔细地对歌曲进行挑选。

而与边际效用递减理论相抗衡的规律是，当人们听的音乐更多，他们的品味也会随之改变。比如，一个人听某一首歌曲的次数越多，他（一定程度上）就越可能会喜欢上这首歌。[32]

音乐的溢出效应

音乐对个人和社区都具有溢出效应，有的涉及钱，但更多的与钱无关。社区举办的音乐节就是跟钱有关的一例。当像英国的曼彻斯特、美国田纳西州的纳什维尔或者加利福尼亚州的印第奥这样的城市举办音乐节时，那些与音乐产业没有直接关系的公司和员工也会受益。不仅餐馆、酒吧和酒店会有额外收入，为音乐节搭建舞台和器械的员工，以及在当地的餐馆、酒吧和酒店上班的职员也能沾光。而像波纳罗或科切拉这样的大型音乐节甚至能让一个原本默默无闻的小镇一夜之间在全世界声名大振。所以，各个城镇之间常常会争相举办音乐节，那都是为了随之而来的经济活动和公众关注度。事实上，为了重振城市和留住城市人口，阿肯色州的埃尔多拉多市正投资1亿美元的公共和私人资金用于兴建墨菲艺术区，该艺术区将包括一座能容纳7500名观众的圆形剧场和一个有2000个座席的音乐厅。

受益于音乐产业的是一套完整的生态系统，但这些效益并未被直接算作音乐产业的组成部分。无线电台，诸如无线音响制造商搜诺思、扬声器生产商博士（Bose）、录音设备生产商 Beats 和苹果公司等设备制造商，还有摇滚摄像师，这些全都受益于音乐经济。音乐促成了 iPod 的成功，从很大程度上来说，后来 iPad 和 iPhone 的发展也同样如此。这种货币溢出效应并非为音乐产业所独有。职业体育队伍、汽车制造商和电影制片厂等其他行业也都能产生货币溢出效应。然而，即使将这些溢出效应纳入音乐生态系统中来，与其他产业相比，音乐产业的经济规模仍然相形见绌。

更重要的是，音乐的某些溢出效应超出了金钱和货币的范畴，它能在个体、文化和社会的诸多层面直接影响我们。《奇异的恩典》（*Amazing Grace*）的演奏能在苦难的时候给我们以安慰，《星条旗》（*The Star-spangled Banner*）则将我们的国民紧紧团结在一起，《我们要让你摇滚起来》（*We Will Rock You*）能将体育场馆里的球迷们鼓动得热血沸腾。埃里克·基施鲍姆曾经说过，布鲁斯·斯普林斯汀和东大街乐队 1988 年在东柏林举办的那场有 30 万观众的演唱会给柏林墙的最终倒塌助了一臂之力。这句话颇有些道理。[33] 虽然音乐所起的外部影响并非全是积极的——我至今仍对上大学时隔壁宿舍的同学整日在屋里放着震耳欲聋的音乐耿耿于怀。音乐既会（而且已经）被人用于作恶，也会用于行善。音乐对我们心灵所起到的积极影响以及它对社会事业的有力支持，远远超出了其在经济方面所做的贡献。

坚守人性

天狼星 XM 卫星广播公司的主持人埃里克·阿尔珀最近在推特上问了一个问题："有哪张专辑、哪首歌、哪位音乐人改变过你的生活？"很快就有 300 来人给出了自己的答案。[34] 从那些答案中喷涌而出的是各种各样的情感和音乐，包括大卫·鲍伊、林肯公园、涅槃、金属乐队、大爆炸、琼尼·米歇尔、吻、莫扎特、皇后乐队、埃尔维斯、迪伦、杰夫·贝克、比约克、比利·乔尔、安妮·迪芙兰蔻、珍珠酱乐队、平克·弗洛伊德、托丽·阿莫斯、马文·盖伊、尼尔·扬、迈尔斯·戴维斯、普林斯、迈克尔·杰克逊和珍妮特·杰克逊。以下附上我最喜欢的一些回复：

这个问题不太好回答，但我无法想象如果没有披头士乐队，我现在会在什么地方或者会成为什么样的人。

——**克里斯蒂·科林斯，来自加利福尼亚州**

布鲁斯·斯普林斯汀。说他只改变了我的生活，还是太保守了。

——**弗林·麦克莱恩，来自纽约皇后区**

我基本上就是靠碧昂丝的两首歌——《无瑕》（*Flawless*）和《站队》（*Formation*），熬过了化疗，可能真的可以说是它们挽救了我的生命。

——**安娅·席尔瓦，来自佐治亚州，梅肯市**

汤姆·佩蒂的《我不放弃》（*I Won't Back Down*）救了我一命。

——**梅尔·玛丽**

2017 年，绝对是洛德的《情景剧》（*Melodrama*）把我从那一年的大黑坑里拉了出来。

——**克里斯娜·帕特尔**

《只有傻瓜才坠入爱河》（Fools Rush In）：在朋友的婚礼上，我与我未来的丈夫头一次约会，当时就跳了这支曲子。然后我们俩坠入了爱河：至今仍是傻乎乎的。

——辛迪·乔伊斯

虽然这些评论很难算作科学研究，但很显然，认为音乐以不同的方式（不管是驱除心头的忧郁，还是强化美好的回忆）深刻地改变了他们的生活的人并不在少数。而这一结论也得到了神经科学和临床研究的支持。研究发现，音乐能影响大脑的神经生物学的过程。有很多人将音乐当成情感支持、快乐、勇气和身份认同感的来源，假如没有音乐，我们可能根本无法唤起或者发掘出这种情感。正如哈里·沙潘在他那首《让时光温柔流逝》（Let Time Go Lightly）歌中所唱："音乐是我最老的朋友，也是我最凶悍的对手／因为它可以让我如此快乐，是的，它也可以让我如此消沉。"

社会事业

18世纪的苏格兰作家和革命者安德鲁·弗莱彻有句常被人引用的名言："让我来为国家编写歌谣吧，我才不关心谁制定它的法律呢。"* 这句话将音乐具有的那种能塑造一个民族的精神与情感的特殊力量概括无余。

音乐人也一直在通过他们的音乐和个人努力来促进各种社会事业。以下举出的是一些著名的例子：

---

* 弗莱彻的原话其实并非那么富有诗意，但他话里透出的感情是差不多的。几个世纪之后，伟大的经济学家保罗·萨缪尔森又用自己的话把这个意思即兴重复了一遍："我不在乎谁制定了法律，也不在乎高明的论述出自谁口，只要该国的经济学课本由我执笔即可。"

孟加拉国慈善演唱会　1971 年，乔治·哈里森和他的锡塔琴老师拉维·尚卡尔发起了两场具有划时代意义的慈善演唱会，同时还创作出了一张现场专辑和一部讲述孟加拉国的纪录片。这一行动最终为这个被战乱、自然灾害和数百万难民摧毁的新兴国家筹集到了 1200 万美元的人道主义救援资金。[35]

《天下一家》（*We are the World*）　由迈克尔·杰克逊和莱昂内尔·里奇作词作曲、由昆西·琼斯于 1985 年制作的一首慈善歌曲，该首歌曲为非洲和美国募集了 6000 多万美元的人道主义救援资金。该歌曲的录制阵容星光璀璨，先后有 40 多位歌手在其中亮相。[36]

"拯救生命"慈善演唱会　由爱尔兰和苏格兰音乐人鲍勃·格尔多夫和米吉·尤尔组织和发起的两场为当时正遭受饥荒的埃塞俄比亚募集人道主义救援资金的摇滚乐演唱会。筹集到的捐款超过 2 亿美元。[37]

有无数艺人都大力支持过社会事业。妮娜·西蒙、哈里·贝拉方特、皮特·西格、马哈丽亚·杰克逊、艾瑞莎·富兰克林，以及其他许多人都是美国民权运动的拥趸。通过她的音乐和政治实践，辛迪·劳珀成了为 LGBTQ 群体争取权利和普及意识的倡导者。布鲁斯·斯普林斯汀热忱地支持过数目众多的慈善机构，其中包括"1736 洛杉矶家庭危机中心"和"新泽西社区食品站"。U2 乐队的主唱博诺是 ONE Campaign 的联合创始人，该组织拥有超过 700 万致力于以实际行动消除极端贫困的成员。约翰·梅伦坎普、尼尔·扬和威利·纳尔逊一直是家庭农场的倡导者。而说唱歌手 Chance the Rapper 则是"兄弟守护者联盟"基金会*的支持者。

---

*　美国前总统奥巴马于 2015 年成立的非营利基金会，旨在推动美国少数族裔的发展。

当自然灾害或人为灾害降临之际，音乐人往往会挺身而出，慷慨解囊。在飓风"玛利亚"在波多黎各岛上肆虐后，马克·安东尼、珍妮弗·洛佩兹、里基·马丁、赛琳娜·戈麦斯等人为该岛共同筹集了上百万美元的救灾款项。而男孩与男人乐队、梦龙乐队、杀手乐队、韦恩·牛顿、席琳·迪翁和其他明星则参加了在拉斯维加斯举行的名为"坚强"的慈善演唱会，为拉斯维加斯91号公路丰收音乐节上发生的大规模枪击案的遇难者募捐。

赚钱和行善

正如米尔顿·弗里德曼所阐述的，在经济学中人们有一个普遍的观点：公司的业务应该是赚钱，而不是追求社会效益。弗里德曼的原话是："企业有且只有一个社会责任——在遵守游戏规则的前提下使用其资源并参与旨在提高其利润的活动。也就是说，它可以公开和自由地竞争，只要不欺骗或者欺诈。"[38]但在音乐方面，利润的最大化和追求社会目标有可能并不冲突，事实上，他们常常是相辅相成的。

之所以有这么多音乐人支持社会事业，其原因之一在于积极的社会实践往往对他们的生意有利，因为它能帮助音乐人聚集起自己的追随者，并且同粉丝建立更紧密的联系。这并非质疑歌手们参加这些活动的动机和诚意，只不过是指出显而易见的事实；而且，一个企业被人视为行善者，这对它的生意有百利而无一弊。

事实上，许多公司并未采纳弗里德曼的建议，他们利用自己所拥有的资源大力支持社会事业。公司常常将本应分发给股东的资金用于慈善捐款，有时还会放弃某些造成了负面社会后果的业务。2017年，全球最大的资产管理公司贝莱德的负责人劳伦斯·芬克给顶级公司的首席执行官们写了一封公开信。这绝对是一个具有分水岭意义的时刻。劳伦斯·芬克在信中写道："社会要求公司，无论是上市还是私人公司，服务于社会。"他进一步警告说："要想让生意长久兴隆下去，每个公司都不仅要有出色的财务业绩，而且得向世人显示它为社会做出了哪些积极的贡献。"[39]

被恶水所困：参与社会活动的代价？

音乐人会不会因为所从事的社会活动与粉丝的立场不一致而付出沉重代价？没有任何迹象表明，碧昂丝或坎耶·韦斯特因为批评布什总统入侵伊拉克的决定付出过经济代价；相反，在批评完总统之后，他们星运名望不降反升。[40]但那是因为他们的政治声明基本上与其粉丝的立场是一致的。而爱尔兰歌手西尼德·奥康娜在1992年一次《周六夜现场》节目中当众撕毁一张教皇的照片之后，她的职业生涯也就轰然坍塌了，并且此后再也未能恢复。[41]

2003年3月10日发生的一件事是对这个问题很好的验证。在伊拉克战争爆发前夕，乡村音乐乐队南方小鸡的主唱纳塔莉·麦恩斯在伦敦举办的一场演唱会上当众宣布："我就想让你们都知道，我们和你们站在一边，在正义的一边。我们不想要这场战争、这场暴力，我们为美国总统（乔治·W.布什）也是得克萨斯人而感到羞耻。"[42]麦恩斯这番话引发了急剧而激烈的反应。一些广播电台将该乐队的歌从节目中剔除，抗议者收集并且摧毁了这个乐队的光盘。包括里芭·麦肯泰尔和托比·基斯在内的多位乡村音乐艺术家对她们三人做出了严厉批评，甚至有乐队成员受到了死亡威胁。

从传统的观点来看，南方小鸡乐队肯定得为麦恩斯女士的直言不讳承受相当可观的经济上的惩罚。有文章报道说,这一事件导致"该乐队事实上的消亡"。[43] 当麦恩斯女士回顾起当年的那场争议时,她的说法是"我觉得我们被毁了。如果我们现在再去办巡演,我还真不知道会不会有人来捧场"。[44]

现实却微妙得多。有相当可靠的数据表明,按净值计算,她们遭受的经济损失其实并没有那么大。一方面,该乐队唱片销售的势头在争议爆发后的确可能有所减弱,她们还因此失去了一个替美国红十字会做宣传的机会。她们的单曲《滑坡》(Landslide)原本已跻身《公告牌》排行榜的第10名,之后却一路跌出了排行榜。但另一方面,她们2003年的巡演收入依旧相当可观,根本看不到任何门票销售下滑的迹象。2003年夏,作为她们"世界之巅"巡演的一部分,南方小鸡乐队办了42场现场演出,门票场场售罄。我根据《明星选票》票房数据库中的数据计算过,她们那个夏天的票房收入超过4000万美元。该乐队接下来的一次重要巡演是2006年的"事故与控诉"世界巡演,50场演出总票房收入为3400万美元。尽管其中有数场演出因为需求量过低而被取消,但在其他地方也有增加演出场次的情况,特别是在加拿大和澳大利亚。她们2006年推出的专辑《有志竟成》(Taking the Long Way)在《公告牌》200强排行榜上名列第一,在美国的销量超过250万张,并获得五项格莱美奖。这张专辑中的顶级单曲《依然不妥协》(Not Ready to Make Nice)(由3位乐队成员和丹·威尔逊共同创作)就是为了纪念她们曾遭遇的这场争议,而该曲也成了该乐队唯一一首获得白金认证的歌曲,并成功登上《公告牌》百强热门金曲排行榜的前5名。2016年,该乐队从68场演出中挣得5200万美元。鉴于音乐人的大部分收入来自现场演唱会,因批评布什引发的争议,可能的确影响了她们那几年的收入。可即便是争议爆发后的巡演收入,也是其他绝大多数乐队难以企及的。

为什么她们没有付出更大的经济代价呢?有几个因素也许缓和了对该乐队急风暴雨般的批评。首先,争议必然带来关注和宣传,有一句古老的格言这么说："只要把你的名字拼对了，不管什么样的宣传都是好的宣传。"其次，尽管有些粉丝可能因为麦恩斯说的话对其失望，但乐队也会因此事而收获新的追随者，特别是在美国以外的地方。第三，即使对超级明星而言，演唱会也是一个利基市场。南方小鸡的 2003 年"世界之巅"巡演当年在美国售出了约 90 万张门票。[45] 当时美国全国有近 3 亿人口，也就是说，每 300 人中有不到一人购买了门票。这个市场太不一样了。它与多芬香皂、可口可乐或拜耳阿司匹林等产品所在的市场完全不同，购买这些产品的家庭所占的比例要高得多。南方小鸡之所以承受得住冒犯部分粉丝所带来的后果，而且演唱会的门票仍然能够卖光，是因为她们仍然拥有强大的利基市场和众多的追随者。人们甚至可以这么说，因为麦恩斯所表达的政治立场，许多粉丝比以前反而更死心塌地了。

闪光的东西不是只有金子（*All that Glitters Isn't Gold*）

就消费者和企业在音乐上的花销以及音乐产业的收入和就业状况而言，音乐对经济的贡献相对较小。然而，音乐对我们生活的影响和它对经济的影响是完全不相称的，比如我们花大量时间听音乐，音乐能激发我们内心强烈的情感共鸣。对消费者来说，音乐也许是史上最划算的买卖。

音乐的影响力远远超越了它的经济价值，恰恰是因为它与听众建立起了强大的情感交流。音乐人和听众之间的这种情感纽带才是唱片和演唱会门票的卖点所在，也才会使音乐人能对社会事业产生如此巨大的影响。音乐的"软实力"强大时足以推翻独裁政权，温柔起来也尽可慰藉人心。正如博诺所说："音乐能改变世界，因为它能改变人。"[46]

第三章
音乐人的供给

他们管它叫玩音乐,而不是工作,是有道理的。

——马克斯·温伯格

　　马克斯·温伯格为布鲁斯·斯普林斯汀和东大街乐队当过很长一段时间的鼓手。他曾不止一次对我说,音乐演出真的很有意思。他说,音乐人管它叫玩音乐,而不是工作,是有道理的。有一次,他允许我登上舞台,在乐队演唱布鲁斯·斯普林斯汀的《辉煌岁月》(*Glory Days*)的时候跟着敲铃鼓伴奏。有那么一瞬间,我隐隐体会到了他那句话的含意。甚至连幻想自己在娱乐现场观众也是一种纯粹的快乐。

　　关于温伯格的职业生涯简直能写成书了。1974年,当时的他为了谋生,一边上大学一边在百老汇的乐池乐队里做鼓手。有一天,他在《小镇之声》(*Village Voice*)布告栏里看到一则广告,说东大街乐队正在招募鼓手,于是便前去试音。他是60多位参加试音的鼓手中的第56位。当时他对斯普林斯汀和他的乐队并不了解，可他从未见过哪支乐队的领队会这么有凝聚力。试完音之后，他对布鲁斯说："我不知道你会决定选谁，可我这么跟你说吧，如果能让我来你的乐队敲鼓，就是不给钱我也干。"[1] 就这样，他离开学校加入了乐队。当时，他其实只差几个学分就能毕业了。上法学院的计划也一并被推迟。而对于这一切，他父亲也并未反对。一年后，布鲁斯·斯普林斯汀和东大街乐队的专辑《为奔跑而生》（*Born to Run*）一炮而红。40多年后，这位被他老板布鲁斯·斯普林斯汀亲切地称为"最棒的马克斯"的鼓手说："如果换到现在，不给钱我也还是会干。"

对创作和与他人分享音乐的热情将绝大多数音乐人吸引到了这个行业，并且使他们坚持了下来，尽管最终能名利双收的概率是如此之小。在描绘音乐的魅力时，很多人都说它似乎有着宗教般的感召力，说他们根本无法想象自己这一生去干别的事情。从经济的角度来看，这种内在动力源源不断地造就了一批批音乐人。为了艺术实践，他们愿意牺牲更高的收入和更稳定的工作。只有少数幸运者获得了回报。正如布鲁斯·斯普林斯汀在他的歌中所唱的："我只不过做了些再自然不过的事，却得到了天价的酬劳。"[2] 其他人也同样做着再自然不过的事，却只能勉强维持生计。

音乐人的人数

根据人口调查局的数据，2016年全美国有213,738名职业人士认为他们的主要职业是"歌手、乐手或从事相关的工作"。[3] 这些音乐人仅占当年雇员总数的0.13%；自1970年以来，音乐人的劳动力占比一直在这个水平徘徊。

对那些职业音乐人我们都了解些什么呢？第一，作为一个群体，他们的薪水是很低的。2016年，中位收入的音乐人一年的收入为20000美元，这比其他所有行业的工作者的中位收入低15000美元。与保罗·西蒙相比，他的父亲——那个为了谋生而东奔西跑的李·西姆斯，才是更具普遍性的音乐人的代表。

第二，约2/3的音乐人是男性；美国劳动力整体男女性别比要均衡得多。尽管自第二次世界大战以来，女性在美国劳动力中所占的比例有所增加，但从20世纪70年代开始，男女音乐人之间2∶1的比例基本上没变过。

第三，13%的职业音乐人是非裔美国人，这与非裔美国人在整体劳动力中所占的比例接近。相比之下，西班牙裔在音乐人中所占的比例远低于他们在整体劳动力中的比例：只有10%的音乐人是西班牙裔，而西班牙裔在整体劳动力当中占了17%。然而，与其他劳动力的发展趋势一样，多年以来，音乐人的种族构成也变得更加多样化。在1970年，89%的音乐人是非西班牙裔的白人。而到了2016年，比例降到了71%。

第四，职业音乐人除了在南方比例稍高外，总的来说，职业音乐人的分布与美国人口的地理分布还是大致吻合的。

尽管在人们的印象中，音乐人都是些发型狂放不羁的年轻辍学学生，但作为一个群体，与整体劳动力相比，音乐人的年龄其实更大，受过的教育也更好。[4]根据最新的数据，音乐人的平均年龄为45岁，比整体劳动力的平均值大4岁。只有4%的音乐人在完成高中学业之前从学校离开，这还不到其他工人辍学率的一半。足足有一半的音乐人是四年制大学毕业生，而整体劳动力中只有1/3。

"零工经济"最初就是从音乐界兴起的。音乐人称自己是自主就业人士的可能性要比非音乐人高出近5倍，这丝毫不奇怪。2016年，44%的音乐人是自主就业人士，而其他工作人士中只有9%的人当自己的老板。和其他自由职业者一样，自主就业的音乐人可以自由地按自己的意愿和方式工作，也可以替不同的雇主工作。但在工作的稳定性方面，他们比传统员工面临着更大的风险，而且，他们还得在没有人力资源部帮助的情况下管理自己的事业、福利保障和未来的储蓄。

如今，约有30%的音乐人，其主要的演出机会是为宗教组织演出。比如教堂的合唱团和风琴师。许多歌手的演艺生涯都是从教堂开始的，其中包括艾瑞莎·富兰克林、惠特妮·休斯顿、约翰·莱金德、凯蒂·佩里、费斯·希尔、贾斯汀·廷伯莱克、贾内尔·莫纳，还有亚瑟小子等人。

2018年，普林斯顿大学的艾德·弗里兰和我以1227名音乐人为对象进行了一项调查。根据该项调查，音乐人的年收入一般是从与音乐相关的三种不同的活动中获得的。[5] 现场演出是最常见的收入来源。81%的职业音乐人一年中都会通过若干次现场演出获得收入。常见的第二和第三收入来源是给人上音乐课（42%）和教堂唱诗班或其他宗教服务（38%）。这三项在音乐人与音乐相关的平均收入中占2/3以上。它们占用的时间也不少。普通音乐人平均每周要花14.1小时用于演出或排练，5.7小时用于奔赴演出的往返旅行，以及3.6小时给他人上音乐课。

这些统计数据使我们了解有哪些人在以音乐为业，为了谋生他们都做些什么，以及他们能挣多少钱。但这些数据无法告诉我们的是，这些人为何会想以及是怎样成为音乐人的。比如说，他们从音乐中获得的快乐，他们在追求自己所热爱的事业的过程中面临的困难。换句话说，它们能告诉我们与音乐人相关的所有背景，但不能告诉我们是什么让那些人的音乐生涯变得如此神奇，如此令人痴狂。

靠打零工谋生

"Gig"一词是由20世纪20年代的爵士乐手们发明的，指的是参加短期的演出。作为一名爵士乐手，不管在那时还是在今天，为了谋生经常得从一个城镇奔波到另一个，表演一个或整整一台节目。这个词于是就经常被人们使用了，后来甚至传到了音乐圈以外。今天，任何临时性的付费工作都被人们统称为"gig"，即"打零工"。

在如今这个优步和爱彼迎流行的时代，打零工被赋予了更多的含义，它通常指的是通过互联网上顾客和服务商的匹配程序找到的短期工作机会。无论在线上还是线下，近年来打零工的趋势在美国都有所增长，尽管金额相对较小。[6]

自1970年以来，增长的大部分工作机会是针对自由职业音乐人的。[7]导致这一趋势的因素主要有两个：首先，盗版和文件共享造成收入上的损失，唱片公司一直面临着巨大的竞争压力，它们不得不努力降低成本；其次，技术进步使得某些音乐相关的工作可以很容易通过外包或者远程来完成。另外，像GigTown、Gigmor和ShowSlinger这样的在线平台的数目在激增，它们与优步一样，能帮音乐人找到合适的零工。这也将会推动21世纪自由职业音乐人的发展。

长期以来，音乐人一直都是"零工经济"的排头兵。如今打零工的那些人所面临的诸多问题，音乐人都经历过：如何购买医疗保险、如何建立存款以保障未来、如何偿还债务、如何规划税务和管理账目。2013年实行的奥巴马医改建立起了医疗保险市场，并根据收入为个人购买医疗保险提供补贴。而在此之前，53%的音乐人都没有医疗保险，这一比例是总人口中无医保人数所占比例的3倍。[8]然而自奥巴马医改计划通过以来，从整体上看，自主就业人员的医疗保险覆盖率有了大幅增长。2018年，音乐人的健康保险覆盖率跃升至86%。[9]因而，音乐人和其他自由职业者对奥巴马医改这一极具争议的法案的支持率会高于全体民众对它的支持率，也就毫不意外了。[10]鉴于投身音乐事业所无法避免的精神压力和身体耗损，医疗保险的低覆盖率历来都是令音乐人头痛的难题。

和其他打零工的人一样，为了能够找到足够多的活计，音乐人也得想方设法，使尽浑身解数。我采访过一些新泽西的音乐人，他们常说，零工性质的演出机会不像以前那么好找了，而且，他们演出的酬劳（每次演出每人100美元）十几年来几乎没涨过。[11]

音乐人和其他打零工的人面临的另一个挑战是怎样才能把他们应得的报酬拿到手。音乐人给我讲过很多被夜总会老板和演出承办商赖掉劳务费的故事。他们的这种经历并不少见。有1/4的自主就业人员说，在过去的一年中，他们拿到手的工资比应得的金额要少。[12]艾瑞莎·富兰克林、詹姆斯·布朗和其他一些艺人现在都要求在演出之前就拿到报酬，而且只收现金。

如今，乐队都会自己聘请会计师来替他们收取演出酬劳，然后再付佣金给经纪人。而在音乐产业的早期，一般都是由经纪人先收取演出报酬，然后再付钱给艺人。正如某位经纪人告诉我的，经纪人失去艺人的原因有很多，而聘请会计师解决了其中的部分问题。

音乐人面临着要挣钱谋生的艰巨挑战，所以在这里有必要把比利·乔尔给各位年轻音乐人的建议重复一遍："下决心做一辈子音乐是个很重要的决定，也很可怕，因为根本没有安全保障。你的朋友们都会说你疯了；说你根本没希望成功。你的父母也担心你将来该怎样谋生。大多数在夜总会或餐馆表演的音乐人都得另外再干一份工作。"[13]

人力资本

如上所述，音乐人整体都受过良好的教育。其实这也并不意外。要精通音乐必须经过多年的付出和练习，而这些也是在学术上取得成就所必需的。即使是那些为了追求音乐而从高中辍学的人通常也具备在学术方面有所造诣所需的专注力。

虽然平克·弗洛伊德曾经声称"我们大可不必拥有什么教育"，但一个人对艺术的培养和奉献是在音乐上获得成功最关键的因素。教育和培训构建了经济学家所称的"人力资本"。数十年来的研究发现，无论在个人还是在国家的层面，人力资本都为经济成功做出了重要贡献。我的统计分析表明，读完大学的职业音乐人挣到的钱比那些只读完高中的要多得多。

格莱美奖获得者兼词曲作者丹·威尔逊说过："即使要成为一个有中等成就的音乐人也必须付出大量重复性的努力并且需要很多的运气。重复是练习所必需的，它也是一片能栽培出运气的沃土。"[14]

从音乐界那些最成功的乐队的身上，比如披头士和滚石乐队，你能看到练习、恒心和训练在经济和专业上对他们多有裨益。即使像科特·柯本这样众所周知的懒人也知道人力资本在音乐人成功的过程中所扮演的重要角色。柯本曾经把鼓手戴维·福斯特从涅槃乐队开除。在给福斯特的解雇信中，柯本劝告前者说："我们觉得，假如一支乐队真想干出点名堂来，那它每周至少要排练五次。"[15]即使像布鲁斯·斯普林斯汀和东大街这种已经功成名就的乐队，尽管乐队成员已有几十年一起登台表演的经验，每场演出当天他们照样要排练。练习也许并不能让音乐变得完美，但缺乏练习肯定会让一曲交响乐变成一堆杂音。

音乐的魔力

究竟是什么在吸引人们从事音乐？在采访了许多音乐明星和新人、读过好几位音乐人的自述之后，我确信，人们从事音乐最主要的原因——和最好的理由——是对音乐深切而持久的爱。这种爱凝结出的是一种近乎神秘的吸引力，而非对成名和发财的梦想。

尼尔·罗杰斯不仅是一位传奇歌手，还是吉他手、唱片制作人、词作者、曲作者和编曲人。在回答自己为何会被音乐吸引这个问题时，他给出的答案很简单，其他很多人也这么说过："能够被人们聆听。"[16]

帕蒂·史密斯对音乐创作的过程做过一番玄而又玄的描述："艺术家总是寻求与他直觉中的神性取得沟通，但为了能创作出作品，他又不能永远停留在那种引人入胜的灵性境界。他必须回到物质世界中才能完成他的作品。艺术家的职责就是在神秘的沟通和创作的辛劳之间找到平衡。"[17]毕竟，谁能抵挡住与神交谈的诱惑呢？

鲍勃·迪伦也提到过音乐的超然魔力："对我来说，歌并不只是娱乐，它比这个重要。它是我的导师和向导，它能带我进入一种对现实不一样的认知中去。"[18]

杰森·皮尔斯是非主流摇滚乐队——净化乐队和太空人3乐队的成员。他是如此解释音乐的魅力的："我只知道，在演出的时候，我是那么有生气，我别的什么都不想，就想一直那么演下去。"[19]今年已60岁的蓝调歌手希拉·斯特拉顿-哈姆扎参加了我办的一次小组座谈，她说："有时在登台之前我很痛苦，但只要演出一开始，我便能立刻开心起来。我的本心自然流露，（那一刻）我变成了一个真正的人。"雅各布·科利尔是位谦逊而且多才多艺的音乐人，他刚刚24岁。他凭着自己在卧室里创作的音乐两次获得格莱美奖。雅各布告诉我，巡演时他感觉自己简直"战无不胜"。[20]他还说，幸亏他还记得自己有严重的花生过敏症，这才让他感觉自己还是个凡人。

当我调查的音乐人被问及最喜欢这个职业的哪些方面时，他们着重指出了这个职业让他们可以有艺术表达、可以演出并与他人合作。而被问及最不喜欢哪个方面时，他们大多选择了"经济没有保障"。[21]

因为音乐固有的魅力，为了有创作和演奏的机会，有无数人情愿不计报酬，甚至几乎没有报酬。从经济角度来看，这个现实给整个行业的收入水平都带来了向下的压力，少数超级明星除外。事实上，歌手兼吉他手鲍勃·格尔多夫就曾对我感叹道，在一些夜总会，乐队要想得到登台演出的机会，得给夜总会塞钱。[22]正如上海京剧院创始人兼经济学家梅建平教授所说："想当艺人就得饿肚子，这兴许也是一种平衡。"

即使是音乐界的超级明星，与其他领域的巨星们相比，他们的收入也是相对较低的。《公告牌》杂志每年都会列出音乐界收入最高的50人名单。名单上的有的是独立个人，有的则是有多位成员的乐队，而乐队的收入会在全体成员中分配。如果我们先看跻身收入前50名的29位独立个人，那么在2017年，音乐界的这些超级明星的平均收入为1950万美元。可以肯定地说，这个数目已经不算少了，但与同年收入前50位的上市公司首席执行官的平均收入3700万美元相比，它仅仅是后者的一半左右。而与同年收入前50名的运动员的平均收入5110万美元比，连后者的一半都不到。[23]若是再与顶级对冲基金或者私募股权经纪人的收入相比，那就更是小打小闹了。

我总是建议我的学生进入他们真正热爱的领域。我的理由是，他们将会在工作上花费大量的时间和精力，所以他们应该去找能让他们感到兴奋和自豪的事去做。倘若能找到，其他的自然水到渠成。但我同时也告诉学生们，他们应该找一个自己喜欢而别人不那么喜欢的领域，因为这样未来进入这个领域的人数就有限,只有这样,真正置身于该领域的那些人的收入才会有增加的机会。

而在这些领域当中,音乐当仁不让地排在最前列。我曾经以为,音乐人之所以进入这一行是因为他们过于自信,是因为他们期望过高。即使知道成功的概率极低,他们也还是认为自己一定能成功,一定能名利双收。毕竟,正如亚当·斯密这位18世纪的经济学创始人在很久以前就说过的:"在人的一生中,若论对风险的蔑视和对成功的狂妄,没有哪个阶段能跟年轻人择业的时候相比。"[24] 可在我看来,那些自以为是的年轻音乐人似乎也丝毫未沉湎于对名利的幻想当中。他们只是无法想象还会有另外一条职业道路能给他们带来更多的快乐,或者能让他们更好地挥洒他们创作的激情。而且,音乐人工作的时候通常不是一个人——他们要和其他音乐人合作,他们会为了共同的目标紧密团结在一起,使他们对音乐的那份虔诚和动力更加坚定。正如感恩而死乐队所唱的:"但我不能无故停下,因为我正和乐队一起演出。"[25]

史蒂夫·利斯曼:白天当记者,晚上当音乐人

史蒂夫·利斯曼打着两份很棒的零工。也许你已经认出他是CNBC电视台《财经论谈》的经济记者了。可同时他还为斯特拉·布鲁斯乐队演奏吉他。斯特拉·布鲁斯是翻唱感恩而死的歌最好的乐队之一。利斯曼是无数在以其他方式谋生的同时仍锲而不舍地把音乐作为副业的音乐人的典型代表。2018年9月21日,我在位于纽约时代广场的CNBC的工作室采访了他,并聊起了音乐在他的工作和生活中所扮演的角色。

又当电视记者，又当音乐人，您怎么做到的？

我过的就是这种双重角色的生活。每天早上5点30左右我就去上班，然后晚上参加乐队的演出，有时候演出要晚上9点才开始。每次去演出的路上，我会在车里带上一些五小时能量饮料，我原以为在演完回家的路上或者在演出当中会用得着——可我从来就没用上过。

您什么时候开始搞音乐的？

当时我才16岁。有一天，我在纽约州埃奇蒙特当地一所小学的路边坐着，喝着啤酒，抽着烟。我当时就想，生活绝不应该就是这种样子。

有意思的是，每个人都游手好闲过。可到了21或者22岁时，其他人好像都收到了一份通知，上面写着你不能再这么玩下去了。可我却从没收到过我的那份通知。

您有几把吉他？买乐器是不是占用了您很大一部分预算？

我不是那种太在意吉他贵不贵或者把什么装备都弄得特齐全的人。我经常用来演奏的吉他有两三把，每一把都有另一把作为后备。我觉得有很多人花太多的心思在乐器和装备上，而我喜欢花更多的时间去想我的吉他到底弹得怎么样。

你带着价值三四千美元的乐器去演出，但有时候你拿到的报酬才50美元或100美元，这个差距是显著的。

您是什么时候决定靠当记者而不是当音乐人来谋生的？

20岁出头的时候。当时我每周在曼哈顿都有演出。有一天午夜，我走进肯尼的漂流者音乐俱乐部，前厅里有位很出色的吉他手在演奏。我听他弹了一会儿。他弹得那么棒，却也只能在前厅弹弹而已。所以我觉得这个世界应该不需要我这种程度的人来当职业吉他手了。

当时我还是《国际珠宝商杂志》的国际钻石通讯员。其实无论是新闻还是音乐都一直是我所追求的事业。我也说不准为什么能把它们联系起来，以及是怎么联系起来的。我在哥伦比亚新闻学院时还就此写了一篇论文。

您觉得音乐和新闻二者互补吗？

我觉得，用电子表格分析数据，和把约尔马·考科宁的歌曲的音弹准或者弄清楚鲍勃·韦尔弹的曲子之间有一种难以言传的联系。我在生活中擅长运用经济学和数学，而分析音乐时恰好能用上我大脑中的这部分。

现场表演的经验对您面对电视镜头有帮助吗？

没有。坐在摄像机前，你不会有观众的反馈。

关于现场表演，有一点我倒是了解，那就是如果是现场表演，我对吉他的了解必须百倍于我只是在自家客厅里随便弹的时候对它的了解。在自家客厅和参加现场演出所需要了解的东西完全是两码事。

一天就这么多时间。你花那么多时间练习音乐，被挤掉的是干什么的时间呢？

睡眠。

这些年来您跟过几支乐队？

我加入过8到10支乐队。不管到了哪里，我都会加入一支乐队。人们不知道现场表演并不是件容易的事情。参加演出、有自己的乐队，这样你的演奏才能不断精进。

您隔多长时间和斯特拉·布鲁斯乐队演出一次？

我和斯特拉·布鲁斯乐队每个月有 2 到 4 次的付费演出。多的时候，乐队一晚能挣 1500 或者 2000 美元，我们 7 人均分。我们有时会把收入的一部分用于广告或者乐队的其他支出。所以，如果进展顺利，我们每人能拿到 150 或者 200 美元。

我们在中央公园办过一次免费演出，当时可能来了上千位观众。不过大多数时候，我们每晚的演出也就有一两百位观众。而且，他们买的票大多是 10 到 20 美元一张的。

作为经济记者，我也知道干音乐这行从经济学上看是愚蠢的。但如果可能，我宁愿在音乐上花更多的时间。因为我对晚上参加音乐演出的报酬和白天记者工作的工资所抱有的期待是不同的。演出一晚挣 150 美元，这已经很不错了。如果哪天晚上能挣到 300 美元，那算好得出奇。但在我白天当记者挣的工资里，300 只是个零头而已。所以，它们真的相差太多了。也许只有像理查德·泰勒那样的行为经济学家才能把这个解释清楚。

您有没有和感恩而死乐队的任何成员一起演出过？

我和鲍勃·韦尔一起演过一两回。斯特拉·布鲁斯乐队在威斯特彻斯特的国会剧场也表演过。那次菲尔·莱什也过来和我们一起演奏了一曲。

与鲍勃·韦尔和菲尔·莱什一起表演是什么感觉？

那种时候你心里当然充满了敬畏，你让自己千万别演砸了，你甚至都不敢相信这是真实的。和鲍勃一起演奏感觉有点怪怪的，因为和感恩而死一起演出的时候，我弹的是鲍勃的那部分，所以和他一起演出有点困难。

和他们一起演出的难处就在于他们都是真正的创作天才。在我看来，他们参与创作了有史以来最经典的一些美国音乐。他们喜欢即兴表演，作为真正的艺术家，他们根本没兴趣去重复之前做过的事。真正的艺术家都没这个兴趣。我现在在做的，不过是他们以前做过的事，所以这意味着他们对我现在做的这些事不会太感兴趣。

我和鲍勃·韦尔很熟，他觉得会有人试图模仿他的声音，这很好笑。鲍勃现场表演完之后很少再回去听录音。我却经常这么做。可以说，我们和他们根本不在一个水平上。

您觉得音乐的创造力源自何处？

我的回答很简单：遛狗。我所有的歌基本上都是遛狗的时候想出来的。

至于感恩而死乐队嘛，我觉得他们写歌的秘诀有一部分是毒品。但不是全部。他们真的很懂音乐。杰瑞·加西亚原本是世界级的班卓琴演奏家，后来他又成了世界级的爵士乐演奏家。

鲍勃·韦尔可以说开创了具有独特风格的节奏吉他。他有能力把一些毫不相关的东西搁在一起，并让它们相互作用，相互叠加。他们懂爵士乐，懂蓝调，也懂乡村音乐。他们把所有这些融会贯通，做出完全属于他们自己的东西。我觉得这就是创造力。

就好像你想找一个与披头士类似的但比它更早的乐队。你也许能找到，但在我看来，披头士迈出的是具有革命性的一步，你很难回过头去再说："哦，这支或那支乐队，在披头士之前就这么干过。"

在我白天的工作当中，我所做的最有创意的事就是想出比喻来帮助阐释经济学和商业圈子里的事。

能用个比喻来形容一下您和鲍勃·韦尔这样的音乐人之间的不同吗？

我把世界上的音乐人分为两种类型：突变型和芸芸众生。突变型的全是最伟大的选手；只有他们才能击出或投出那种时速100英里的快球。如果是搞音乐的话，对于一首歌，他们只要听上一遍就能过耳不忘。

即使以前从没听过某一首歌，他们也知道下一个和弦该在什么位置。那些为我们熟知并且喜爱的音乐全是他们创作的。其余就是芸芸众生了，我觉得在这类人中我应该算头部选手。不过我早就知道，我自己不是突变型的，也没有希望成为突变型的。

跟突变型的人一起演奏，对于我知道的歌曲，我的水平勉强跟得上。可一旦他们演奏得如痴如狂了，就会把我甩下。有位音乐界的朋友曾说，他们有个词专门用来形容我这一类人，可他又说，我的实力又有别于其他人。那个词是"用蒸馏器消毒的牙医"，指的是那些非常富裕的职业人士，他们负担得起昂贵的装备和工具，却不大会用。这个群体十分庞大。有些人付给音乐人500至600美元一晚，只是让他们陪着一起玩玩音乐。现在这都已经成了一门生意。

这也是为什么搞音乐的时候，我还是会计较钱。因为这让我有别于那些"牙医"。我不会为了搞演出倒贴钱给别人。我会尽量把它玩转。

乐队的组织

"我实在想不出该用什么词来介绍接下来的这个组合，"弗兰克·辛纳屈50岁生日那天在拉斯维加斯金沙酒店录制的现场演出专辑中说："所以我只能说，他们就是了不起的贝西伯爵和他领导的伟大的组织。"[26]弗兰克·辛纳屈将乐队描述成一个组织，他的话引起了我这个经济学家的共鸣。乐队和其他任何小型企业或协会一样，其实都是一个组织。任何音乐团体，从业余的小乐队到正规交响乐团，都可以用产业组织的经济学研究工具进行分析。

每一个组织都会面对几个基本问题：这个组织该容纳多少成员？组织如何做决策？在组织的各成员之间收入应该如何分配？

这些年来，音乐团体的成员数目一直呈下降的趋势。例如，在1976年名列《公告牌》百强乐队中，每一支乐队平均有4.5名成员。而到了2016年，百强当中更多的是独立的艺人；即使把这些独立个人排除在外，每支乐队的平均成员数目也下降到了3.2人。[27]

为什么乐队的规模在缩小呢？可能的解释是，由于技术的进步，比以前更少的成员创作出比以前更多的作品变得容易多了。在其他条件相同的情况下，如果乐队收入是在所有成员之间分配的话，乐队人数减少带来的经济收益是极其显著的。乐队越小，每个人拿到的钱就越多。这就是我所说的"1/N难题"，因为收入得在乐队的N名成员之间进行分配。

尽管乐队的规模在缩小，但如今，越来越多的超级明星录制的歌曲有其他艺人参与合作了。这样的例子俯拾皆是，比如安德拉·戴的《站起来》（*Stand Up*）中有嘻哈歌手Common，艾德·希兰的《完美》（*Perfect*）中有碧昂丝，路易斯·丰西和扬基老爹的《慢慢来》中有贾斯汀·比伯。图3.1显示了在《公告牌》百强单曲榜中，艺人合作的歌曲数量在大幅增加。

另外还有一个趋势：自20世纪80年代以来，歌曲创作已更多地成为一种合作性质的尝试。《公告牌》百强单曲榜的每首歌的署名作者的人数几乎翻了一番。

对于这种合作加强的趋势有许多潜在的解释。某些例子反映了音乐正变得越来越复杂这一事实，艺人如果需要用到别人的专长，便会向人求助。

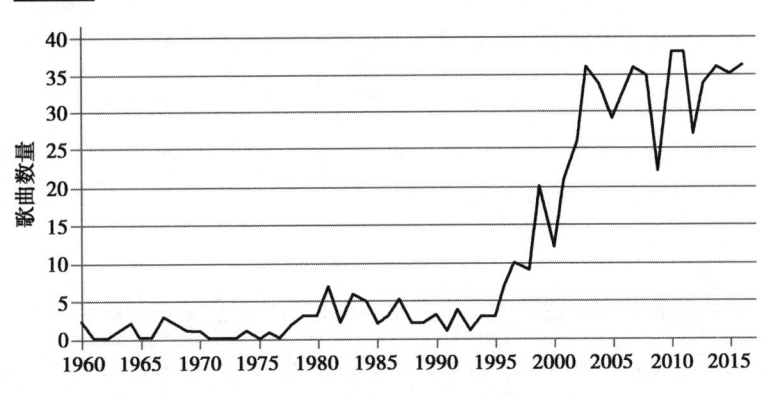

图 3.1 《公告牌》百强单曲榜中合作歌曲的数目

数据来源：作者基于《公告牌》年终百强单曲榜的数据计算而得。

在这一点上，音乐产业呈现了同样影响到了别的经济领域的外包趋势。

歌手兼曲作者丹·威尔逊说，根据他的经验，如今，为一首歌谱曲需要越来越多的曲作者的贡献，因为音乐录制的过程已变得高度分隔化，从世界各地投来的各种稿件被安插到最终的作品当中。他还用哈尔希写的一首名为《独自一人》（*Alone*）的歌（由大肖恩和斯泰夫隆·唐演唱）举例。这首歌曲署名的词曲作者一共有 7 位。威尔逊是如此解释为什么一首歌会有这么多音乐人署名：

> 最开始《独自一人》只是立体视觉乐队（Phantogram）的乔希·卡特创作的一段节奏音乐，有一次排练的时候他带过来了……我当场就唱了一段。可后来，他们并没有把它收入专辑中。后来，埃里克·弗雷德里克录他下一张专辑的时候，和他合作的正是哈尔希，他和她一起写了首歌，而那首歌恰巧需要我们之前写的那段音乐。他们便把那段音乐的文件发送给其他几位制作人，我当时心想："出这张唱片动用的人可真不少啊。"就这样，他们从大肖恩和斯泰夫隆·唐那里弄

到了一段说唱音乐并加进专辑里面……托尼·海斯特也署了名，因为乔希那首歌的原始版本中用了他很久前为玛丽莲·麦库和小比利·戴维斯写的一首歌中的某些片段。然后哈尔希和里奇就写了这首歌，把我写的那段也收了进去。所以说，一首歌会出现这么多位作者，部分原因是现在你可以这么做。[28]

有趣的是，威尔逊认为音乐高度分隔化的趋势意味着音乐在变得更简单，而那些复杂的旋律常常会从音乐成品中被剔除，因为它们与其他部分不匹配，或者因为他下游的合作者不欣赏这种风格变奏。

在某些情况下，合作也是艺人用以跨越音乐类型并吸引新听众的一种手段，比如，做流行音乐的艺人可以将自己的影响力扩展到嘻哈乐迷当中去，反之亦然。而且，某些音乐类型，比如嘻哈，因其声音和工作方式的特殊性，对合作的依赖原本就多一些。

今天，音乐人常常会鸣谢其他艺人对其歌曲的贡献，这种做法也越来越多地被人们接受。而在音乐录制的早期，这样的合作很少见，即使有，合作者所做的贡献也很少会被提及。1940年，《公告牌》第一次公布了十强金曲榜，位列第一的歌曲是《我永不会再笑》（*I'll Never Smile Again*）。当时，这首歌的署名只有汤米·多尔西，可这首歌其实还有另一位未被透露姓名的合作者，弗兰克·辛纳屈。时至今日，我们已有了极大的进步。[29]

20世纪90年代，随着嘻哈音乐作为一种主流音乐类型的兴起，音乐人之间的合作也流行起来。德瑞博士的律师彼得·帕泰尔诺曾经开玩笑说："如今全世界最大的明星，他的名字叫'友情出演'，几乎每张专辑里都有这个家伙。"[30]

1/N

大多数乐队都是从平均分配收入开始的。这是最透明也是最公平的方法。丹·威尔逊担任过半音速乐队的主唱和词曲作者，该乐队曾推出热门歌曲《打烊了》（Closing Time）。当时，丹·威尔逊同意乐队的3名成员平分收入，但作为交换，他得到了对乐队的所有音乐创意的最终决策权。[31]

"最开始，"乐队经纪人克利夫·伯恩斯坦告诉我，"乐队必须民主，这完全是为了生存。每个人必须拿到相同的金额。"[32] 他强调说："在乐队的初创阶段，但凡有一个人不高兴了，整支乐队便有可能解体。"所以必须赚到足够的钱才能让每个人都全心全意地投入集体。"想想，如果有三个孩子外加一个老婆需要你养活，最低收入得多少才能让你愿意留在乐队呢？"他说。假设乐队有四名成员，"乐队管理的微观经济学，"他解释说，"要求你把这个最低收入的金额乘以四，乐队最少也得有这么多收入才能维持生存。"当然，他们还得面对另一个挑战：为了挣钱，他们没日没夜地四处奔波巡演，这么干，钱是挣到手了，可乐队的创造力和默契会被消耗殆尽。伯恩斯坦本人就一直设法让旗下的乐队能在巡演、创作以及录唱片三者之间找到平衡，让乐队在能挣到足够多的收入以确保乐队发展的同时，也能保持音乐的创造力以及成员之间的良好关系。

那乐队什么时候才能停止平均分配收入，而给那些最具创造力的贡献者最多的奖励呢？伯恩斯坦的回答很令我惊讶："应该等他们办过3次大型体育馆规模的顶级巡演以后。"我当时对他说，一支乐队要办3场大型体育馆规模的巡演需要很长一段时间啊。可他回答道："是的，但他们办完第一场之后，也许根本不会再有下一场。他们得向世人证明自己不是昙花一现才行。"

等到乐队功成名就，成员中最大的那位巨星就可能会离队，除非他拿的收入份额比其他人多。通常，到这个时候，乐队就会从平均分配收入的"民主模式"过渡到奖金更多地向大明星倾斜的"威权模式"。正如克利夫很委婉地表述的那样："如果你打算给乐队中最有创造力的成员更高的收入，你最好事先想好这种做法是否能够维持长久。因为这牵涉经济上的公平问题。"而这时候，要维系一支乐队的和谐氛围并将那些收入低于1/N的乐队成员的不满和嫌隙降到最低程度，良好的乐队管理变得至关重要。

据伯恩斯坦的经验，乐队管理更像一门艺术，而非科学。他与乐队成员打交道时总是努力保持透明度，给他们解释各项决策的理由，并努力让乐队成员相信，所有人始终团结在一起，他们就能挣到更多的钱，多到超乎他们的想象。

职业寿命

"诀窍就是要能自成一派，就像我"贝西伯爵曾给詹姆斯·布朗提过这样的建议，"我可以一直这么工作下去，即使我不再出新唱片。"[33]

当然，自成一派并非易事。能长期保持在顶尖地位的艺人更是少之又少。

当然也有例外，像保罗·麦卡特尼、滚石乐队、芭芭拉·史翠珊、布鲁斯·斯普林斯汀、U2、比利·乔尔、麦当娜和詹姆斯·泰勒。可像他们这样的人毕竟寥寥无几。

金属乐队自1991年发行其《黑专辑》（*Black Album*）以来，若论在全世界的人气，没有任何硬摇滚乐队能与之相比。[34]金属乐队能长期保持人气的秘诀是什么呢？克利夫·伯恩斯坦承认，他也常常问自己这个问题。他说："你也觉得某个时候肯定会有竞争对手出现，夺走他们的地位，可这至今尚未发生。"

伯恩斯坦认为，金属乐队之所以能经久不衰是因为他们拥有大量的热门歌曲，主唱詹姆斯·海特菲尔德"是位令人难以置信的天才"，他一直对乐队不离不弃；还因为鼓手拉尔斯·乌尔里希是位杰出的编曲和组织者。他们都是专业人士，有着"追求至高成就的雄心"。

伯恩斯坦也对金属乐队的粉丝群体进行过研究，他发现，他们的粉丝均匀分布，从青少年到40多岁的都有。如此广泛的人口覆盖率确保了金属乐队未来数年内仍将拥有众多的受众。伯恩斯坦还特意提到了Q Prime公司有助于维持乐队生存年限的管理方式的另外一个重要方面：他们办巡演的方式跟以前不一样了。基于年龄、家庭义务和健康的需要，他们用于休息的时间更多了。而当他们真的办巡演时，观众的需求量很大，他们的表演也极其精彩。2017年，他们赢得了瑞典的"北极音乐奖"（该奖有时候也被称为音乐界的诺贝尔奖）。金属乐队的拉尔斯·乌尔里希在发表获奖感言时说："这是对金属乐队在过去35年中一切努力的最好认可。但同时，我们感觉我们的巅峰期还将持续很长一段时间。"[35]

很多艺人都曾在行业中转换过角色，比如说作词、作曲或者制作，这些都能带来更稳定的收入，而且无须外出奔波那么多。这一发展趋势也能用来解释为什么有许多非常流行的乐队和音乐人也纷纷迈出了从演唱会舞台转移到百老汇舞台的巨大一步。1999年，ABBA乐队因为百老汇上演的大热音乐剧《妈妈咪呀》一炮而红，接着便有很多人纷纷仿效，这其中包括绿日乐队获得2010年托尼奖的《美国白痴》，邓肯·谢赫获得2006

年托尼奖的《春之觉醒》，博诺和吉他手The Edge 2011年的音乐剧《蜘蛛侠》，乔治男孩2003年的音乐剧《禁忌》，斯汀2014年的《末后之船》，以及辛迪·劳珀和哈维·菲尔斯坦2013年托尼奖获奖音乐剧《长靴皇后》。而埃尔顿·约翰为诸如1998年的《狮子王》、2000年的《阿依达》等迪士尼大热作品，还有2009年的音乐剧《舞动人生》创作的歌曲也都获得了巨大的成功。

要论音乐生涯的漫长以及其间所从事工作的多样性，谁也没法同音乐制作人昆西·琼斯相比。琼斯16岁便被莱昂内尔·汉普顿慧眼识珠，本来他已打算要和汉普顿的乐队一起巡演，后来因为汉普顿的妻子坚持要琼斯先上完高中，原计划方才作罢。19岁时，他开始和汉普顿一起巡演，他负责吹小号。后来，他担任了迪兹·吉莱斯皮乐队的音乐总监兼小号手。再后来，他更是一路前进，几乎为这个行业里的所有人都制作过唱片，从弗兰克·辛纳屈和雷·查尔斯到迈克尔·杰克逊和唐娜·萨默，一个不漏；他还为无数电影配过乐；在发掘出威尔·史密斯之后，他又制作了热播电视剧《新鲜王子妙事多》。他曾两次参与热门歌曲《我不属于你》（You Don't Own Me）的制作——一次是与莱斯利·戈尔合作，另一次是与格雷斯和G-Eazy。虽然这首歌的两个不同版本在制作时间上相隔50年，它们均登上了当年《公告牌》百强单曲排行榜。琼斯总共赢得过28次格莱美奖，这位年已84岁的音乐巨星告诉我，他已经把酒完全给戒了，如今正准备着手写一部新的街头歌剧。

在昆西·琼斯位于贝莱尔的25000平方英尺*的豪宅的客厅里，我和他一起坐着，我问起他是如何管理和享受这样一个漫长而成功的职业生涯的。昆西的回答是："努力工作，尽情享乐。"[36] 后来，他又给出了一个

---

*　1平方英尺约合0.0929平方米。

更具启发性的见解:"好奇心。"就是这种好奇心促使他不断尝试新的音乐流派,并与新的艺人合作、尝试新的技术。他说,一开始他选择音乐并不是为了致富或成名,而是出于他对音乐创作的痴迷。他的音乐制作公司的负责人,亚当·费尔,提到了昆西成功的另一个秘诀:他总让自己身边围绕着一群年轻人,拥抱新的思想,并且在受到挑战时能泰然处之。[37] 这一策略让他在经济和音乐事业上都获得成功。比如说,琼斯还是音乐流媒体公司声田的早期投资人之一。

药物、心理健康和预期寿命

伤心人乐队的鼓手史蒂夫·费罗内告诉我,在 2017 年,汤姆·佩蒂臀部的病症已经很严重,他疼得"连台阶都上不了。他得搭着我的肩膀才能勉强登上舞台"。那为什么不取消原定的 53 场巡演呢?费罗内说,只要一上台,音乐人就会有种"刀枪不入"的感觉。"如果台下拥着五六万名爱你的观众,你还会觉得哪儿不舒服吗?"多亏强心剂和止痛药,"有时候汤姆能够自己走回台上参加返场表演,不出任何问题。"费罗内说。2017 年 10 月 2 日,汤姆·佩蒂因意外服用过量药物而去世。随后进行的尸检在他体内不仅发现了芬太尼止痛剂,还有镇静剂和抗抑郁的药物。"他一定痛苦极了。"费罗内不停地念叨着这句话。[38]

令人遗憾的是,药物过量、滥用药物、酗酒、焦虑、抑郁和自杀是音乐人所要面对的主要风险。长期在外奔波的生活方式、演出的沉重压力,以及触手可及的药物和酒精供应给许多人都造成了伤害。还有一些音乐人因为相信毒品能激发创造力而开始吸毒。我在调查中发现,音乐人遭遇滥用药物问题的可能性是普通人的3倍。[39]因药物过量而死亡的超级明星不在少数，其中包括吉米·亨德里克斯（1970年过世，时年27岁），贾妮斯·乔普林（1970年过世，时年27岁），埃尔维斯·普雷斯利（猫王，1977年去世，时年42岁），科特·柯本（1994年去世，时年27岁），迈克尔·杰克逊（2009年去世，时年50岁），艾米·怀恩豪斯（2011年去世，时年27岁），惠特尼·休斯顿（2012年去世，时年48岁），普林斯（2016年去世，时年57岁），还有利尔·皮普（2017年去世，时年21岁）。一些更为细致的研究表明，音乐人在20岁或30岁左右便去世的风险比其他人要高2到3倍。[40]

此外，许多著名音乐人都有过与抑郁、焦虑和其他心理健康问题抗争的经历。玛丽亚·凯莉、希雅和德米·洛瓦托都披露过自己患有躁郁症的事实。布鲁斯·斯普林斯汀、说唱歌手Logic、歌手哈立德、赛琳娜·戈麦斯、珍妮特·杰克逊、沙滩男孩的布莱恩·威尔逊和红心乐队的安·威尔逊都曾公开谈及他们与焦虑症和抑郁症斗争的经历。

接受我调查的音乐人中有一半都表示，在刚过去的两周内，至少有好几天他们会感到心情沮丧、情绪低落或是觉得生活没有希望，而这一比例在整个成年人口中还不到1/4。更令人震惊的是，有11.8%的音乐人回答说，在过去的两周内，他们有好几天都产生过"假如自己死去或者把自己弄伤了，也许会更好"的想法，而普通人中有这种想法的比例仅为3.4%。

据美国疾病控制与预防中心的数据，2017年有72,306名美国人死于药物过量，比上一年增加了14%。早在波及普通大众之前，以海洛因为主的鸦片类药物泛滥早就侵袭了音乐人群体。美国很多的社会问题都是从音乐界最先开始的，也是在音乐界放大的。这样的例子并不在少数。

崛起：顶级音乐人的家庭背景

从历史上看，音乐为来自弱势背景的个人提供了一条向上流动的途径，同时，它也是施加文化影响力的一种手段。在种族隔离时代的斗争中，音乐让非裔美国人的声音变得格外突出和强大。马哈丽亚·杰克逊、哈里·贝拉方特、妮娜·西蒙、查克·贝里、雷·查尔斯、詹姆斯·布朗和史蒂维·旺德，音乐让所有优秀的非裔音乐人都得以从贫困和种族歧视中挣脱出来，并使美国的文化和社会变得更加丰富。

对来自弱势背景的孩子而言，现如今，音乐是否仍然能为他们提供向上流动的途径，以及进入美国文化和经济生活最顶层的机会呢？在一群普林斯顿大学生的帮助下，我调查了于1976年和2016两年中所有参与过《公告牌》百强单曲榜歌曲创作的音乐人的家庭背景。1976年的名单中包括保罗·麦卡特尼、弗雷迪·默丘里、彼得·弗兰普顿、米克·弗利特伍德、埃尔顿·约翰、戴安娜·罗斯、斯蒂文·泰勒、大卫·鲍伊和斯蒂夫·米勒等明星。而2016年的则有德雷克、阿黛尔、贾斯汀·比伯、蕾哈娜、肖恩·门德斯、赛琳娜·戈麦斯、阿里安娜·格兰德、碧昂丝、杰斯和梅根·特雷纳。两份排行榜的上榜音乐人的平均年龄大致相同（接近30岁）。接着，我们又试图按其家庭的经济状况给他们分类，不过事实显示，要弄清许多音乐人的家庭背景实在是一项艰巨的挑战。[41]

最终的调查结果显示出一个清晰而令人鼓舞的规律：音乐仍在继续提供向上流动的途径。1976年，《公告牌》百强单曲榜的音乐人当中有15%来自经济状况居全美最底层的10%的家庭，而2016年的这一数字为26.5%。向上流动性的增加主要是拜嘻哈和说唱类音乐的兴起所赐。超过一半的嘻哈和说唱音乐人都来自收入在下半区的家庭。倘若将嘻哈和说唱音乐人排除在外，2016年，歌曲跻身排行榜前列的音乐人中有14%来自最底层的10%的家庭。另外还有一些数据可供参考：在全美范围内的1%的人当中，只有2%是从收入最底层的10%的家庭成长出来的。[42]而歌曲跻身排行榜前100名的音乐人很可能会跻身于当年全美收入最高的1%的行列，因此，作为一门职业，音乐产业比整体经济具有更大的从底层一跃至顶层的流动性。

在如今的数字时代，超级音乐明星来自更多样化的地理区域。1976年，跻身《公告牌》百强单曲榜的音乐人有20%来自四大城市：洛杉矶、芝加哥、纽约或纳什维尔。而2016年，来自这些城市的音乐人人数下降到了15%。在这40年间，从小城市或乡村小镇（人口不超过5万人）成长起来的超级音乐明星的比例从18%上升到了29%。

在族裔方面，在1976年到2016年间，非裔美国人在顶级音乐人中的占比略有增加，从1976年的34%增加到2016年的38%。非裔美国人在顶级艺人中的占比远高于其在音乐产业劳动力总人数中的占比。而在双亲家庭中成长起来的音乐人人数则从1976年的80%下降到了2016年的66%。

美国社会愈演愈烈的两极分化在音乐产业也有所反映。若论顶级音乐人来自美国收入最高的10%的家庭的可能性，2016年绝对比1976年高。2016年，17%的顶级音乐人来自美国收入最高的10%的家庭，而在1976年，只有6%的顶级音乐人来自这些特权家庭。尽管如此，与整体经济相比，音乐产业仍更为民主：在整体经济当中，美国收入最高的1%的人中有45%是从美国收入最高的10%的家庭里成长起来的。

而在另一方面，音乐产业似乎比美国社会顶层更加精英化：只有少数顶级音乐人的父母也曾经是超级音乐明星。虽然许多音乐明星的子女们也极有音乐天赋，而且他们也有追随父母走音乐之路的意愿，有的甚至还小有成就（想想弗兰克·辛纳屈和他的两个孩子小弗兰克和南希，约翰尼·卡什和女儿罗珊·卡什，纳·京·科尔和女儿纳塔莉·科尔，约翰·列侬和他的两个儿子朱利安·列侬和肖恩·列侬），却很难找出一个父子二人都是超级音乐巨星的亲子组合。顶级运动员和企业高管比顶级音乐人更有可能拥有在相同领域中成就显著的父母。家族式王朝在音乐产业中极为罕见，这也许说明了运气和机遇在造就音乐明星方面所起的巨大作用。

男人的世界？

根据美国人口普查局的数据，自1970年以来，从整体上看，以音乐人为职业的男性人数大概相当于女性人数的2倍。而在跻身《公告牌》百名单曲榜的精英音乐人中，性别差距更大。然而，这种趋势正在得到改善。1976年，在最受欢迎的音乐人中只有10%是女性；而到了2016年，这一比例增加到了27%。尽管这个数字仍然比女性在所有音乐人中所占的比例要低，但已经远远高于40年前的水平。

有许多迹象表明，女性在音乐方面未有充分的代表性。根据《明星选票》的数据，在音乐史上演唱会收入排名前20名的音乐人中只有两名女性（麦当娜和席琳·迪翁）。用前辣妹组合成员梅兰妮·奇泽姆的话来说：“从我们踏入音乐圈的那天起，我们就得开始面对性别歧视。总有人对我们如此说，女孩唱的歌卖不动。”[43] 奇泽姆这样的经历并非孤立的存在。我从2018年进行的一项调查中发现，有72%的女性音乐人认为她们受到过性别歧视，67%的女性表示，她们曾是性骚扰的受害者。[44] 在2018年颁发的全部格莱美音乐奖项中，获奖女性艺人的比例尚不足20%。在该次颁奖之后，美国国家录音艺术和科学学院任命了一个专门工作组对"女性和音乐界其他代表性不足的群体所遇到的阻碍和偏见"进行调查。*

就类别而言，某些类型的音乐中的性别失衡比其他类型更为严重。比如说，乡村音乐几乎由男性在主导。2017年的乡村电台前40名中只有3位女性艺人入选。[45]古典音乐也面临同样的问题。曾在洛杉矶交响乐团（1964—1978）和纽约爱乐乐团（1978—1990）担任过指挥的著名指挥家祖宾·梅塔，就曾直言："我觉得乐团中就不应该有女性。"[46]再有，在唱片公司里，女性音乐制作人和女性高管也极为缺乏。[47]

正如祖宾·梅塔的态度所表明的，女性在音乐界的代表性之所以不足，这有可能是因为她们更喜欢从事其他领域的工作，也有可能是因为她们受到了歧视。

为了确定性别歧视所起到的作用，哈佛大学的经济学家克劳迪娅·戈尔丁和普林斯顿大学的塞西莉亚·劳斯进行了一项以真实交响乐团海选为研究对象的优秀实验。[48]在20世纪70年代和80年代，大多数主流交响乐团开始实行盲选，即参选的选手在屏风后面演奏指定的乐曲，这样便能隐匿其身份。有时候，他们甚至在地面铺上地毯，这样评委们便无法听出候选人是否穿有高跟鞋。在这一时期，入选乐团的女性比例有了大幅上升，从1970年之前的10%上升到了20世纪90年代的35%。根据美国交响乐团联盟的数据，至2016年，女性乐手占美国乐团人员总数的47%以上。

为了明确盲选所起的作用，戈尔丁和劳斯两位教授收集了11个主流交响乐团逐年的数据，而这些交响乐团每一个都有90到105名乐手。从这些数据中他们可以得知男性和女性的录取率以及每个乐团在引入盲选制度

---

* 南加州大学安南伯格包容计划的斯泰西·L.史密斯、马克·仇埃蒂和凯特·皮珀撰写了一篇旨在揭露2018年格莱美奖获奖者中女性比例较低的报告，并就此问题引发了一场全国性的讨论。该报告发表之后，美国录音学院成立了由蒂娜·陈任主席的十六人专门工作组。而我出任了该工作组的统计顾问。

之前和之后的性别构成比例。而结果是：女性参选人在采用在屏风后试演的方式后录取率要高得多。这两位经济学家的结论是，在1970年至1996年间交响乐团女性成员的比例增长中，有1/4的涨幅得益于盲选的实施。

但盲选并不适用于所有行业或者招聘过程中的每一个步骤。少数群体的成员在乐团中的代表性依然不足。音乐产业以外的一些公司已经实施了类似的屏蔽求职者的性别、增加女性在职场中的代表性，以及抵制歧视的策略。这些策略已经取得了一些成功。[49] 然而，为了更好地支持女性的职场生涯、根除露骨或者隐晦的性骚扰行为，以及改变人们的态度，我们还有很大的努力空间。这些都是极其艰巨的挑战，在那些力量对比极度失衡的行业及独立合约关系普遍的行业里尤其如此。而这两个特点在音乐产业中已经非常普遍，而且越来越多的其他行业也都出现了这种状况。

音乐人的生活

大多数音乐人都会遭遇经济上的挑战，但在个人层面上则收获良多。只有少数幸运者会名利双收，其余的人则需努力维持生计。他们的收获大多来自从事所爱的职业而获得的内在喜悦、与同样爱好的音乐人合作从而为他人提供娱乐，以及对自己技艺的磨炼和雕琢。在其他经济领域，也有越来越多的从业者与音乐人面临着同样的挑战。在我看来，比利·乔尔给年轻音乐人的以下建议可谓一语中的："别老惦记着成为明星或音乐艺术家，作为一名音乐人，如果付得起房租，能赚到足够的钱购买食品和生活必需品，那你就已经很成功了。"[50]

第四章

超级明星经济

赢者通吃，败者消失。

——本尼·安德森* 和比约恩·奥瓦尔斯**

1980年，瑞典流行音乐组合ABBA推出了走红名曲《赢者通吃》（*The Winner Takes It All*）。那一年也正是一个经济不平等的历史转折点。自1980年以来，美国全国收入增长的总额全部归于全国收入最高的10%的家庭。更令人震惊的是，这其中高达2/3的收入增长均归于收入最高的1%的家庭。而其他90%的家庭的总收入实际上出现了萎缩。[1]近年来，在欧洲和亚洲，收入最高者的收入在总收入中的占比同样呈现增长的趋势。[2]为

---

* Benny Andersson（1946— ），瑞典乐队本尼·安德合唱团的主创人员。

** Björn Ulvaeus（1945— ），瑞典歌手和作曲人，组合 ABBA 成员，也是本尼·安德森的好友。

什么经济会日益呈现这种赢者通吃的格局呢？

收入分配向收入最高者的方向更加倾斜，其原因是多种多样的。对音乐产业的研究则有助于揭示其中一个关键因素：超级明星的市场影响力。在许多行业，劳动力市场已经转变为超级明星市场，这意味着，少数顶级明星将获得超高比例的收入份额。音乐产业长期以来都是典型的超级明星市场，虽说不是一直如此，而且其中许多经验教训值得整体经济借鉴。

对超级明星经济的严肃研究始于19世纪末伟大的英国经济学家阿尔弗雷德·马歇尔。马歇尔对少数成功企业家的收入为何会越来越高颇感兴趣。正如您将在本章中读到的，他给出的答案与技术改进有关。技术改进让企业家能够掌控幅员辽阔的商业帝国，并享受规模经济所带来的回报。具有讽刺意味的是，马歇尔将音乐视作这一现象的反例，他认为超级明星的效应在音乐市场是有限的，因为只有那些能听见歌手真实歌喉的人才能真正欣赏其表演。

然而时代变了。马歇尔无法预见扬声器、麦克风、放大器、数字录音、流媒体或者超大屏幕电视的出现。这有力地说明：在决定谁是经济上的赢家和输家方面，技术起着关键作用。然而技术存在于法律和社会的框架下，而这一框架影响着经济的成败、"经济大饼"的规模以及利润的分配。比如，为歌曲版权支付的版税数额极其微薄，这便对词曲作者的收入起到了制约作用。在我们这个日益以名人为主导的文化中，对音乐人和许多其他领域的人来说，名气的升降对决定一个人能否成为超级明星及其带来的一切起着关键作用。最后，制约着工资、演唱会票价和其他经济变量的公平法则，在决定成为超级明星所带来的回报方面，也发挥着主要作用。

打造超级明星市场

阿尔弗雷德·马歇尔（1842—1924）是他那个时代最具影响力的经济学家。他对有生之年不断变化的收入分配形式十分惊讶。在他对19世纪70年代的评价中，马歇尔写道："一个能力一般、运气也一般的商人如今能获得的利润比以往任何时期都要低……而对那些为天赋和运气所眷顾的人而言，他们可经营的范围如此之广，这让他们可以以一种前所未有的速度积累起巨额财富。"[3]这听上去很熟悉，不是吗？用这句话来描述今天的杰夫·贝索斯、比尔·盖茨和马克·扎克伯格又有何不可。

马歇尔将巨贾和普通人收入差距的扩大归结于通信技术的发展——电报的出现。电报将英国与美国、印度，甚至像澳大利亚那么遥远的地方都连接起来。所以，马歇尔意识到顶级企业家"比以往任何时候都更有可能运用其在建设或者投机方面的天赋建立起更庞大的事业，将其扩张到更广的领域"。换句话说，技术使市场规模得以扩展，而这也是超级明星能赚取巨额收入的核心要素。

正如我在第一章中提到的，马歇尔在他的论证中举了伊丽莎白·比林顿（1765—1818）的例子。比林顿夫人被广泛认为是当时最伟大的女高音。但马歇尔却注意到："只要人的声音能传及的听众人数仍然备受限制，那任何歌手都不太可能挣得到1万英镑以上。1万英镑是20世纪初比林顿夫人一个演出季的收入，这个数目与同时代的商界领袖们在相等时间内的收入水平相当接近（甚至还多）。"因为比林顿夫人和其他优秀的歌手无法让许多听众听到自己的声音，他们（所处的时代）还不具备成就超级明星所必需的市场规模。

舍温·罗森（1938—2001）是芝加哥大学的一位经济学家，他讲求实际、风趣，并有着敏锐的头脑。多亏了他的研究，我们才得以了解，要造就超级明星，规模是必需的，但单单规模本身还不足以造就超级明星。罗森构建出一个超级明星的经济模型：要想市场被极少数超级明星主导，还需第二个基本要素，即盘踞在市场顶端的竞争者必须是非完全替代品。这意味着每一位超级明星都必须拥有自己独特的风格和技能，这会影响其盈利能力的高低。

假如所有企业经理都拥有相同的才华——也就是说，如果他们都是完全替代品——那么公司任命谁为首席执行官或高管也就无关紧要了。而顶级商界人士也就无法获得高收入，因为他们将面临拥有同等资质的竞争对手的激烈竞争。同样的道理，假如每位音乐人的声音听上去都雷同，那我们在智能手机和广播里听谁的歌也就不重要了，而且，所有音乐人得到的报酬也会变得一样。只有当某个顶级竞争者能在某些相关方面脱颖而出，市场才可能被超级明星支配。而且，还必须满足下面这个条件：所有资质平平者合力也无法与最有才华者的作品媲美。正如罗森所说："一帮平庸的歌手轮流登台献唱，并不能让演出变得精彩。"[4]

换句话说，要想造就超级明星市场，规模和独特性二者缺一不可。比林顿夫人拥有独特的声音，但她缺少规模。规模能将微弱甚至难以察觉的才华差异所带来的影响放大。凭借规模的力量，排名第一的人，即便才华只是略胜一筹，其回报也比紧随其后的一位多得多，因为那些最有才华的人可以吸引更多的观众或更广的市场，这反过来又能为其带来更多的收入和利润。

才华上的细微差异能造成经济回报上的巨大差异，然而才华往往是极难评估和预测的。可见，运气在决定谁能成为超级明星市场的赢家上起着重要的作用。运气指的是无数随机因素和偶然事件，它们能让一个人平步青云，也能让另一个同样有才华的人屈居人后。在艺术领域尤其如此，因为在这个领域，才华不仅难以评估，只能依据主观判断，而且人们的品味还变化无常。在音乐界人们称之为"X因素"。事实上，阿尔弗雷德·马歇尔就曾特别提到，要想获得超级明星的地位，好运气和才华同等重要。在我看来，运气的作用委实重要，所以我将用整个第五章来阐述运气的好坏在音乐和日常生活的成败中所扮演的重要角色。

从比林顿到碧昂丝

根据19世纪同年代的人的描述，伊丽莎白·比林顿是位声音奇特的歌手，她的歌声甜美、圆润、有力。[5]她在伦敦、都柏林、米兰、威尼斯、的里雅斯特和巴黎所有的大剧院都演出过。街头小报上充斥着关于她婚姻状况的流言蜚语。换句话说，比林顿就是她那个时代的碧昂丝。舍温·罗森写道，据《不列颠百科全书》和《格罗夫音乐和音乐人词典》中的数据，在1801年的演出季期间，光是在科文特加登剧院和德鲁里巷皇家剧院两地演唱意大利歌剧，伊丽莎白·比林顿就挣了1万到1.5万英镑。罗森还以他特有的幽默补充了一句："它们没有提供任何与代言有关的信息。"

按照目前的美元计算，比林顿夫人的年收入应当在100万到150万美元之间，这是笔巨额收入，尤其在她那个时代。然而，这笔钱连碧昂丝年收入的2%都不到。据《福布斯》报道，碧昂丝2017年的总收入是1.05亿美元。[6]

从比林顿到碧昂丝，究竟发生了什么变化呢？除了整体经济实现了增长，人们的生活水准普遍得到提高之外，推动超级音乐明星的收入大幅上涨的最明显的技术进步当数录音技术和扩音器的发明。第一张实体唱片以及后来的数字唱片，大大扩展了音乐能传播的范围。通过流媒体平台，碧昂丝能覆盖几乎无限大的听众群体。一旦歌曲制作完毕，将其传递给大众的成本几乎为零。

技术也扩大了音乐人现场演出所能达到的规模。2016年7月的一个晴朗之夜，我和总共56,368名乐迷一道聆听了布鲁斯·斯普林斯汀在罗马大竞技场的演出。[7]长达4小时的演出结束之际，没有一位观众是失望而归的，离开时他们大多嘴里犹自哼着《雷霆之路》（*Thunder Road*）的曲调。

类似的演出场地在比林顿时代也有。可即使当年比林顿也在大竞技场举办一场演出，很可能只会有不到500名观众能听见她演唱的声音。而今天，音乐所能拥有的听众数目几乎是无限的。试想，如果比林顿能用上麦克风和扩音器，那将有多少人能亲耳聆听到她的歌声，更别说如果她能用上MTV、音乐光盘、苹果音乐、声田、YouTube和腾讯音乐，或者能在天狼星XM卫星广播上为自己开一个台，甚或是有私人飞机将她送往世界各地巡演了。

音乐演出的录制和重播使得今天那些最受欢迎的顶级艺人能支配整个音乐市场。在有音乐录制技术之前，许多餐馆和酒吧都雇乐手照着乐谱现场演奏当下最流行的乐曲。而如今，现场演奏早已不像以往那么常见，餐厅和酒吧更多的是播放明星的唱片。毕竟，如果有布鲁斯·斯普林斯汀和东大街乐队的原声唱片可以听，你何必付钱请别的乐队翻唱《为奔跑而生》呢？技术使得音乐产业的规模化成为可能，但它也给那些非顶级的音乐人维持体面生活带来了挑战。因为对超级明星需求的增加同时，对略逊一筹的艺人的需求也在下降。

专辑的销量和流媒体上的播放量就清晰地反映了这一超级明星现象。2017年，排名前0.1%的艺人占据了全部专辑销量的一半以上。歌曲的流媒体播放量和下载数量同样极不平衡。[8]

然而，由于人们获取唱片越来越容易，音乐人的收入发生了有趣的变化。数字录音技术和互联网的兴起，使人们复制与分享唱片只需举手之劳，因此，自20世纪90年代以来，艺人和唱片公司唱片的销售收入急剧下降了。随着唱片销量的衰减，一直以来都是音乐人收入重要来源之一的巡演就变得越发重要起来。

如今，唱片反而成了音乐人替自己积攒人气的一种手段，这样他们方能从巡演和周边商品的销售中获得超级明星级别的收入。正如大卫·鲍伊在2002年所预言的："音乐这东西将变得像自来水或电一样方便可用。"[9]

在过去的40年中，巡演已越发具有超级明星市场的属性，市场中的收入份额正越来越多地向少数的顶尖艺人倾斜。图4.1显示的是我根据《明星选票》的数据，计算出收入最高的1%到5%的艺人在全球演唱会累计票房总收入所占的份额。基础数据是由演出场馆、承办商和经纪人报告给《明星选票》杂志的。这些数据供统计票房收入用，经二级市场转售的门票不计算在内，反正这笔钱（绝大多数）也进不了艺人的腰包。附录还提供了对《明星选票》数据库优缺点的评估，以及我针对缺报、漏报的数据所做的必要调整。尽管《明星选票》的数据存在漏洞，尤其是早期的数据还不太完整，但作为演唱会收入历史数据的来源，它仍是最好且最全面的。*

《明星选票》的数据显示，收入最高的1%的艺人的演唱会收入在总收入中的占比从1982年的26%升至2017年的60%。而现在，收入最高的1%的艺人的总收入比其余99%的人的收入总和还多。而在同一时期，收入最高的5%的艺人的演唱会收入的占比从62%升至85%。收入最高的5%的艺人的收入几乎相当于其余95%的人的收入总和的6倍——如果超级明星市场果真存在的话，那这就是了。

---

* 《明星选票》破例为我提供了数据访问权限，对此我深表感谢。

图 4.1 1982—2017年，收入最高的艺人的演唱会收入占比的累计总和

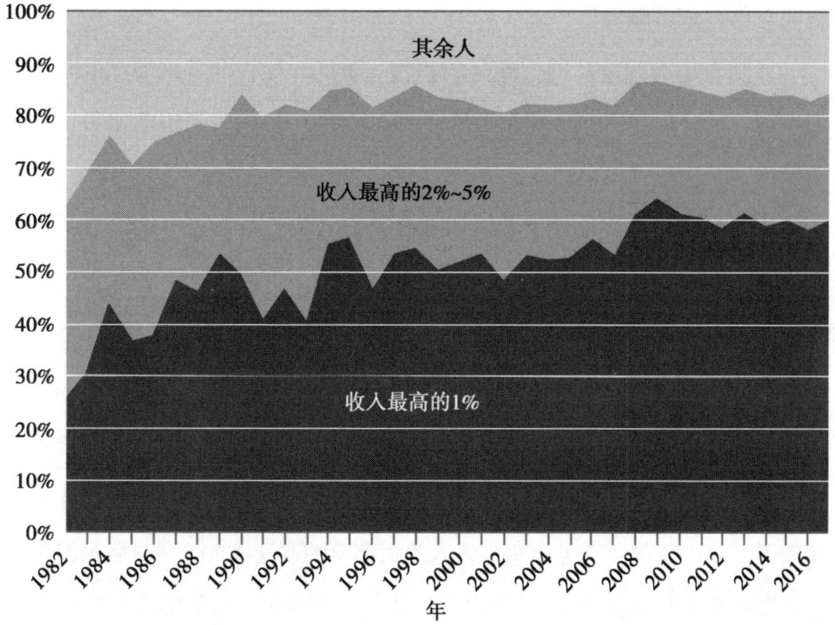

其余人
收入最高的2%~5%
收入最高的1%

数据来源：作者基于《明星选票》数据库的统计所得。

有人认为，由于流媒体、计算机音乐制作技术和入门成本较低等原因，音乐产业更加趋于平等。然而，如果从艺人收入的角度来说，该行业却在变得越来越不平等。而让这种不平等愈演愈烈的原因是超级明星艺人的演唱会票价在迅速上涨。自20世纪80年代初以来，顶级艺人门票的销量和演出的占比其实基本保持不变。变化的是他们现场演出越来越高的票价。

由于各人的成本不尽相同，《明星选票》的数据对艺人在净收入上的不平等程度的体现是比较保守的。尽管没有扣除成本后的净收入数据，但就成本在总收入中的占比而言，超级明星很可能要比那些不那么受欢迎的艺人要低得多，因为超级明星不但拥有更大的议价空间，而且可以更有策略地规划巡演地点，以尽可能多地降低成本。正如Q Prime公司的克利夫·伯

恩斯坦告诉我的:"只要你提供的表演真的很热门,那些承办演出的场馆就会对你百依百顺。"[10]

而随着超级明星从周边商品的销售、赞助、代言和其他潜在的收入来源中攫取的份额更大了,可能整个产业都会进一步朝着超级明星市场的方向发展。

在开始讨论超级明星是如何变得如此受欢迎这个问题之前,我们需要指出经济规则是如何限制或增加超级明星收入的。在美国,大多数顶级音乐人都是独立合同人,他们和经纪人都能就薪酬和巡演安排进行协商。[11]而在韩国,各流行音乐组合都与他们的经纪公司签订了长期合同。而经纪公司的存在让他们基本上无法获得他们创造的绝大部分利润。[12]在日本,音乐人的工作同样是以雇佣关系为基础,这便限制了他们收入增加的潜力。在中国,唱片公司通常也会拿走艺人绝大部分的巡演收入。虽然各种经济力量会影响音乐人能够达成的合同类型,但历史和当地习俗的影响也很重要。

幂律的作用

BuzzAngle Music 是个专门搜集各种在线流媒体服务数据的公司。据该公司统计,2017年,总共有3320万首不同的歌曲在流媒体上被播放。[13]光声田一家提供的曲目就有3500万首。要把这些歌全听一遍,一个人得花上足足六辈子的时间。[14]很显然,面对数量如此庞大的音乐库,我们根本不可能把每首歌都试听一遍再决定我们喜欢或不喜欢哪些。相反,我们在选择音乐的过程中,其实常常依赖朋友、家人和同事的建议。我们在广播或其他媒体上所听到的,以及专家们的建议(例如《公告牌》的排行榜和流媒体平台策划的播放列表）也能对我们施加影响。一个人的音乐品味从来不是绝缘于他人独立形成的。

而在这个过程中便会产生从众效应，即已开始流行的东西往往会变得更加流行的趋势。当我们从朋友那里获知某些歌曲或歌手的信息，或者当朋友向我们推荐某种类型的音乐，从众效应就可能发生。而且在这种情况下，从众效应还会加强，因为音乐通常是一种社交活动，人们乐于与他人分享自己听音乐的体验。我们也希望了解朋友们所熟悉的音乐，因为它不仅能增进友谊，还能让我们听音乐或随着音乐起舞的体验变得更美妙。因此，我们往往会被流行于我们社交网络中的音乐吸引。另一个强化从众效应的因素则是一种广为人知的心理倾向：你听到一首歌的次数越多，你就越会喜欢听它。[15]

在很大程度上，某种商品的人气是由社交网络的传播决定的，这一事实有两个重要的经济意义。首先，人气的分布将产生高度的偏态分布，最受欢迎的东西将占据大部分生存空间。其次，什么才是最受欢迎的，这个决定极易受某些随机干扰的影响，比如，市场中有新的产品介入，而且该产品在潜在客户的网络中传播。

用统计术语来讲，信息和音乐偏好在乐迷的社交网络中的传播会形成人气的幂律分布——最流行的音乐的人气会是排名次之的音乐的若干倍，其余依此类推。结果就是极少数参与者——那些超级明星——占据了整个市场的主导地位。所谓的80/20法则（也被称为帕累托定律）就指出，一家公司80%的销售额都是由它20%的客户贡献的，这也是幂律在商业世界中一个常见的例子。

如果要将社交影响力发挥作用的方式概念化，我们可以先做个假设：每个正在考虑购买歌曲的人有时会自己判断，而有时则会追随朋友。具体地说，在p%的情况下，通过自己的独立判断，她觉得这盘唱片值得买，她便会将它买下。但在其余情况下，她只是依照她朋友的决定而做决定。因此，在（100-p）%的情况下，要么她因为朋友买了唱片，自己便也买一张，要么因为她的朋友没有买，所以她也不买。而她的朋友也在同样行事，有时依照自己的判断，有时则依赖另一个朋友的判断。[16]而这样的决策过程会产生购买歌曲的幂律分布。在这个例子当中，即使所有人对每首歌都同样喜欢，我们做决定时对他人行为的依赖还是会导致从众效应的产生，并使得歌曲被购买的情况产生高度的偏态分布。一些不走运的歌曲因为一开始无人买，结果便会因为无人推荐，再也无人购买，于是就无声无息地消失了。与此同时，另一些歌则变得越来越受欢迎，因为一开始就有许多消费者购买它们，并引来很多其他消费者前来购买。从数学上讲，这种效仿过程会导致某首歌曲的人气成倍数级增长，从而使得绝大部分销量都集中在少数几首歌上。而这也正是人气积攒和流失的奥义所在。

在我看来，要想看懂音乐市场以及超级明星现象，幂律这个概念至关重要。一方面，歌曲在流媒体上的播放量，音乐专辑的销量以及演唱会的收入，所有这些的分布都与幂律非常接近。推特上关注的人数、YouTube的订阅人数，以及脸书上的点赞人数也概莫能外。

例如，图4.2是我根据BuzzAngle的数据制作的一张图表。它显示的是2016年排名前2500名的艺人的歌曲在流媒体上的播放量。该图表是按人气从高到低依序排列的。最受欢迎的艺人，德雷克，他的歌曲总共在流媒体上播放了61亿次。接着是蕾哈娜（33亿次）、二十一名飞行员（27亿次）和威肯（26亿次）。比德雷克的排名低100位，也就是排名第101位的，是来自加利福尼亚的乐队北方老虎，他们的播放量达到了5亿次，还不到德雷克的10%。而曲线在离顶端不远处就开始急剧下降，这正是幂律分布的特征。

在曲线的另一端，乡村说唱歌手大索姆的播放量达到了2500万次，

图 4.2 2016年排名前2500名的艺人的音乐在流媒体上的播放量

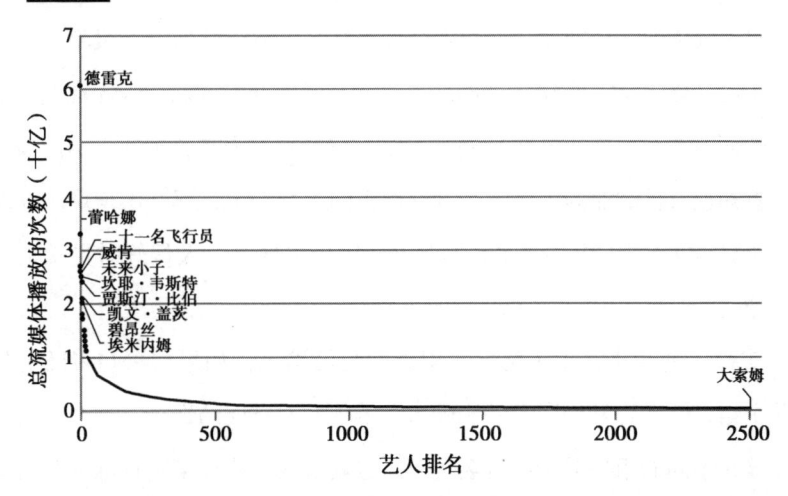

数据来源：作者基于 BuzzAngle 的音乐数据统计所得。

大多数排名靠后的艺人大约都在这一水平上。图 4.2 中提到的 2500 名艺人的完整名单可以从我的网页（www.Rockonomics.com）上找到，好奇或对统计学感兴趣的读者可以下载电子表格并自行分析数据。（您大可不必替大索姆和其他排名垫底的人感到难过。流媒体平台上约有 300 万名艺人，因此，综合来看，大索姆其实表现相当不错。因为凭借那 2500 万次的播放量，他在 2016 年就净赚 3.5 万美元版税。）这个图表告诉我们，流媒体上艺人的播放量是按幂律分布的，不过如果人气的得失很大程度上取决于社交传播，那这种分布也就在情理之中了。

社会学家马修·萨尔加尼克、彼得·谢里丹·多兹和邓肯·瓦茨主持过一项具有里程碑意义的实验，该实验不但证明了社会影响对我们选择音乐时所起的重要作用，而且还表明，在社交因素的作用下，人气最高和人气最低的歌曲之间的差距呈现增大的趋势。[17]在研究人员创建的两个相互平行的体系中，14,341 名实验参与者可以下载 48 首歌曲，这些歌曲由一些迄今尚默默无闻的乐队演唱。参与者被随机分配到某一个网站进行下载。对于其中的一个网站，参与者会被告知某一歌曲此前的下载率，而另外一个网站则不会。在第一个网站上，参与者的偏好可能会因为社交因素的影响而改变，而在第二个网站上，个人偏好则完全是自主确立的。如果参与者知道每首歌曲的下载率（社交因素的影响力），那么出现爆款歌曲的可能性就要大得多，而且下载率也会比自主确立个人偏好时更接近幂律分布。

实验还进一步得出了另一个引人注目的结果：如果将参与者随机分成几个组，并允许社交因素的影响力影响他们对歌曲的选择，这会导致那48首歌在不同的组里的最终排名各异。也就是说，假如某一首歌一开始便在某个组里受到欢迎，那它在这个组的人气就会递增；而如果它一开始就不受欢迎，那相较而言，它的人气也会逐渐减退。这就是社会学家所说的"累积优势"，即不管出于何种原因，只要你拥有强于竞争对手的优势，即使该优势极其微弱，随着时间的推移，它也会像滚雪球一样演变成巨大的优势。当然，也有些歌是无论如何都无缘登上榜首的。但在那些比较好的歌当中（由在自主确定偏好的组中的排名决定），几乎每首歌都有最终排在榜首的可能。可见质量好只给了歌曲受人欢迎的可能，但鉴于社交网络中的互动无章可循，光有质量还远远不够。

其实，社会学家的这个实验很可能低估了现实生活中社交因素的影响对音乐流行与否所起的真正作用。原因有以下几个。首先，在实验中可供选择的歌曲数量相对较少，所以如果参与者愿意，他们可以选择将所有的歌曲都听一遍。此外，市场营销、电台广播、产品展示、媒体关注，以及朋友间非正式的交流和互动（这很可能是最为重要的因素），所有这些在实际的音乐市场中都发挥着重要作用。但在这个以匿名参与者为研究对象的实验中，它们都未被考虑在内。

在社交网络中传播和拥有良好开端的重要性，音乐产业中的专业人士早已知晓。雅各布·科利尔是位多才多艺的音乐人。他告诉我："我在YouTube上发布的那些视频能不能火起来，最开始的几位观众的留言非常重要。"[18] 发表在音叉网（Pitchfork）上的首篇乐评的好坏也能决定一支新乐队的成败。还有许多唱片卖不动是因为发布之初没能获得在电台广播的机会。换句话说，通过社交网络进行的偶然互动会导致市场被超级明星主导的趋势，并大大提高运气的好坏的影响力。

一旦你开始用幂律（即高度偏态分布）的眼光来看这个世界，你随时随地都能觉察到它的存在。幂律曾被用来描述英语（以及几乎所有其他语言）中字词被使用的频率、城市中居民的人数、电网发生故障的次数、收入的分布、股票市场的回报率、歌曲中音符排列的模式、参加抗议活动的人数、网页链接的频率以及多种生理现象。[19] 更重要的是，那些产生幂律的机制，不管它是社会的还是自然的，都让我们明白了成败是由一个怎样的过程造成的。在生活中，很多时候，倘若我们懂得人们对相互之间联系的依赖会产生幂律关系，便能帮助我们理解为何有时会有极端事件发生，比如，邻居家的女儿成了下一个泰勒·斯威夫特或者为何会一连数天都停电。

人们的信仰、知识和行为会受他人的信仰、知识和行为的影响，正是这种社会动态性导致了幂律关系的产生。而这种动态性也有助于解释某些重要的宏观经济现象，比如银行挤兑、金融危机和房地产泡沫。由于个人观点会受他人的影响，这种社会动态性尤其能造成自证预言*的产生 。例如，由于人们普遍认为房价会上涨，这会导致越来越多的人在价格上涨之

---

* 美国社会学家罗伯特·金·莫顿提出的一种社会心理学现象，是指人们先入为主的判断，无论其正确与否，都将或多或少地影响到人们的行为，以至于这个判断最后真的实现。

前往房市里跳,而这反过来又将导致房价进一步上涨。这种向上的趋势将持续一段时间,直到它被其自身的重量压垮。事实上,花旗集团首席执行官查克·普林斯在他2007年7月那次著名的演讲中描述的正是这种社会动态性,也正是这种动态性之后不久便导致了史上最严重的金融危机。查克·普林斯当时描述说:"当音乐一停,就流动性而言,事情便会变得复杂起来。可只要还在放音乐,你就必须站起来,继续跳下去。这不,我们都仍在跳。"[20]不幸的是,他的银行也没能继续跳多久,而是需要美国政府出面施救。这种动态性既能创造音乐时尚,也能导致金融泡沫的膨胀和破裂。

那么长尾理论呢?

有人曾经预言,制作音乐与通过互联网发布音乐的成本的降低将导致音乐消费更加多样化,并会使音乐市场从超级明星市场转变成利基市场。在其畅销书《长尾理论》中,克里斯·安德森曾经指出:

> 我们的文化和经济正越来越多地将注意力从极少数位于需求曲线顶端的"热门"的主流产品和市场身上,转移到位于曲线尾部的大量利基市场。随着生产和销售成本的降低,特别是在互联网上,人们已不再像以往那样需要把产品和消费者进行"一刀切"式的划分。在当今这个无须再为实体货架空间的局限性和其他发行瓶颈发愁的时代,那些小众的商品和服务在经济上已变得和主流商品和服务一样具有吸引力。[21]

安德森还在这一理论的基础上预言，书籍、电影、音乐以及几乎所有零售产品的市场，都将不会像以往那么集中，而会更加多样化。这意味着分布形态将偏离少数超级明星。再想用幂律来预测市场参与者的相对表现将不会像以前那么奏效了。

与安德森遥相呼应的是经济学家保罗·克鲁格曼。后者2013年在《纽约时报》上写过一篇博客短文，作为对我在摇滚乐名人堂演讲的回应。他在文中提出了一个问题："现在（仍旧）是超级明星的时代吗？"他的论点是："音乐产业基本上受到了互联网的巨大破坏。但我很好奇这种破坏是否大到足以改变基本定理：电台播不播已不那么重要了，观众群也已分裂，艺人在潘多拉和YouTube上就能给自己建立起粉丝群体。"他在短文的结尾说道："所以我很想知道是不是连艾伦·克鲁格自己都已经落伍了——但不管怎样，我都很想看看自2003年以来音乐产业的发展趋势。"[22]

虽然在将来的某一天，音乐也许能成为利基市场，但至少目前，这还远未发生。图4.1清楚地表明，近几十年来音乐产业的不平等事实上正愈演愈烈，尤其是在巡演收入这个音乐人最主要的收入来源的分布上。自2003年以来，收入最高的1%的音乐人的演唱会收入在总收入中的占比从54%上升到了60%。[23]虽然由于音乐格式的迅速变更，很难将历史上不同时期的唱片销售额拿来对比，但哈佛商学院的安尼塔·埃尔贝斯在研究中还是发现，2007年到2011年间的歌曲销售额在更多地向排名最高的艺人倾斜。[24]

所以，对于保罗·克鲁格曼提出的问题，我们的回答是，这似乎仍是个属于超级明星的时代。

在某种程度上，互联网改变了超级明星成功的方式——贾斯汀·比伯和雅各布·科利尔就是在他们的YouTube频道中被人们发现的。但这既未使得收入的分配趋于平衡,也未能让一大批音乐人过上中产阶层的生活。[25] 互联网也许会为更多音乐人创作的作品提供平台,但即使在互联网时代,最受欢迎的仍然只会是少数几位艺人。

多才多艺的音乐人奎斯特拉夫是扎根合唱团的领队。前一阵,我在迈阿密海滩碰见他时,他就音乐产业高度偏态分布的特点对我大倒了一番苦水:

> 我喜欢在我的世界里看到平衡,喜欢看到唐纳德·格洛弗和泰勒·佩里在这个体系的两个极端共存。还有伊萨·雷和惠特妮·卡明,卡迪·B和罗克珊·尚特也一样。我经常想音乐界,尤其是嘻哈音乐界,似乎被一个人垄断着,而其他人全都靠边站。那个最能吸引人眼球的人,把聚光灯和所有人的注意力全都吸引走了。可其他成千上万的艺人其实一点都不比那个人差。我是这么觉得的,趁聚光灯还热着,还是给观众们多一些选择。[26]

话虽如此,然而,在很大程度上,他面临的将是来自幂律曲线的艰巨挑战。

我的猜测是——与长尾理论相反——虽然互联网上几乎什么样的音乐都有,但这不能改变人们的音乐偏好在很大程度上是由社会决定的这个事实,也因此,人们的音乐偏好会向少数几位音乐人高度倾斜。事实上,随着流媒体的出现,每个个体的音乐选择面已大大拓宽——而这本身就会更让人拿不定主意——这便有可能让我们更多地依赖社交网络来寻找线索,以对歌曲和艺人做出选择。近来精选推荐系统发展极快,运用大数据来帮助搜索新音乐,这极有可能会强化这种社交网络效应,除非市场对推荐目前并不受欢迎而且将来也很可能不会受欢迎的歌曲的系统的需求上涨。

格洛丽亚·埃斯特凡：弦动我心

格洛丽亚·埃斯特凡是历史上最成功的跨语系艺术家。作为独唱艺术家，她与丈夫埃米利奥以及迈阿密之音乐队，在全球总共销售了超过一亿张唱片，并赢得过7项格莱美奖。她曾在超级碗和奥运会上献唱，也曾为数位教皇和总统表演。我在2018年10月4日对格洛丽亚·埃斯特凡进行了采访。

您出生于音乐世家，主演过一部关于学校音乐教育的电影《弦动我心》。学校的音乐课程对您有过什么影响吗？

影响很大，但同时，我生来就有音乐基因。我母亲不管是在家还是在学校都是一号女歌手。而我父亲那边，也出过好几位艺术家：一位古典钢琴家、一位萨尔萨乐队的指挥，还有一位古典小提琴家。自开口说话起，我就开始唱歌了。

五年级时，我加入了圣·迈克尔大天使学校的乐队。一开始我想吹萨克斯管，但他们只允许男孩吹萨克斯管。所以我就吹上了单簧管。直到今天，我对单簧管和簧片乐器以及木制乐器的声音仍格外钟爱。但它之所以重要，是因为我不喜欢成为人们关注的焦点。我从五年级一直吹到八年级。它对我有各种各样的帮助。我第一次离开迈阿密是和学校乐队一起去坦帕参加州内比赛。你能学会与人合作。你能学到数学，因为音乐就是数学。不知出于什么原因，有的人认为艺术和音乐不如数学和其他学科重要。恰恰相反。其实音乐与其他学科是共生的。

每当我看到有些学校的音乐课程被裁掉，我就感到非常痛心。这也是为什么当政府提供的资金被挪走时，我会尽力去补上资金缺口，并通过私人捐款让音乐重回学校。

您拿到了迈阿密大学的心理学学位。您认为是什么让音乐能与人们产生情感的沟通？

关于这个问题我也想过很多，因为如果我们真能找到这个秘诀，那我们的成就又岂止是写出电台的热门歌曲。音乐和颜色一样，它们都能影响你的心情。

音乐这东西能让我们合为一体。我曾有机会到全世界进行巡演，虽然观众说的语言各异，但当每场演出演到相同的部分时，我从观众身上看到的情感反应几乎是相同的。这完全是音乐在起作用，跟用哪种语言唱歌没有丝毫关系。

音乐与我们的精神和情感的健康之间绝对有紧密联系。同样，音乐也能产生负面影响。有时，过于重口味和暴力的演唱会导致人们行为出格。音乐的力量的确非常强大。

音乐产业的经济状况有什么变化？

音乐产业的经济状况变化很大。感觉就像我们又完全回到了20世纪50年代，感觉自己又变成了单身——而且人们干完活却拿不到报酬。在20世纪50年代，艺人拿不到报酬的原因不同于今日，因为当时许多流行音乐实际上是从R&B和非裔美国人的音乐剽窃而来，人们将它们改头换面变成流行音乐，却不付给原词作者或曲作者报酬。

可现在，艺人是真的很难拿到报酬，就这么简单。以前，你可以只在录音间唱歌，不用办巡演。但现在，在录音间唱歌是拿不到报酬的。这件事的荒谬之处在于，你当然也可以去办巡演，可如果谁也没听说过你和你的音乐，又有谁会去看呢？

市场的分割造成了巨大的损害，因为尽管互联网已经把人们从对唱片公司的依赖中解放出来——GarageBand 和现有的技术让几乎每个人都能创作音乐，而且，你还能把你创作的音乐上传到 iTunes、声田或者你想要的任何平台上——可问题是，得有人听！

以前，比如我们第一次在约翰尼·卡森的节目上演唱《康加》(Conga) 这首歌时，你几乎敢断言这首歌次日就能挤进排行榜前十名……但今天你的选择实在太多了，这也导致了市场的分割。

今天的艺人甚至根本不考虑出专辑，他们考虑的是出细碟，只有四首歌甚至一首歌的短专辑。对现在的年轻艺人来说，想要像我们当年那样有幸培养出几十年都不离不弃的听众群体是极其困难的。

是什么促成了您在商业上的成功？

有很多艺人都吃过经纪人的苦头。自己具有良好的生意头脑的艺人并不多见。但我丈夫和我都还行。之前我们都有各自的事业，所以当最终需要决定是否要把音乐当成全职事业时，那的确还是有风险的。

我们做此决定，是因为我们热爱音乐，而不是为了富贵和出名。我最初加入乐队纯粹是出于爱好和乐趣。埃米利奥和我也许生来就注定在一起。在 20 世纪 70 年代和 80 年代初，我们作为小型乐队在迈阿密演出赚了不少钱。我们还出了自己的唱片，上了电台。我们还能玩迪斯科和拉丁音乐。所以我们的市场需求量很大。但我们有意识地做了一个决定，那就是，我们不能就这么一直当小型乐队，不能就这么年复一年地在人家的婚礼、成人礼或者女孩们 15 周岁的派对上献唱，我们应该尝试走出去开演唱会，并且把它当作我们的事业。

于是我们便双管齐下。我们在拉丁美洲变得非常出名。我们有时会去拉美跑一趟，在一个拥有 5 万人座位的体育场办一场演唱会，然后再赶回家，在迈阿密为一场只有200人参加的婚礼进行表演。

音乐人能掌控他们职业生涯的轨迹吗？

那是你无法控制的。你可以尽你所能做出正确的决定，但你刚才谈到了运气，很大一部分其实是机会。你得做好准备，机会一来就得把握住，而且还不能松懈，这样你才能贯彻到底。我还记得在我们乐队刚刚取得突破的时候，有人说："在你第三张唱片出来之前，你作为艺人的地位都还远不算稳固。"因为许多艺人的第二张唱片就会败走麦城，而且再也无法有新的超越。可如果你第三张唱片仍然很受欢迎，那你的音乐生涯就算妥了，你会有足够多的音乐可以办很长一段时间的巡演，而且能维持很多年。因为，只要你每一次举办现场演出，或者当他们在电视采访中听到你的声音，你都能忠实于你的歌迷，不辜负他们的期望，那么你们的关系就会和婚姻一样——如果每一次你都能把它加固，那你的歌迷也就会永远忠实于你。我们很幸运在世界各地都得到了听众们的回应。

您有一段传奇般的职业生涯和幸福的一生。您是如何避免那些困扰着其他大明星的问题的，比如毒品和酒精？

首先，那不是我的性格。我不喜欢让自己失控。埃米利奥和他父亲在来这儿之前去过西班牙。在西班牙的时候，他们曾去为穷人提供施舍的流动厨房吃饭。他有很强的个性，他渴望成功。工作就是他的毒品和酒精。他是个工作狂。

我们先一起建立了家庭。后来当我终于取得成功时，我已经有了儿子。我和父亲一起也经历了很多。他在古巴"猪湾事件"之后被当作政治犯关了两年，然后他加入了美国陆军。当他从越南回来时，他中了橙剂的毒，所以我得照顾他。在我的生命中，我很早就得处理这些事，埃米利奥同样经历过艰苦奋斗。所以当我们终于有机会做我们热爱的事情，而且是两个人一起做——还能带上我们的家人——我们绝不会把这样的机会白白浪费。

如果一个人还年轻，懵懵懂懂，也从未经历过任何艰难困苦，突然有这么多钱涌来，他会不知道自己何以至此，也不知道什么有真正的价值，因为他没有做这些判断所需的基础……而我们早年却已经经历过艰苦的奋斗，这些培养了我们的价值观。

这也就是我们为什么想帮助其他艺人，拉他们一把。埃米利奥一手培养出了夏奇拉和珍妮弗·洛佩兹，并在她们的音乐生涯中发挥过重要作用。他制作了珍妮弗·洛佩兹的第一张唱片，里面那首《让我们唱大声一点》（*Let's Get Loud*）是我写的。珍妮弗十分喜爱那首歌。本来那首歌是为我自己的唱片写的。但我宁愿让给她唱，因为当时她还是个新人……每当他帮别的艺人取得成功，比如里基·马丁和马克·安东尼，埃米利奥总会非常开心。

超级明星的职业生涯

在成为超级明星的过程中积累起的优势在整个职业生涯中会急剧增长。图4.3a和4.3b显示了顶级男女艺人在其整个职业生涯中的演唱会累计收入。这些数据中的一些现象颇值得注意。首先，许多超级明星似乎都在比其他人更年轻的时候就已经入行。女性艺人更是如此——例如泰勒·斯威夫特、Lady Gaga、蕾哈娜和碧昂丝，照她们现在的发展势头，用不了多久，她们就会令麦当娜和席琳·迪翁黯然失色。贾斯汀·比伯的情况也如出一辙。比利·乔尔到50多岁才挣到贾斯汀·比伯23岁就已挣到的巡演收入的数额（以经过通货膨胀调整后的美元计算）。[27]其次，女性超级明星往往是独唱艺人，而许多男性超级明星则都是一些流行多年的乐队主唱。最后，与顶级女艺人相比，顶级男性乐队主唱职业生涯的收入往往更高。例如，U2和布鲁斯·斯普林斯汀职业生涯的总收入比麦当娜和席琳·迪翁要高出10亿美元。这主要是因为男性音乐人花在巡演上的时间更多。顶级男性和女性艺人每场演出的门票收入大致相当。

更年轻的超级明星正从演唱会的票价和收入的普遍上涨中受益，这种上升的势头也将提高他们职业生涯的总收入。因此，职业生涯总收入这组

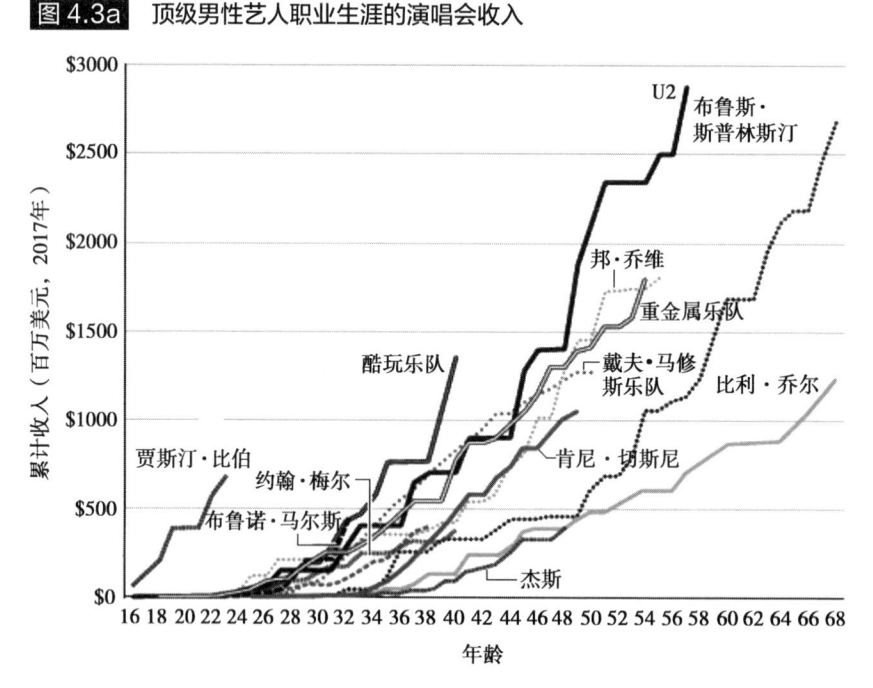

图 4.3a 顶级男性艺人职业生涯的演唱会收入

资料来源：作者基于《明星选票》的数据统计而得，由于存在演唱会漏报的情况，作者还根据 Setlist.fm 的数据对统计结果做了调整。请见附录。所有数据以 2017 年的美元为单位。

图 4.3b 顶级女性艺人职业生涯的演唱会总收入

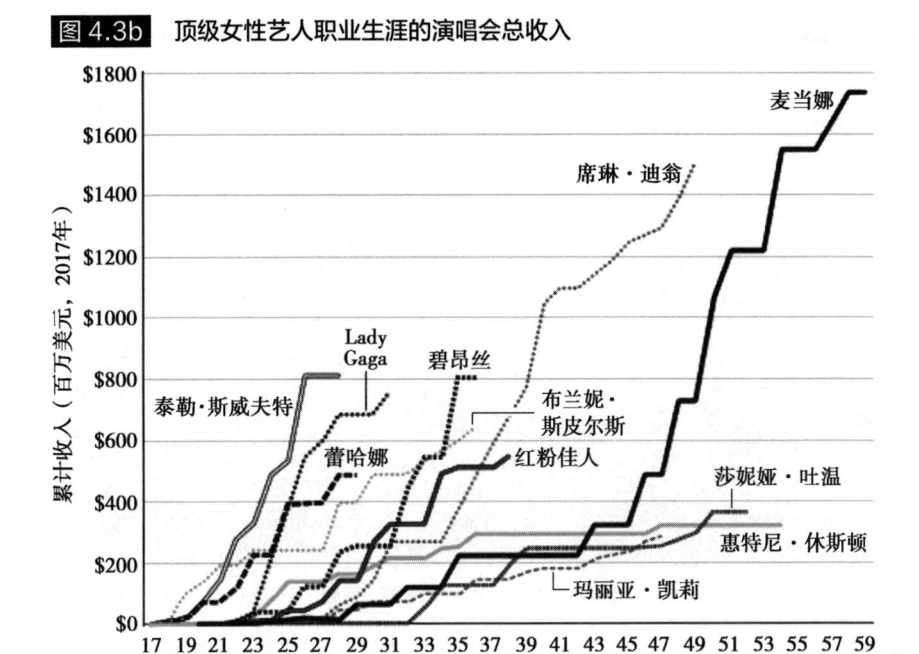

资料来源：作者基于《明星选票》的数据统计而得，由于存在演唱会漏报的情况，作者还根据 Setlist.fm 的数据对统计结果做了调整。请见附录。所有数据以 2017 年的美元为单位。

数据没有证据表明，对正在冒尖的新一代流行歌手而言，音乐产业赢者通吃的特点有减弱的趋势。

其他经济领域中的超级明星

音乐产业与其他经济领域相比又如何呢？自 20 世纪 80 年代以来，整个美国经济都在朝超级明星市场的方向发展。图 4.4 显示，在经历了数十年的下降之后，收入最高的 1% 的家庭的收入在国民总收入中的占比增加

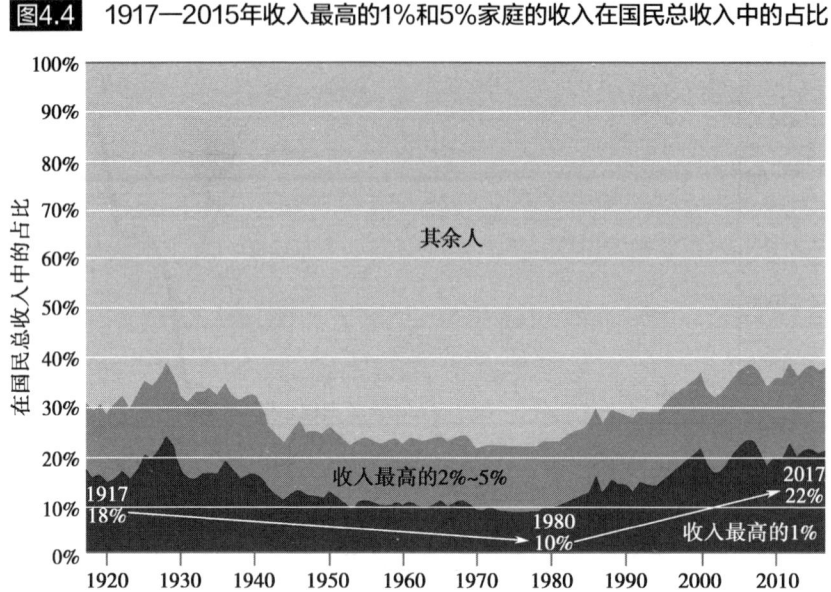

图4.4 1917—2015年收入最高的1%和5%家庭的收入在国民总收入中的占比

了一倍以上，从1980年的10%增长到了2017年的22%。美国的收入分配在总体上尚未像音乐产业一样极度倾斜。在音乐产业，收入最高的1%的艺人占据了产业总收入的60%左右。但整体而言，如今美国不平等的程度又回到了与"咆哮的20年代"大致相同的水准。

在底层的99%的美国人中，不平等程度也在上升。在20世纪80年代，收入水平在最底层的10%的那些人的工资在经过通货膨胀调整之后其实在下降，而从那个时候开始，他们的收入水平几乎一直都未能得以恢复。[28]而自20世纪90年代中期开始，中产阶级也开始逐渐被掏空了。

至于美国的不平等现象为什么会愈演愈烈，人们通常的解释都不尽相同。其中包括：全球化和技术变革带来的影响，使市场对技术含量不高的工人的需求转移了；工会成员的流失，法定最低工资实际价值的下降；雇主经营手段的变化，例如，禁止员工接受竞争对手工作职位的竞业限制条款，这些条款削弱了工人们的议价能力；公平法则和公司政策与规范的崩溃，这些规范在历史上起到过压缩公司高管的薪酬和限制其收入的作用。

记者们经常要求我将所有这些因素的相对重要性进行一番总结。但事实上，只有傻瓜才会试图量化每一个因素所起的作用的占比，因为各种因素是相互叠加、相互作用的，而且它们造成的影响在数量上会因工资结构的不同而有所差异。比如，自动化导致市场对低工资工人的需求出现变化，而这一变化又会削弱工会，进而加速对公平法则的削弱，尤其是对蓝领工人而言。尽管如此，每当被追问时，我通常都会如此回答：传统的经济驱动因素，包括技术变革和全球化，对我们所观察到的收入分配的变化很可能起到了35%至40%的作用，而其余的都可以归因于非传统的因素，比如，工人的议价能力变弱以及公平法则遭到侵蚀。

在收入等级的最顶端，那些让可扩展性得到提升的技术变革显然对超级明星效应的加剧起了推波助澜的作用。例如，芝加哥大学的经济学家史蒂文·卡普兰和约书亚·劳就写道："我们认为，美国最富有的1%的人在收入和财富上所显示的数据与超级明星现象是相符的，而这一现象的产生就仰赖于规模和以技能为基础的技术革新。"[29]他们还强调，最富有的美国人越来越多地来自技术、金融和大规模零售业。他们认为，这些都是最具扩展性的行业。

与这种不平等相关的现象也受到了人们的广泛关注，其中就包括超级明星公司的崛起。[30]研究表明，诸多行业产出的集中度都在上升，少数超级明星公司在越来越多地主导着市场。比如，在过去10年中，美国四大航空公司在行业总收入中所占的份额从41%上升到了65%。[31]大医院吞并小医院，亚马逊和沃尔玛给家庭式杂货店带来了巨大的生存压力。即使在啤酒行业，虽然精酿啤酒厂的数目在激增，但市场上被消费的啤酒有

90%是由四大啤酒厂生产的。

这种现象在音乐界也非常明显。三大唱片制作公司——环球音乐集团、索尼音乐娱乐公司和华纳音乐集团——占据了美国唱片市场2/3的份额。[32] 演唱会承办商汇演邦和安舒茨娱乐集团（Anschutz Entertainment Group，以下简称AEG）则已主导了演唱会的承办业务。

超级明星公司往往享有很高的利润率和生产率。相较而言，超级明星公司的员工能够获得更高的报酬，但最顶尖的公司往往只需要相对较少的劳动力便能实现与其竞争者们同等的产出。所以，超级明星公司的崛起也是导致劳动力的收入在国民收入中所占份额呈下降趋势的原因之一。

包括谷歌、苹果和亚马逊在内的超级明星公司很可能已从技术创新的成功运用中获益匪浅，这些创新让它们能充分利用巨大的规模经济。但与此同时，也有人担心这些公司会利用其在市场中的主导地位来扼杀竞争。

超级明星公司的崛起也是使位于收入底层的99%的员工中不平等现象进一步加剧的原因之一。超级明星公司倾向于雇用薪酬较高且受过高等教育的员工，而且，他们还常常将一些薪酬较低的工作，像清洁工、自助餐厅和安保等职位，统统外包出去。

超级明星公司的另一个特点是，他们可以利用产品的互补性来增加和产生更多的收入和利润，也就是说，他们可以凭借在一个市场中拥有的规模在另一个市场中获取优势。比如，苹果公司用苹果音乐来帮助苹果手机的销售。脸书将照片分享应用程序Instagram买了下来，这样它便能让该程序服务于其核心社交网络平台，扩大其在年轻人群中的覆盖率。从某种意义上说，超级明星公司可以像超级音乐明星一样，利用自己在YouTube上积攒起来的人气来兜售演唱会门票或者从事商品代言。虽然对互补性的利用并非每次都能成功——花旗集团与旅行者集团的合并失败就是个明证，该合并最终还是被拆解了——但超级明星公司毕竟还有机会充分利用其战略互补性，这是小型公司所不具备的。

互补性之所以会产生，通常是因为利润增长会带来服务的改善，进而又会带来更多的利润增长。就拿"亚马逊飞轮效应"举个例吧——通过降低成本和提供更优惠的价格，亚马逊将吸引更多的买家，而当它吸引了更多的买家，它又能吸引来更多的卖家，而这反过来又有助于进一步降低价格，并提供更加多样化的产品，而这又必将吸引更多的顾客。于是，这架飞轮就将这么一直转下去。同样，如果声田公司吸引了更多的用户，它就能收集到更多关于用户偏好的数据，也就能提供更好的歌曲推荐，这又有助于它留住旧用户并吸引更多的用户。

人们很容易就能从日益加剧的不平等中看到供需之手所起的作用。但我在前文中提到过的"其他相关的因素"，即出于政治、团体和社会的考虑而做的选择，它们的作用也非常明显。例如，自2009年以来，全联邦最低工资一直保持在每小时7.25美元，这是美国历史上持续时间第二长的最低工资数额，因此它也受到了通货膨胀的影响。实际上，今天的最低工资还不如20世纪60年代后期的最低工资值钱。只有那些提高了当地最低工资的城市和州，才真正改善了低收入者的收入状况，并使不平等的局面得到缓解。

企业之间在抑制工资增长和避免偷挖对方员工方面所达成的默契，也同样起到了限制工资增长的作用。而当市场上有好几个主要雇主时，这种做法更容易实现。苹果公司的史蒂夫·乔布斯就曾威胁谷歌的联合创始人谢尔盖·布林说："你要是敢雇用这些人（软件工程师）中的任何一个，那就意味着战争。"[33] 铁路设备巨头克诺尔集团和西屋制动之间多年来一直有个默契，即未经竞争对手事先同意，不得请求、征聘和雇用对方的员工。[34]

"经济学之父"亚当·斯密在很久之前就预言过这种行为的出现。他当时警告说，雇主们"无论何时何地都会处于一种心照不宣却持久一致的联合中，他们不会让工人的工资涨到实际水准以上"[35]。美国司法部和联邦贸易委员会在其于 2016 年 10 月发布的指示中，曾明确指出："雇主之间不征聘某些雇员或者不从事基于薪酬条款的竞争的协议是非法的。"[36] 政府还专门开通了热线电话以便员工们对（雇主）操纵工资和达成禁止挖人协议的行径进行举报。2018 年 1 月，刚上任不久的负责反托拉斯执法的美国司法部助理部长马卡·德拉希姆表示："当我得知有这么多像这样（禁止互挖员工）的协议时，我被震惊了，可这确有其事。"[37]

我们制定和执行法律的方式会影响不平等现象。通过对各国进行比较，我们可以清楚地看出供给、需求和"其他相关的因素"对不平等现象所产生的影响。尽管英美两国都出现了几乎同样急剧的不平等的增长，但瑞典、德国和法国等其他国家的增长幅度却要小得多。所以，各地的法律、文化、习俗、制度以及企业惯例也十分重要。

让我们回想一下，运气在超级明星市场的成败中同样起着巨大的作用。很多不走运的公司，尽管它们拥有卓越的技术，最终还是失败了，而原因在于，它们在不合适的时间或者地点推出了产品。而超级明星雇主的出现又为运气增添了另外一个维度：找到新工作的员工可能是幸运的，也可能是不幸运的，因为其公司有可能会成为超级明星，但也有可能会掉队。在一个超级明星式的就业市场中，运气的好坏对那些在事业阶梯上攀爬的人们的意义被放大了，因为工作等级上极小的差异能转化为收入上的巨大差异。

运气在音乐产业中所发挥的作用可能比其他任何领域都更明显。而这将是我们下一章的主题。

第五章
运气的力量

我曾去过不适合我的地方,但时机却正好合适。我也曾去过适合我的地方,但歌却不合适。

—约翰博士 *

雷金纳德·德怀特在布鲁斯理论乐队(用他自己的话说,该乐队很"平庸")弹钢琴,可他越弹越丧气。因为正如他自己描述的,他们是为"在酒吧里吃炸鱼和薯条的人"表演。所以,当这位害羞的20岁年轻人看到一则"招收歌手和词曲作者"的广告时,他便赶到了位于伦敦的自由唱片公司参加试唱。到那儿之后,他发现有间办公室里堆满了开盘式磁带和信封。很多其他有潜力的歌手和词曲作者也看到了这则广告。接下来他是这

---

* Dr. John(1941—2019),格莱美音乐奖得主,2011年被列入摇滚名人堂,这句歌词取自《合适的地方,不合适的时机》(*Right Place, Wrong Time*)。

样讲述这个故事剩下部分的:

> 坐在桌子后面的人问他:"你都会些什么?"我说:"我能唱,也能作曲,但我不会写歌词。为这事我都快绝望了。"于是他说:"好吧,你把这个信封拿去。"他从一大堆信封里挑出一个——真的有可能是其中任何一个信封!要不怎么说是命运呢。他给了我一个密封的信封,我就带着它上了地铁列车(或地铁)。我把信封打开看了——里面写的是伯尼。真的可能会是其他任何一个信封,可他递给我的偏偏就是这一个。[1]

50年后,每当回忆起当年与年仅17岁的伯尼·托潘机缘巧合的结识,这位如今已为世人熟知的名为埃尔顿·约翰的歌手似乎仍有些迷惑不解。从那时开始,他们俩一起合作推出了30多张专辑,唱片销量逾3亿张,成为有史以来最常青也是最成功的歌手和词曲作者组合。

假如坐在桌子后面的那个家伙从那堆信封里抽出的是另外一个信封,很难想象雷金纳德·德怀特后来还能赢得五项格莱美奖,并进入歌曲创作名人堂和摇滚名人堂。他很可能至今都还在那些吃鱼和薯条的人跟前表演,而不是从黄砖路走上一条黄金大道。

埃尔顿·约翰将他与伯尼·托潘的相遇归因于"命运"。他也许是对的,但对那些不相信神秘学的人来说,这件事看上去并不像是命中注定,更像是纯粹的偶然事件。他们之间机缘巧合的默契,让他们一起创作出了那么美妙的音乐,并让世界聆听到——他们俩很幸运,我们也一样。

改变了音乐史的著名偶然事件还有许多:米克·贾格尔和基思·理查兹于火车上的邂逅,克拉伦斯·克莱蒙斯在一个风雨交加之夜踱进了阿斯伯里帕克的一家酒吧,保罗·西蒙和阿特·加芬克尔二人年幼时的居所仅仅相隔几个街区。[2] 当然运气不好的例子也有很多，比如说，巴迪·霍利、里奇·瓦朗、大波普（the Big Bopper）、佩茜·克莱恩、奥蒂斯·雷丁和吉姆·克罗斯，他们都是在事业的巅峰期在飞机失事的悲剧中被夺去了生命。还有很多偶然事件，只是我们未听人说起而已。最重要的是，有不计其数的音乐人，他们中的每一个都和那些超级音乐明星一样才华横溢、勤奋有加，然而机遇却从未光临过他们。他们可能在不合适的时机或地点推出了不合适的歌曲。由于种种原因，他们的职业生涯从未实现腾飞。

在本章，我将研究运气——这个我们无法控制的偶然因素——对音乐产业乃至人们日常生活中的成败所起的作用。在超级明星市场中，运气好坏所起的作用尤其会被放大，这使得它在音乐产业的影响有目共睹。鉴于运气在经济中所起的作用越来越显著，因此，了解偶然事件对我们生活的影响，以及如何才能让偶然因素更多地向有利于我们的方向倾斜，也就变得极其重要了。

噢，他这人真走运

在超级明星市场中，最出色的艺人能凭借其巨大的规模效应获利，而其他人都只是在勉强度日。一旦排名出现了升降变化，这其中牵涉的利害关系便会被成倍地放大。因此，任何能帮助艺人超越其他人的有利条件都能为前者带来优势。如果好运能帮助人得到晋级，那运气的作用也就更显重大了。

对中等水平的艺人来说，运气的作用相对较小，因为对他们来说，好运和坏运往往会相抵。可对那些想爬到顶端并获取超级明星地位的人而言，好运的眷顾极其重要——当然再加上其人本身所具有的惊人天赋及后天的不懈努力。这件事也可以这么看：你也许是一位极具天赋的扑克玩家，但你先得有好运气才能拿到一手同花顺。相比之下，拿到一把平淡无奇的牌的可能性要大得多。是运气和能力的结合才成就了伟大。

在体育比赛中，运气的作用是很容易识别的——球在正确的时机以正确的方式弹起来，裁判做了一个糟糕的判决，关键球员不合时宜地受伤，等等。经济学家罗伯特·弗兰克在他的《成功与运气》一书中指出，在创造出当前男子和女子100米跑、110米跨栏、跳远和三级跳世界纪录的八场比赛中，有七场是在顺风的助力下完成的。[3] 风速当然是他们无法控制的，却对他们有利。（也有一些不太走运的短跑运动员由于风力过强，他们创下的世界纪录因此被判无效；所以，有时候运气太好了也可能是件坏事。）

在音乐方面，天赋和努力确实很重要——这跟体育一样——但是在音乐产业中，它们更难评估。正如我们在第四章中讨论过的，人们品味的变化以及人气提升的方式使得发现和识别人才变得更加困难。[4] 书籍、电影和电视节目等市场的情况也大致相似。在强调创意的艺术行业中，运气的作用尤为突出。

在艺术受运气影响的众多事例当中，我最喜欢的是跟《哈利·波特》系列的作者 J. K. 罗琳有关的一个。罗琳的文学经纪人——克里斯托弗·利特尔，以区区 2500 英镑的价格就把《哈利·波特与魔法石》一书在英国的版权卖给了布鲁姆斯伯里出版公司，但接下来他等了两年，通过读者的口碑为该书积攒人气，最后才以竞价的方式将美国的版权卖给了美国学乐集团。此后这本书也终于声名鹊起。[5] 可在 1995 年，当时才 32 岁的罗琳怎么会选中利特尔先生当她的文学经纪人呢？她最早曾把手稿投给了另一位文学经纪人，可被后者拒绝了。于是，她便到爱丁堡的一家公共图书馆，打算从《作家和艺术家年鉴》中另找一位经纪人。她之所以选中了克里斯托弗·利特尔其人，完全是因为此人的名字听上去像她孩子读的故事书中的一个角色。利特尔（2011年被罗琳解雇）绝对是世界上最幸运的人之一。他从《哈利·波特》系列丛书中拿到的佣金达数千万美元之巨。

许多迹象表明，运气在音乐产业的影响之广也不遑多让。即使是那些有利益牵涉其中且经验丰富的唱片公司艺人与制作部（A&R）的专家，要想一眼相中最终的赢家也是很难的。哥伦比亚唱片公司1955年曾拒绝过埃尔维斯·普雷斯利的加盟。迪卡唱片公司在1962年元旦当天将来伦敦试唱的披头士乐队拒之门外。1963年，披头士乐队最开始也没能得到美国国会唱片公司的青睐。[6] 著名的星探约翰·哈蒙德曾于1961年建议公司签下鲍勃·迪伦，说起当时因为此事遭遇的反对意见时，他是这样描述的："我把迪伦带了来，并签下了他。当时所有人都要死要活地极力反对。哥伦比亚公司的一位副总对我尤为恼火，因为我让琼·贝兹被先锋唱片公司给签去了。"[7]

当百代唱片公司放弃在美国发行瑞典摇滚乐队洛克塞特的专辑之后，该乐队却突然间火了起来。原因是一名在瑞典交换的美国高中生回到他位于明尼阿波利斯的家中时，凑巧带回了他们的唱片，并缠着当地几家电台在节目中播放该乐队的歌曲《神色》（*The Look*）。[8]

娱乐界的从业律师约翰·伊斯门告诉我，他曾恭喜大卫·格芬这位他心目中最聪明的行业人士将科特·柯本和涅槃乐队都签到了其同名唱片公司旗下。[9] 可格芬回答说，涅槃乐队能够成功，他本人和伊斯门一样感到惊讶。伊斯门说他记得格芬当时还说："约翰，我实话告诉你，我们当初也不知道他们到底能不能行。只是因为有人推荐，我们才勉强把他们推出去试了试，没想到砰的一下就火了起来。"

再看另一个例子，西斯托·罗德里格斯，奥斯卡获奖纪录片《寻找小糖人》的主人公。罗德里格斯在1970年至1975年间录制过两张专辑，在美国国内都失败了。在他正忙着录制第三张专辑的时候，唱片公司却决定放弃他。但他却在南非获得了巨大成功，他的音乐甚至成了反种族隔离运动的标志性歌曲。令人惊讶的是，在数十年的时间里，他本人却对自己拥有的名气和影响力一无所知。他甚至一度停止了音乐创作，跑到底特律干起了建筑和流水线工人的工作，直到瑞典电影制作人马利克·本德杰鲁知悉了他的这段故事（这绝对又是一个运气的例子），才使他的音乐生涯得以复苏。

西斯托·罗德里格斯的第二张专辑《来自现实》（*Coming from Reality*）是由史蒂夫·罗兰于1971年制作的。罗兰说："我替许多大牌艺术家出过不少成功的专辑，比如彼得·弗兰普顿、杰瑞·李·刘易斯等人，可我合作过的人当中还从没有谁像罗德里格斯一样才华横溢。"他补充道："我始终不明白为什么他没能成为大明星，所以看到他现在像凤凰浴火重生一样火起来，那感觉真是难以言喻，我真的真的替他高兴。"[10]

尽管几大唱片公司在艺人与制作部和宣传促销上投入了大量资金，但出十张唱片有一张能够回本，就已经相当不错了。

你知道卡莉·亨尼西这个人吗？你可能从没听说过。亨尼西是一位爱尔兰演员兼歌手。她早在2001年就与MCA唱片公司签过一份大合同，当时她才18岁。她也承认自己的运气不错。"有些人一直都在苦苦挣扎，"她说，"而我则非常非常幸运。"但亨尼西的运气显然还不够好。尽管唱片公司投资了220万美元用于制作和宣传她的处女专辑《终极高潮》（*Ultimate High*），该唱片上市后还是遭遇了失败。[11]《终极高潮》在发行的头三个月内仅售出了328张，MCA唱片公司次年便将她放弃了。亨尼西的专辑之所以遭遇滑铁卢可能有多种原因。她这张专辑推出的时间是在"9·11"事件后不久，这种时候国民对活泼欢快类型的歌曲没有多大的胃口。唱片公司没有选她的歌曲，零售店也不愿购进她的专辑。

如果一支水平高超、运气也不错的乐队发行的某一首歌火起来，它能否依葫芦画瓢，将这一成功复制一次呢？有这种可能，但可能性不大。自1960年以来，在有歌曲登上过百强单曲榜的2591位艺人当中，只有40%的人两次或两次以上成功上榜。[12]多次进入前10名的可能性就更低了——在1960年到2017年间登上过排行榜前10名的490支乐队当中，多次进入前10名的只占22%。

图5.1显示的是每位登上过《公告牌》年终百强单曲榜的艺人在1960年到2017年间成功上榜的次数。《公告牌》百强单曲榜是基于实体和数字唱片销量、电台播放次数和流媒体播放量进行加权评估而得的。能从每年发布的上万首新歌中脱颖而出跻身前100名，绝对算一项了不起的成功标志。鉴于艺人的天赋不可能年年都发生翻天覆地的改变，并且一旦登上

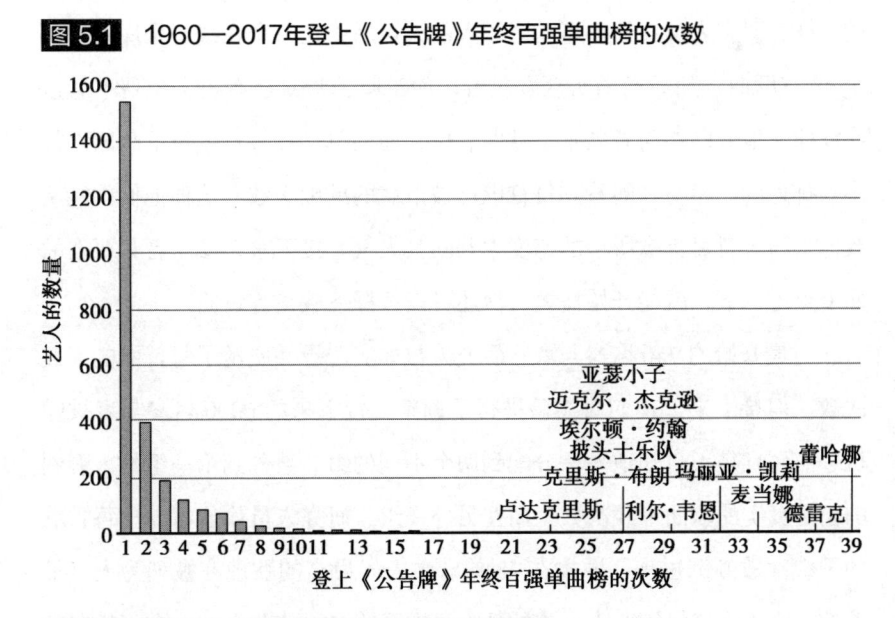

图5.1 1960—2017年登上《公告牌》年终百强单曲榜的次数

资料来源：作者基于《公告牌》年终百强单曲榜的数据统计而得。

过一次《公告牌》排行榜，往后该艺人的歌便会受到更多的关注，所以能重复上榜的人数如此之少，更突显了运气在其中所起的巨大作用。

"底下的空间足够宽敞，但上面的空间很有限。"曾和奥兹·奥斯本和悄声暴动乐队同台演出过的贝斯手鲁迪·萨佐说。看了图5.1之后，他用下面这句话简洁地概括了他的观感："想爬到上面去不容易。想在上面一直待着则几乎不可能。"[13]

即使在音乐界最具才华和最成功的艺人当中，热门歌曲高度偏态的分布也是符合幂律的，人气会凭借四通八达的社交网络不断扩展。只有极少数的几位最具才华的幸运儿——蕾哈娜、麦当娜、德雷克、披头士、玛丽亚·凯莉、埃尔顿·约翰、迈克尔·杰克逊——才能多次上榜。可即便是这些人就一定每一次都能成功吗？

为了确定运气对一首歌的人气能有多大影响，社会学家马特·萨尔加尼克和邓肯·瓦茨做了一个十分巧妙的实验。[14]和他们在其他实验中所做的一样，研究人员在征得有关音乐人的许可后，在一个在线音乐库中发布了48首歌曲，随后邀请听众登录音乐库试听，听众还有机会免费下载这些歌曲。他们向参与者展示了歌曲名单，而名单是按每首歌被下载的次数多寡排列的。参与者能看到每首歌已被下载的准确次数，这样他们就能从其他参与者对每首歌所持的态度中判断其人气。接下来，参与者只要在歌曲上点击一下，就能开始播放，他还可以选择下载该首歌曲。

对最开始的750名参与者，研究人员如实记录并展示了每首歌的下载次数。但接下来，他们对实验进行了调整：接下来的6000名参与者被随机——而且是不自知地——分配到两个不同的组。被分到第一组的人看到的仍是真实的歌曲下载次数。而在另外一组，研究人员偷偷将此前每首歌的下载次数颠倒过来，原本在48首歌中人气最高的歌现在被列为人气最差的，原本人气排第四十七位的现在排在了第二，依此类推。在将排名颠倒过来之后，研究人员便任由歌曲的下载次数自行累计下去。

真正的精品最后登上榜首了吗？还是人为地颠倒排名让原本人气最差的歌（基于最开始准确的下载次数）变得更受欢迎了？

实验的最终结果显示，使用下载次数真实数据的那一组得出的最佳歌曲是帕克·斯瑞的《她说》，这首歌曲的下载次数超过 500 次。最不受欢迎的歌是分手后悲剧乐队的《佛罗伦萨》（*Florence*），被下载 29 次。所以，正常的实验结果是：人气最高的歌曲的下载次数几乎是人气最差的歌曲的 20 倍。

但在排名被人为颠倒的另一个组里，分手后悲剧乐队的《佛罗伦萨》原本是人气最差的歌曲，但最终的结果却好得出奇；事实上，它将人为赋予它的榜首位置一直保持到了最后。（说实话，那首歌糟糕得让我不忍卒听。）而在第一组中名列榜首的《她说》，在第二组的最终排名还是有所上升，所以歌曲本身的质量还是起到了一定的作用。但总的来说，在排名被颠倒的那一组，全部 48 首歌曲的最终排名与最终的真实排名几乎没有任何关联。如果人们觉得某一首歌人气很高，那么这首歌的人气会受到这一想法的深刻影响，尽管它的人气原本并非那么高。

邓肯·瓦茨对他的实验结果做了如下总结：

当人们有喜欢别人喜欢的东西的倾向时，人气的差异便会受所谓"累积优势"或者"富者更富"的效应的影响。这意味着如果某个事物在一个恰当的节点上比另一个事物人气稍微高出一点，那它将变得更具人气。因此，甚至连很小的随机波动也可能带来巨大的冲击，让原本实力相当的竞争对手之间产生巨大且长久的差异。这一现象在某种程度上与混沌理论中著名的"蝴蝶效应"有相似之处。假如历史能以某种方式重演，那些看似一成不变的天地万物，那些生长于其中的雷同的竞争对手和整体市场品味,将迅速造就出不同的赢家来:麦当娜在这个世界人气很高,但在其他版本的历史中,她也许就是个默默无闻之人,而某位我们从未听说过的人倒也许会代替她的位置。[15]

"累积优势"在现实市场中无疑也发挥着作用。

音乐人有可能在合适的时机推出一首不合适的歌曲,或在不合适的时机推出合适的歌曲。他要么出道太早,未能赶上潮流;要么出道太晚,潮流大势已去。而如果想成为超级明星,你就必须在合适的时机以合适的方式赶上那一波适合你的潮流。托尼·本内特玩摇滚乐的时候就失败了。而摇滚小子如果出生在另一个年代,他的爵士摇摆乐也有可能不会如此成功。只有极少数像保罗·西蒙和披头士乐队这样的艺人能一连几十年在不止一种音乐类型中都有着优异的表现。

有位非常优秀的商人曾经对我说:"一曲成名就是一个奇迹。"在音乐产业,以往的成就并不能保证将来也会成功,因为各种偶然因素——包括时间、国民情感、先期评论和电台广播——都必须全部到位,方能造就一个轰动性的成功。这也就解释了为何在1960年到2017年间,在曾经登上《公告牌》周排行榜榜首的706支乐队中,只有不到30%能重复这一佳绩。

对一首歌来说是如此,对音乐人的职业生涯来说亦然。布鲁斯·斯普林斯汀就曾经坦言,音乐人这个职业天生就有不确定性。他如此写道:

> 你永远无法完全掌控你职业生涯的轨迹。一个机遇是由各种历史性的以及文化性的事件共同创造的;如果你偶然间得到一首妙手天成的歌,它很快就会为你打开一扇窗:你能产生影响,不断传播,并且获得成功,你的音乐视野也将得以拓宽。但这扇窗也可能很快就会关闭,而且永不复启。究竟什么时候才是你的机遇时刻,这并不完

全取决于你自己。尽管你一直在兢兢业业、踏踏实实地努力——有意识或无意识地——为自己上位做着准备，但你真的永远都不会知道属于你的"重大"时刻究竟是否会到来。当然了，对极少数的人来说，它触手可及。[16]

如果斯普林斯汀没在纽约哥伦比亚唱片公司的约翰·哈蒙德面前试唱过，谁知道他一生中最重大的时刻还能否到来。

这句话同样适用于东大街乐队的其他成员。马克斯·温伯格曾说过，他自己就常常在想："如果当时我没回应那则广告会怎么样？"他是这么说的：

> 如果没有遇见布鲁斯和东大街乐队，我的生活会是什么样？如果没能把林戈招来，披头士乐队会是个什么样？假如他们坚持要用皮特·贝斯特，又会怎样？尽管皮特·贝斯特也是一位非常非常优秀的鼓手，但我总还是觉得，贝斯特自己也同意，林戈更适合披头士。默契感是最重要的。[17]

默契感为偶然性能起到的作用增加了另外一个维度。乐队成员的声音合在一起是否动听，乐队成员之间相处得是否和谐，乐队的形象魅力是否独具一格、大受追捧，等等。这几个因素之中只要有任何一个或几个不合适，默契感就可能无法产生。

运气对造就音乐人的职业生涯起了巨大的作用，而这有助于解释我在第三章中提到过的另一个反常现象：与顶级的企业高管和运动员相比，只有极少数顶级音乐人的父母也曾是行业中的超级明星。为什么呢？倘若才华、勤奋和人脉是成功所需的全部条件，那么小弗兰克·辛纳屈和南希·辛纳屈都该成为超级明星才对。

辛纳屈本人对自己拥有骄人的才华这点从未有过任何怀疑。可即便是他,也承认运气在他成功的道路上发挥了一定的作用。辛纳屈曾说:"人们都说我运气好。可运气最多只是为你提供一个在恰当的时机表现你自己的机会。而那之后,就得看你是否有足够的才华,是否能够善用它了。"[18]不过,从音乐产业的整体看,有才之士多如过江之鲫,才华只能将你带到一定的高度。除去才华,偶然因素也能决定你的成败,比如,在你推出一首新歌之际,是不是恰巧又有另外一支乐队也同时推出了一首更受欢迎的歌曲。

西斯托·罗德里格斯和鲍勃·迪伦的差别,甚至分手后悲剧乐队和波兹·马龙的不同际遇,更多的是取决于运气和时机,这通常是我们不太愿意承认的。虽然现在回过头来看,我们很难想象,一个没有麦当娜或者迪伦的世界会是什么样子。假如在他们本人或竞争对手的职业生涯中某个关键时刻,事情有所变动,哪怕是极小的变动,我们现在也许就是在感叹这个世界不能没有另一位超级音乐明星了。点燃或者熄灭一位音乐人的名望之火有多么容易,你只要问问西斯托·罗德里格斯就能知道。

充分利用运气

贝琪·温伯格是马克斯的贤内助。她曾问我,我是怎样找到普林斯顿大学的这份教职的。我的解释是,很大程度上是靠运气。在飞往美国经济协会会议的某趟航班上,我身边坐的正好是金娜·阿申费尔特。她是普林斯顿最伟大的经济学家奥利·阿申费尔特的夫人。而我当时正好是去求职面试的。也许我的话让贝琪想起了 40 年前马克斯参加面试的往事，她借用古罗马哲学家塞涅卡的一句话回答我："运气是留给那些有准备的人的。"我觉得自己的确非常幸运，因为后来普林斯顿给我打电话邀我前去面试的时候，我把握住了那个机会。可如果我在那架飞机上坐的是另外一个座位，这一切兴许就不会发生。

阿伦·克莱因是山姆·库克、滚石乐队和披头士乐队的经纪人。最初，他只是一名会计师。他后来之所以在音乐产业混得风生水起，起因是有一次他在纽约街头与一位老同学不期而遇。这位老同学就是音乐出版商唐·基尔希纳。基尔希纳提出可以给克莱因介绍几个需要做账务审计的唱片公司作为客户。"我进入音乐这行真的很偶然，"2002 年，克莱因在接受家乡纽瓦克的《星报》采访时说，"我从未想过要当经纪人。查对账目才是我最爱干的，也是我最擅长的。"[19] 当然，死缠烂打的做事风格也帮了他不少忙。在基尔希纳的婚礼上，克莱因遇到了博比·达林，他当即承诺，如果达林能雇克莱因作为其版税账目审计的话，他一定能让这位歌手赚 10 万美元。

运气，即那些你无法控制的因素，能影响你的出生地，你的父母是谁，你在哪里上学，你的健康状况，以及你生活中的方方面面。《说谎者的扑克牌》以及其他十几本畅销书的作者迈克尔·刘易斯，曾在普林斯顿大学 2012 年毕业典礼的学位授予仪式上发表了如下演讲：

> 你们是少数的幸运者。你们幸运地拥有这样的父母，幸运地生长在这样的国家，这里有像普林斯顿这样的学府存在，将你们这些幸运的人招收进来，让你们再结识其他同样幸运的人，从而有更多的机遇成为更加幸运的人。你们幸运地生活在有史以来最富有的社会，生活在没有人会真的让你为了什么牺牲自己利益的时代。[20]

换句话说，如果我们都能认识到运气在促成我们的成功中所起的作用，如果我们都能对那些不那么幸运的人多一些宽容和支持，那我们所有的人都会变得更好。

如果我们不带任何偏见地审视我们在经济上的成败，便能看到运气同样发挥着重要的作用。让我们来看看双胞胎的例子。我和我的同事奥利·阿申费尔特连续4个夏天都会去俄亥俄州的特温斯堡。趁着世界上最大的双胞胎节在彼地举办之际，我们对在那里的双胞胎进行了调查。[21] 我们询问了双胞胎们的受教育状况、他们保持相同衣着的时间长短，以及收入情况。我们的目标是找到一对受教育程度不同的双胞胎，然后再判定受教育程度高的那位是否比受教育程度低的那位的收入更高。绝大多数双胞胎的受教育程度都基本相同，但我们的调查对象中的确有些双胞胎拥有不同的学历。平均而言，我们的调查发现，完成四年大学教育的那位的工资水平要比其兄弟或姐妹高出约60%。

运气对经济方面的成功也同样重要。同一对双胞胎，受同等程度的教育，又在同一个家庭同一个屋檐下长大，通常还穿着同样的衣服，上同一所学校；但成年之后，二者的经济状况却常常有着截然不同的结果。在学历水平相同的那些双胞胎中，二人收入差距达到50%或以上的有1/4，收入差距达到25%或以上的占了一半。两个背景如此相似而且基因完全相同的人能有如此巨大的差异，这表明运气不但在音乐产业，而且在整个劳动力市场都是极其重要的因素。有时候，双胞胎中的一位幸运地找到了一份薪酬很高的工作，而其兄弟或姐妹却因为所在的工厂倒闭而艰难前行。也可能双胞胎中的这一位有个好心且给力的老板，另一位的老板则非常苛刻。还有其他情况，比如，有对双胞胎，其中一位在妻子的帮助下一直坚持走正道，而另一位就没那么幸运了。总之，导致双胞胎经济状况出现差异的原因有很多，而绝大部分是由偶然因素造成的。

和在音乐产业一样，时机也很重要。在就业市场红火的时候找工作的人十分走运。而在经济不景气的时候运气就差得远了。研究表明，在经济疲弱的年份，毕业生的劳动力市场也会受到巨大的消极影响，而且这种影响是持久的。[22] 另一项针对MBA学生的研究则发现，如果从商学院毕业那年股票市场十分疲软，他们获得华尔街高薪工作的机会会大大减少；可如果毕业那年正好赶上了牛市，那在投行找一份高薪工作的可能性则会大大增加。[23] 该研究得出结论："绝大部分投资银行家都是受环境的驱使，而非'生来'便在华尔街工作。"

和音乐产业一样，在一般的经济领域当中，运气的影响在赢家通吃的市场里也会被放大。想想企业的首席执行官。自20世纪80年代以来，高级管理人员的工资相较于普通员工一直在飙升。1978年，一位普通首席执行官的收入是普通员工的18倍；而今天，普通首席执行官的收入相当于普通员工收入的250多倍。[24] 一如阿尔弗雷德·马歇尔的时代，如今，成功的企业高管能开展比以往规模大得多的新计划和新投资，而这些无疑对他们获得巨额薪酬起到了极大的作用。

在很多情况下，运气和公平规范的日益式微也为首席执行官薪酬的剧增起到了推波助澜的作用。玛丽安娜·伯特兰和塞德希尔·穆来纳森在他们一项具有里程碑意义的研究中发现，当石油价格上涨时，石油公司的首席执行官们的薪酬水平也会急剧增长。[25] 而油价是由全球市场决定的，地缘政治力量对油价波动的影响远非首席执行官所能控制。石油价格的变化与其工作业绩之优劣并无关系。然而当油价上涨时，他们却每每能够大受其益。根据我的最新研究，油价飙升带来的巨额利润甚至能给工资等级比首席执行官稍低一点的员工带来好处，但工资等级在最底层的那些人就勿作此想了。[26]

克利夫·伯恩斯坦：有时连经纪人也能从运气中受益

超级明星经纪人和超级音乐明星一样，也能从运气中受益。克利夫·伯恩斯坦一边吃着中国菜一边告诉我，在他的音乐生涯中，运气曾经前后四次起到过重要作用。[27]

首先，他幸运地在音乐产业里有一个良好的开端。1973年，当时他在宾夕法尼亚大学读人口学研究生。因为即将毕业，他便给几家音乐公司投了求职信。只有一家邀请他面试，那就是位于芝加哥的水星唱片公司。为什么呢？据伯恩斯坦的说法，这纯粹是运气。因为水星唱片公司的总裁欧文·斯坦伯格来自他家乡伊利诺伊州的海兰帕克。而且，斯坦伯格有个儿子也是宾夕法尼亚大学的学生。正是由于这些巧合，人事部可能以为伯恩斯坦会是个颇有些来历的面试候选人。一进公司大门，水星唱片公司就给伯恩斯坦提供了一份财务部门的工作，他接受了。很快他又转到了营销部和艺人与制作部。

在水星唱片公司干了一年，他又赶上了另一个好机会。在某个周一的一大早，他接到一个任务，让他去听听当时尚未签约也尚无名气的一支加拿大硬摇滚乐队的专辑，乐队叫匆促（Rush）。水星唱片公司需要在当天做出决定是否与该乐队签约。可他们为什么会想听伯恩斯坦对匆促乐队的看法呢？因为那天办公室只有他一个人。令伯恩斯坦惊讶的是，他认为匆促乐队的音乐棒极了。他做了些调查，给克利夫兰的WMMS电台的人打了个电话，那人不仅证实该乐队的唱片很受欢迎，而且还劝伯恩斯坦把他们签下。后来，匆促乐队果然获得了七项格莱美奖提名，并于2013年入选摇滚名人堂。这支乐队的成功提升了伯恩斯坦的声誉和自信。

1980年，伯恩斯坦离开水星唱片，转投位于纽约市的莱贝尔－克雷布斯。在那里，他得以和他的好友彼得·门施共事。1982年，伯恩斯坦和门施决定自己组建Q Prime经纪公司。当两人准备从莱贝尔-克雷布斯离开之际，他们手头经纪的乐队有交流/直流、蝎子乐队、迈克尔·申克尔（鲁道夫·申克尔的弟弟，也是蝎子乐队的吉他手和词曲创作者）和威豹乐队。他们无法带走交流/直流，蝎子乐队和申克尔则更愿留在一家根基稳固的大公司，所以最终，伯恩斯坦和门施只幸运地带走了威豹乐队，因为莱贝尔-克雷布斯的老板大卫·克雷布斯觉得这支乐队肯定不会有前途。克利夫·伯恩斯坦告诉我，克雷布斯只亲自观看过一次威豹的演出，是一个极其炎热的夏日在亚特兰大的户外表演，他们还被安排在头一个出场。一位吉他手，伯恩斯坦估计他的体重可能只有105磅，当场因为中暑和酗酒晕了过去。舞台工作人员揪着他的脖子把他从台上拖开，而其他人勉强把节目演了下来。这么一来，克雷布斯对他们的印象怎么能好呢？可这几位来自南约克郡的小伙子自从与莱贝尔-克雷布斯分道扬镳之后，倒是很乐意加入克利夫和彼得的Q Prime公司。从此，克利夫和彼得便当起了威豹乐队——Q Prime公司的第一位客户——的经纪人，时间长达25年。该乐队总共售出超过1亿张专辑。如果在亚特兰大演出那天的天气稍微凉快一点，谁知道后来的事情又会是什么样？

Q Prime公司很快意识到他们不能只有威豹这一个客户。克利夫一直都认为："不能只管理一支乐队，否则，到头来就变成他们管理你。你也就只能帮他们搞搞竞标什么的了。你必须多元化。"克利夫·伯恩斯坦在他精彩纷呈的人生中第四次撞大运，这堪称击出了一次漂亮的全垒打。1984年，当时伯恩斯坦和门施正在物色另外一支乐队，二人在伦敦参观了一家唱片店。他们碰巧注意到有几位顾客身上穿着自制的金属乐队的T恤。尽管当时伯恩斯坦和门施对金属乐队并不熟悉，但他们觉得，任何能有如此死心塌地的粉丝的乐队必定有其过人之处。自1984年以来，他们就一直是金属乐队的经纪人，而金属乐队也一直是音乐产业顶级的乐队之一。

在以上的所有例子当中，运气都是必不可少的，可又不足以让伯恩斯坦展开并推进其职业生涯。如果换作一个不像伯恩斯坦那么执着、不如他有才干、判断力也没他强的人，很可能他就无法充分利用这些机会。克利夫·伯恩斯坦和他的老朋友兼商业伙伴彼得·门施之所以常被《公告牌》列入音乐界最有威望的人物名单，是因为他们有敏锐的商业头脑，因为他们能公平地对待并且尊重与其合作的艺人。只不过在此过程中，一些机缘巧合为他们打开了施展自身才干的大门。用棒球打个比方吧，棒球运动员要想击出全垒打，技术是必不可少的，可同时他也得有足够好的运气，才能赶上在轮到他击球时，前面三名击球手已成功上到了一、二、三垒上的机会。

让您的投资组合能从容应对或好或坏的运气

众所周知，股票等金融资产具有不可预测性。尽管股票市场的走势并非完全随机，股价的变动却似乎是如此。"让一只被蒙住眼睛的猴子朝报纸的财经版面上扔飞镖，"伯顿·马尔基尔在他1973年的畅销书《漫步华尔街》中写道，"这样选出来的投资组合和专家们精心挑选出来的可能差不多。"[28]而历史经验证实了这一预测。比如，在2016年，2/3主动式管理的大型股票基金的表现均落后于标准普尔500的大盘股指数。[29]而即使某一年主动式管理基金的表现胜过整体市场指数，它在接下来的一年中能重复此业绩的可能性也极小。更重要的是，尽管主动式管理基金往往收益平平，却常常收取更高的费用。除非你是像沃伦·巴菲特一样精明的投资者，否则经济学家能给你的最好建议是，将你的储蓄投资到一个多元化、低成本的被动式指数基金上去。

虽然我们无法控制运气，但我们能在风险和回报之间寻找平衡。比如说，如果你的职业与华尔街的涨跌有密切关系，那么你应该考虑投资比较安全的资产，如CD（此处指存单，不是光盘）或者国债，以降低风险。长期以来，金融经济学家一直在强调，我们可以有意识地通过让我们的多样化投资组合来降低坏运气造成的影响。

还有另一个办法，即"只在你了解的领域投资"。提到这个理念，一般会想到著名共同基金管理人彼得·林奇。林奇的建议可以总结如下："用你的专业知识来瞄准股票，对它进行分析、研究，然后决定它是否值得拥有。最好的投资方式是盯准那些在你的领域里龙争虎斗的公司。"[30]

在1984年《花花公子》杂志对他的采访中，保罗·麦卡特尼在描述他的投资理念时说：

> 我拥有的那家音乐版权管理公司非常棒。简直棒极了。这多亏了我妻子琳达和她父亲李·伊斯门，还有她兄弟约翰。琳达的父亲有极其出色的商业头脑。他一开始就跟我说："如果你打算投资，就投资你熟悉和了解的领域。如果你把钱投到造计算机或其他地方，你可能会损失一大笔财富。你不是想一直搞音乐吗？那就继续投音乐圈。"我说："好啊，我也觉得那样挺好。"他又问我喜欢什么样的音乐。我脱口而出的第一个名字是巴迪·霍利。李就联系上了巴迪·霍利的版权拥有人，并帮我把它买了下来。所以现在我才进入了音乐版权管理行业。[31]

对保罗·麦卡特尼来说，结果可谓完美。还有许多人也信奉"买你自己了解的东西"这一投资哲学，包括迈克尔·杰克逊（他曾在披头士乐队作曲集的版权的竞价中一度出价超过麦卡特尼）和昆西·琼斯。

只投资你了解的东西能为你带来好处，但同时它也有很大的风险。比如，安然公司的员工对安然非常了解，有很多人把全部退休储蓄都投进了安然。所以当安然于2001年陷入崩溃之际，成效就不怎么样。他们不但失去了工作，而且连一辈子攒下来的钱也都化为乌有。

作为投资者，我们往往过于自信，即我们所了解的并不像我们自以为的那么多。研究表明，散户投资人（尤其是男性）更容易把未来表现会优于市场的股票抛售掉，他们也更容易买进未来表现比市场差的股票。[32] 我们往往还会过于频繁地交易。对大多数投资者而言，购买并持有多元化的投资组合是个更好的策略。很显然，在买卖股票的时候，我们了解的并不像我们自以为的那么多。

无论什么情况，在投资多元化和只购买我们了解的东西之间总能找到共同之处。我们可以通过投资熟悉的领域，使我们的投资组合变得多样化，并在风险和回报之间找到很好的平衡。比如说，格洛丽亚·埃斯特凡就告诉我，从她的职业生涯一开始她就知道，在音乐这一行，女性歌手的"货架有效期"要短得多，而且粉丝的口味也变化无常。"你不能把所有的鸡蛋都放在同一个篮子里，尤其像音乐这么容易变的东西。"她和丈夫埃米利奥便有意识地投资酒店、房地产和餐馆，努力将他们在音乐以外的收入来源多元化。[33] 他们投资了许多古巴和黎巴嫩风味的餐馆，因为他们的文化传承，他们对这两种食物颇为了解。

这种想法既简单又深刻。投资组合理论——通过组合多种不同的投资对象，求得在某一特定风险水平下的回报最大化——久已有之。但音乐产业至今仍对这一想法有着强烈的抵制，这委实令我惊讶。音乐的品味因为受时尚潮流的影响会经常改变。在音乐产业，成功是极难预测的，成功也不太可能持久。假如唱片公司、承办商和经纪人的客户名单上只有很少的几支乐队，那他们所持有的投资组合的风险度就高。然而，即使他们的客户名单上有很多乐队，但如果这些乐队都属于同一类型的音乐或者受同一种市场波动的影响，那这种组合方式也仍然存在风险。为什么不尽量分散他们的风险呢？看来，这种方法似乎并不适合音乐产业。与之相反，音乐产业的大多数公司似乎都以这样或那样的方式集中投资于某一位艺人、某一种音乐类型，或某一项单一的风险资产，而很少在投资多样化上努力。

同时经纪着重金属、摇滚和乡村音乐等数种音乐类型乐队的Q Prime公司却是个例外。我曾问该公司的联合始创人克利夫·伯恩斯坦，同时拥有金属乐队、埃里克·丘奇和吉利恩·韦尔奇这些风格迥异的艺人是不是出于分散风险的考虑。比如说，如果重金属音乐开始失宠，人们对乡村音乐的兴趣有可能会增加，那么市场对其客户的总需求量将保持不变。我本以为克利夫会跟我大谈特谈音乐界的投资组合理论，但他给了我一个简单得多的回答：他就是喜欢乡村音乐，因为他是听着收音机里的乡村音乐长大的。他的成功是无可辩驳的，不管他是如何成功的。

不可战胜

我的高中英文老师曾让我们读威廉·欧内斯特·亨利的诗作《不可战胜》。她说，年幼时读这首诗比年老时读更能让我们产生共鸣，更能让我们感同身受。我当时并不懂她的话是什么意思。但诗中有几句我至今都没忘:"我是我命运的主宰/我是我心灵的统帅。"随着时间的推移,我们越来越清楚地知道,我们曾经以为,我们是自己心灵之船的无敌统帅,其实我们不是。好运气或坏运气,随时都有可能插上一脚。

有时,你非得撞上了令人难以置信的坏运气才会意识到,"不可战胜"只会在童话故事里发生。《纽约时报》的专栏作家弗兰克·布鲁尼有一天早上醒来,突然发觉他的右眼视力受到了严重且可能是不可逆转的损伤。他最近在一篇文章中谈到了他的这一人生感悟:

> 每天上床睡觉的时候,我心里总觉得一切都或多或少在我的掌握之中——未完成的事业、未实现的梦想和我生命中的其他失意,都只是因为我的勤奋和想象力不够;如果能更努力一些,我就能弥补一切。可当我从睡梦中醒来,现实却让我意识到那种想法是多么荒谬。[34]

渐渐地布鲁尼找到了他的解决办法,那就是,将精力集中在他有可能完成的事情上,他也开始承认,尽管他的眼睛受到了损害,他仍然算个非常幸运的人。"你随便给我找一个看似一帆风顺、从没受过挫折的人出来,"他写道,"其实,他内心的那种忧心忡忡一定是你无法想象的。"

尽管西斯托·罗德里格斯在音乐产业的运气并不太好,而且他的视力还有毛病(青光眼),但他却从未为此忧心忡忡。电影《寻找小糖人》描述的就是这样一个人:尽管他的音乐生涯在20世纪70年代便已渐渐消沉,他却似乎能坦然面对一切。该电影的制片人,即后来自杀了的马利克·本德杰鲁表示,罗德里格斯把他大部分的钱都给了别人,尽管他自己也穷困潦倒。[35]该电影上映以后,罗德里格斯的音乐生涯迎来了第二股东风,这回不仅风力强劲,而且全是顺风。年已76岁的他在世界各地巡演。在享受巨大的名望和可观的财富的同时,他仍保持着默默无闻时的那种超脱的风度。当记者问起是否会从建筑工人转回来做音乐时,罗德里格斯对记者说:"哦,永远都别把你的工作服扔掉。(运气)这东西跟季风一样,很快就会走的。"[36]

第六章

演出必须继续：现场音乐演出的经济学

> 我是搞推销的。我母亲娘家有许多亲人都常常奔波在外从事推销。我觉得我也是个不错的推销员。我推销的是我信仰的思想、歌词和旋律。
>
> ——博诺

"真对不住，"博诺连声说道，"那天晚上不太对劲，气氛怎么也起不来。"博诺的教名是保罗·大卫·休森。他正郑重其事地为了一场将近 10 年以前在麦迪逊广场花园举行的一场演唱会向我道歉。那是 2005 年 11 月 22 日，我和一帮在校研究生一道去了当晚在纽约的演出。我们对当天在场的观众进行了问卷调查：他们是以什么方式购买门票的，付了多少钱，以及他们为什么要来观看演出。自 20 世纪 80 年代初以来，U2 这支来自爱尔兰的摇滚乐队售出的演唱会门票及巡演收入比其他任何人都要多。U2 的"晕眩国度"世界巡演在 2004 年到 2006 年间的 131 场现场演出中总共获得超过 3.5 亿美元，人们还以它为主题拍摄了 3 部纪录片。[1]在 2009 年到 2011 年间举办的"U2 360°"的 110 场演出则创下了 7.36 亿美元的纪录。如果你进行经济学研究的对象是现场演出，如果你想了解大多数音乐人收入的主要来源，那还会有比在麦迪逊广场花园举办的 U2 演唱会更好的实验室吗？

在那天晚上过去十年之后，我在白宫西厢办公室外面再次遇见了 U2 的主唱博诺。我终于有机会与他分享我的研究成果。我跟他解释说，当晚的演出有近 1/3 的门票是经二级市场转售的，转售价约为原价的 2 倍，而且，这些票大部分都是些好座位。他听得很认真。而他最想为那场演出没有达到他的预期而道歉。在他所有的演出场次中，他独独对这一场记得那么清晰，这着实令我惊讶。这绝对是一位真正的职业人士。数周后，在和一位我们共同的朋友谈话时，他又一次为那场演出未能达到他预期的效果表达了歉意。

演唱会卖的是体验，不仅仅是音乐。"人们去听演唱会，是和朋友们一起去喝酒，去找开心的。"亿万富翁兼商人马克·库班最近在《明星选票》的现场音乐行业会议上如是说。[2]他将卖演唱会门票类比成卖达拉斯独行侠队篮球比赛门票——二者卖的都是体验。Q Prime 公司的克利夫·伯恩斯坦也说过："在娱乐界，能为人们带来现场音乐演出那样体验的还真不多。"[3]他说，音乐具有某种"神奇的带有思想的特质"，它能在艺人和观众之间形成独特的纽带。在他看来，只有那些杰出的小说作品才能给人们带来类似的体验。珍妮·威尔金森曾是汇演邦的调研负责人。她也表示，粉丝去看现场演出，就是想在艺术家的音乐和表演之中忘掉自我，他们想体验那种与其他粉丝产生共鸣的感觉。对许多人而言，这种体验类似于宗教带给人的那种极度的愉悦。

尽管唱片已变得比水更容易获得，但拥向演唱会和音乐节的人数却仍在屡屡破纪录。在北美的夏季，普普通通的一周之内就会有约 300 万人观看现场演出。[4] 像博诺这样的顶级艺人知道该如何投粉丝之所好。现场演出这一行卖的就是情感体验。供需关系以及其他相关的因素都会在现场演出这个市场中各司其职。艺人想把所有的票都卖出去，同时又不想被人看成为了卖票赚钱而出卖自己的粉丝或追随者。粉丝想要的是一次独一无二的群体体验。当情感和市场之间有冲突时，结果通常就会不太和谐。

现场演出的入门知识

"票价不是我们定的，伙计。"当《达拉斯晨报》在采访中问大卫·克罗斯比为什么他本人、史提尔斯、纳什和尼尔·扬的演唱会门票会这么贵时，他是这么回答的。[5] 他接着还详细地解释说："如今所有大型巡演的运作方式都是某一家公司把整个巡演的经营权买下来，他们付给你一大笔钱，然后就可以操纵一切。"大卫·克罗斯比的音乐我很喜欢，但他对现场演出的描述显然掩盖了几个重要的细节。

音乐人对他们巡演的票价还是颇有些发言权的。事实上，有好几支乐队的经纪人都对我说，他们希望我能说服旗下的艺人同意收取更高的票价。票价实际上是乐队经纪人和演唱会承办商谈判的主要内容之一。票价和其他合同条款必须得到乐队的首肯，才能完成协议的签订。倘若乐队对合同中规定的票价表示反对，演出根本就无法进行。

乐队经纪人（或经纪公司）在乐队的发展和商业决策中扮演着重要角色。经纪人代表乐队进行谈判，并向乐队提供建议。合同最终的协议取决于相关各方的议价能力。但通常，协议规定给经纪人的佣金大概会是乐队巡演净收入和其他收入的 15%。[6] 不同的协议，具体的条款也会有所不同。有时经纪人也许会收取 20% 的佣金，有些时候佣金额度也许是基于乐队的总收入而非净收入。无论是上述哪种情况，经纪人所拿的份额都会十分接近，有时甚至会超过乐队成员所拿的平均份额。比如说，假设一场演唱会的收入为 100 万美元。花在旅行和其他方面的开销几近收入的 60% 或更多，这种情形并不罕见。所以，如果乐队的净收入为 40 万美元，且乐队有 5 位成员，经纪人的佣金为净收入的 15%，那么该经纪人的佣金数额就会是 6 万美元，留给乐队成员支配的有 34 万美元；假如所有乐队成员平均分配，每位成员就都能拿到 6.8 万美元。但如果经纪人的佣金是基于总收入或者佣金额度高于 15%，那么他赚的钱就会比乐队成员的平均数额要多。

一支顶级乐队需要一大批其他职业人士的帮助：律师（审查合同和构建交易）、经纪人（预约演出）、巡演会计师（帮忙管账）和商务经理（打理投资）。尽管这些人都很重要，但相比之下，最重要的还是乐队经纪人，因为他要负责处理大大小小的各项事宜。他要负责与唱片公司、经销商以及——最重要的——大型巡演的承办商谈判。经纪人甚至在审美方面也会有贡献。保罗·麦卡特尼就认为，乐队的第一任经纪人，布莱恩·爱泼斯坦在这方面绝对功不可没，爱泼斯坦曾经聘请裁缝为披头士乐队的 4 名成员量身定制西服，从而大大提升了乐队的表现力。[7]

在演唱会通常的商业操作中，乐队经纪人或代理会代表乐队与承办商或发起方进行协商。承办商有可能只想与乐队签下一纸让乐队在某场馆办一场演出的协议，也可能想让乐队去国内或国外各大洲多个不同的场馆表演多个场次。如今，后面的这种情况变得更为常见。承办商扮演的角色是与音乐人商量好演出时间、确定演出场馆，并为演出宣传造势。承办商通常需要租赁演出场地，并与票务公司（比如特玛捷）签订销售和分派门票的合同（如果演出场馆与票务公司没有签独家协议的话）。

伯恩斯坦有句名言："什么都可以商量。"尽管如此，承办商和乐队签的协议通常与作家签下的出版合同颇为相似：基于对未来门票收入的估计，承办商会预支给乐队一笔款项，如果门票的实际销售超过了一定的水平，承办商还需支付额外的版税。有位经纪人给我提供了一份只涵盖一场演唱会的真实的演出合同。我们就以它为例来看看吧。根据该协议，前10万美元的门票销售额将作为"担保预付金"归乐队所有。然后，在开始分配其他多余的收入之前，承办商需要先收回他垫付的费用和开销，有时还需加上一笔"最低利润"——比如说，开销为5万美元，利润为2.25万美元。费用开销包括广告费、场地租金、演出设备的装卸费、保安费，等等。乐队自身也有开销（旅行、其他工作人员、保安、额外的灯光、录像、音响师、编舞、烟火效果，等等），这些都靠它的收入来支付。而在支付完"担保预付金"、垫支的费用以及"最低利润"（在本例中总金额是17.25万美元）之后，剩余的门票收入将由承办商和乐队分享，通常的情况是乐队拿85%，承办商拿15%。对那些议价能力更大的乐队来说，"担保预付金"的金额和刨去开销后的收入分成也会更高。比如说，超级明星一般能拿到7位数的"担保预付金"，而且，当门票收入达到一定水平之后，他们的收入分成甚至可以高达90%或者更多。

演唱会的承办商原本只是一些地区性的垄断企业。它们只在当地经营业务，面临的竞争并不激烈。比尔·格雷厄姆制作公司操纵了旧金山市场。即兴制作公司控制了芝加哥市场。罗恩·德森纳在纽约稳执牛耳已有50多年。这些承办商在感恩而死乐队、鲍勃·迪伦、弗兰克·扎帕、罗德·斯图尔特等许多今天已家喻户晓的明星的职业生涯中都曾发挥过极其重要的作用。1996年，媒体创业人士罗伯特·西勒曼组建了SFX娱乐公司，开始收购和合并各地区的承办商，并由此组建起了一家全国性的公司。

2000年，西勒曼以44亿美元的价格将SFX卖给了清晰频道通信公司，后者是一家集电台、电视台、剧场和广告等业务于一体的联合企业。2005年，清晰频道通信公司又将其承办演唱会的业务分拆成一家名为"汇演邦"的新公司。在那之后，汇演邦继续发展并于2010年与票务业的巨头特玛捷合并，组建了汇演邦娱乐公司。

汇演邦娱乐公司最大的竞争对手是AEG。除了承办业务，AEG还在美国和世界各地拥有并经营多座大型场馆，如洛杉矶的斯泰普尔斯中心和英格兰的曼彻斯特竞技场。所以说，那些最大的承办商兼有横向和纵向的垄断力。

美国国内的演唱会承办市场近几十年来愈趋集中，这和美国国内其他许多行业的发展趋势大致相同。比如，1995年，四大承办商承办的演唱会占全美业务总额的22%。而到2017年，据我基于《明星选票》数据的统计，四大承办商所负责的演唱会收入占全美总收入的67%。

在城市层面上，2000年之前基本没有任何竞争。但那些生存至今并仍然保持独立的地区性垄断企业如今则必须面对来自汇演邦和AEG的竞争。因此，演唱会承办商的利润空间也颇小。演唱会的利润变得如此微薄，以至于它们得了个"五分币之河"的绰号。[8]

演唱会承办市场的合并使得举办国内和国际巡演变得更加容易，承办商也愿意支付额外的溢价来签下重大巡演的独家承办权。汇演邦的首席执行官迈克尔·拉皮诺表示："'捆绑式巡演'是艺人达成最佳交易的最佳方式。"[9]他承认，汇演邦愿为拿到乐队的演唱会独家承办权支付额外的高价。从经济角度来看，这种情形属于双向垄断，即一位大的买家（承办商）在与拥有独特产品的卖家（乐队）协商谈判。在这种情况下，每一方都试图利用其拥有的战略资产达成对己方最有利的协议。比如，汇演邦与特玛捷的合并为二者提供了纵向延伸和更大的盈利机会，在美国尤其如此，因为特玛捷在美国票务销售方面所占的份额比在欧洲的更大。[10]而另一方面，AEG则试图将艺人限制在其旗下分布在世界各地的场馆中进行演出，这种做法被称为"包场预订"。[11]如果承办商在其旗下的场馆举办演出，除门票收入以外，它还能从食物和啤酒的销售以及停车收费中获得收入。在这些互补性收入的鼓励下，承办商便会优先考虑在自己旗下的场馆举办演出。因此，巡演会先从伦敦的O2体育馆开始，接着下一站前往洛杉矶的斯泰普尔斯中心，这样的路线安排并不鲜见，因为这两座都是AEG名下的场馆。而Azoff MSG娱乐公司据说也在尝试搞自己的包场预订，它拥有的场馆则是纽约的麦迪逊广场花园和洛杉矶的论坛体育馆。[12]

从原则上说，这种充分利用互补性资产的方式能实现由各方分享的那部分共同收入盈余的最大化，但同时，它也可能会导致承办商对该行业某一部分的垄断和对竞争的抑制，从而损害粉丝和艺人的利益。当AEG依仗其势力要求奥兹在斯泰普尔斯中心举办一场演唱会，以换取在伦敦的O2体育场演出的机会时，奥兹·奥斯本的妻子兼经纪人莎朗就直言不讳地指出其中的问题。她写道："如果不是你们妄图垄断整个娱乐界，本来每个人都是有钱赚的。"[13]（在AEG宣布将于2018年9月放弃包场预订的做法之后，奥斯本的公司撤销了对AEG提起的诉讼案。）

一些经纪人告诉我，随着演唱会行业的不断整合，该行业正变得更加职业化。尽管巡演会计师仍然有理由质疑承办商的数据和收入数据——至今仍有引人注目的诈骗案发生，比如2017年的弗莱音乐节欺诈案——但是鉴于汇演邦如今已是上市公司，它必须依法明确公布其财务信息。迈克尔·洛里克是一名巡演会计师，他的职业生涯始于1995年，当时他还是琼斯海滩剧院猫头鹰与河豚（Hootie and the Blowfish）乐队的会计。他说，从那时到现在，这个行业已发生了很大的变化。[14]洛里克当时就发现，有些门票从未对外公开发售。到了1998年，剧院的票房经理承认犯有盗窃罪，他把剧院乐队举办的演唱会最前面十排座位的门票全都偷偷瞒下来，再把它们转卖给票贩子牟利。[15] 洛里克说，这种做法如今已经很少见了，因为所有东西都有电子文档记录。但数字化的运用使得受票贩子操控的网络机器人程序能抢在普通粉丝之前将许多演出的好门票一扫而光。

这些变化对粉丝和艺人都有什么影响呢？承办演唱会是桩利润很低的生意，这个事实意味着，尽管在全国层面上该行业已高度集中，但在承办商之间仍然存在竞争。汇演邦的利润率仅为4%到5%。[16] 付给艺人的预付金在不断上涨，演唱会开销也在增加，所有这些都在挤压承办商的利润空间。鉴于利润率如此之低，迈克尔·拉皮诺曾经指出，汇演邦一直在设法寻找一种能将演唱会的货币化延伸到场馆大门以外的方法。"对汇演邦来说，票务当然重要，"他说，但那些负责赞助，即能从安豪泽-布施或者其他公司拉来资金的部门，"也同样重要。"然而从长远来看，他建议承办商需要多注重提升演出水准——节目的制作和艺术性，而不仅仅在谈生意的水准上下功夫。

定价和经销

在埃丝特尔的热播歌曲《美国男孩》（*American Boy*）中，伴唱的说唱歌手坎耶·韦斯特在歌词中如此抱怨道："告诉承办商我们需要更多池座。池座票刚刚售罄了。"这种情形很常见。在经济学家看来，其实歌词该这么写才对："问问承办商，池座价为何不定高一点。池座票刚刚售罄了。"

过去，就供需关系而言，演唱会的票价往往定得过低。1965年，在谢伊体育场看披头士演出的票价在 4.50 美元到 5.65 美元之间（相当于今天的 32 美元到 40 美元）。1978 年，在洛杉矶的论坛体育馆举行的比利·乔尔演唱会的票价仅为 9.75 美元（相当于今天的 34 美元）。威廉·莫里斯的高级经纪人马克·盖格表示："我们正在脱离摇滚社会主义时代。"[17]数据也证实了这一点。图 6.1 显示，近年来演唱会门票的平均价格在不断飙升。在美国购买的演唱会门票的平均价格从 1981 年的 12 美元上升到了 2017 年的 69 美元。倘若价格只随总体通货膨胀增长，2018 年的演唱会门票的平均价格应该只有 32 美元。

自 20 世纪 90 年代末以来，与通货膨胀相比，演唱会票价上涨的速度要快得多。从 1996 年到 2018 年，演唱会的平均票价上涨了 190%，而同期整体消费价格的涨幅只有 59%。还有两组数据能让我们更全面地看待

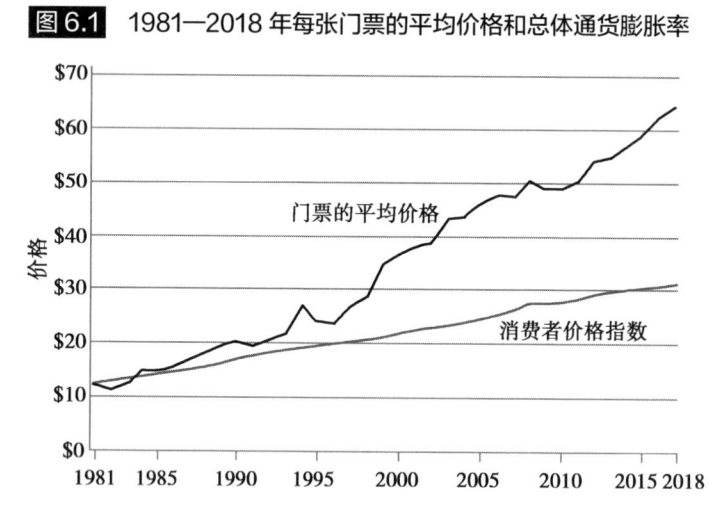

图 6.1 1981—2018 年每张门票的平均价格和总体通货膨胀率

资料来源：作者基于《明星选票》发布的 1981 年至 2018 年在美国举行的演唱会的票房数据统计而得。图中显示的年数值是总票房收入除以售出的总票数。2018 年的价格是根据所有巡演的平均价格的占比变化的回归估算而得，而这些占比变化是根据 1996 年至 2017 年北美百强巡演的平均价格的占比变化，以及 2018 年上半年北美百强巡演的价格变化的占比计算而得。通货膨胀是按截至 2018 年上半年的消费者价格指数（CPI-RS）衡量的。

演唱会票价的快速增长：这一时期演唱会的平均票价的增长速度甚至超过了医疗保健的通胀率（113%），几乎和大学学费的增长速度一样快（204%），而医保和大学恰恰都是物价膨胀失控最显著的两个经济部门。

　　如果是最好的座位或最热门的演出，那门票价格的涨幅就更大了。如果按平均票价给所有的演唱会排名，并按每场演出的售票数量为票价加权，那么，从1996年到2017年，《明星选票》数据中的第90百分位数*的门票（接近顶部）价格上涨了218%，中位价格的门票上涨了140%，第10百分位数的门票（接近底部）价格上涨了108%。而那些最大型演出的最高票价上涨的势头更加迅速：从1996年到2017年，演唱会场馆的最高票价上涨达3倍之多（这也是按每场演出的售票数量加权计算的）。最热门的演唱会票价比大学学费涨得还快。

　　我在研究中对演唱会票价迅速上涨的几个假设进行了分析。令人惊讶的是，在演唱会票价开始迅速上涨之后不久，本章前面部分所讨论的承办行业的大规模整合就开始了。而这些整合似乎并非票价上涨的主要原因，因为在加拿大、欧洲和美国的某些地区并未发生过类似的行业整合，而那些地区的演唱会票价同样出现了上涨。

　　在某种程度上，演唱会票价的上涨反映了娱乐活动成本的普遍上涨。根据美国劳工统计局的数据，体育赛事、电影和剧院演出的门票价格的上涨速度比整体市场价格要快。这很可能反映了以下事实：当一个国家变得更加富裕，消费者对休闲活动的需求会随着时间的推移而增加。直到20世纪90年代末，演唱会票价与其他娱乐活动价格的增长还是同步的。但自1999年以来，演唱会票价的增长势头就始终强于其他娱乐活动价格的

---

* 百分位数：将一组数据从小到大排序，并计算相应的累计百分位，可表示为——一组n个观测值按数值大小排列，如处于P%位置的值称第P百分位数。第90百分位数即处于90%位置的值。

增长势头。值得注意的是，1999年正是纳普斯特成立的那一年。

纳普斯特是音乐产业的一支颠覆性力量。由纳普斯特引发的猖獗的文件共享和盗版行为侵蚀了唱片销售市场和艺人的唱片版税收入，导致音乐人开始更多地将现场演唱会视为利润核心。如果用经济学的术语来讲，音乐人是在从事互补产品的销售。在纳普斯特问世之前，将演唱会的票价维持在一个较低的水平，并以此来积攒人气，进而促进专辑的销售，这种做法是行得通的。但在后纳普斯特时代，录唱片反而成了提升人气、增加现场演出需求的一种手段。[18] 正是针对这一变化，大卫·鲍伊大力建议其他音乐人要多多举办巡演。

这一变化使得音乐产业赢者通吃的特性变本加厉，这危及身处中间阶层的音乐人和工作人员的生计。约翰·伊斯门是保罗·麦卡特尼的律师和姐夫。他是这样跟我解释的：

> 已经历经百年的音乐产业是在爱迪生（模拟）突破性技术的催生下产生出来的。它给众多的音乐人和企业提供了适当的经济支持，这是当时整个国家的工业基础决定的。
>
> 正是从纳普斯特开始的数字化"破坏性技术"摧毁了该行业的百年经济基础，即产品制造和销售业。只有极少数明星凭着个人的外表得以幸存，由此导致了赢者通吃的局面……
>
> 据我猜测，这与我们后工业时代的数字革命（这也是一项颠覆性技术）大致类似。该技术同样导致整个国家在经济上赢者通吃的危险局面，而悬殊的收入差距对我们民主的威胁是巨大的。[19]

另一个与演唱会票价的演变相关的方面也值得我们关注。在现场演出出现的最初阶段，它在很多方面都更像一场自发的社区聚会，而不是没有人情味的商品市场。在商品市场中，价格只是供需关系达成平衡的结果。但在社区聚会中，虽然向前来出席的宾客收费并无不可——比如收取一定的够支付食品和餐具的费用——但如果收费过高则会被视为不妥。事实上，每位出席者如果都能为聚会做点贡献，聚会的体验会变得更棒。没有谁想给其他人留下一个占朋友和邻居们便宜的印象。

同样，对粉丝来说，乐队演出所收的票价通常被认为反映了乐队的精神特质，并在很大程度上也是体验的一部分。艺人希望他们的粉丝感觉受到了公平合理的对待，也希望粉丝能随着乐队一起高歌、一起起舞、高高举起手机拍照，以及在 Instagram 上发布照片，从而为提升演唱会的体验做出贡献。包括超级碗在内的许多体育赛事同样如此。在活动刚开始时都有一股浓厚的社区聚会的氛围（假如你参加过美式橄榄球比赛开始之前的车尾野餐聚会，你就应该明白我的意思）。

然而，随着时间的推移，这些娱乐场合变得越来越像交易场所，而不再像社区聚会了。也就是说，商业化的体育赛事、演唱会和其他现场娱乐活动往往都会经历这样一个阶段：最初它们更像社交聚会，之后随着时间的推移——因为需求过高或者人们对恰当的行为规范的期待在不断变化——它们会变得更像市场，而市场价格也转而将由供需关系决定。一旦某项活动转变为非人格化的市场的速度过快，它就可能失去原有的吸引力，并把那只原来可能会下金蛋的鹅给毁了。这就是我所说的"社区聚会经济学"，它也是创建一个行业以及建立忠实客户群体的合理方式（尽管有些经纪人，比如马克·盖革，觉得它带有摇滚社会主义的意味）。

在"社区聚会经济"中，公平对待客户和基于市场承受力来定价，这两种意愿之间的关系变得十分紧张。这种紧张局面常常会使得在给演唱会定价的时候，市场这只"看不见的手"似乎变得十分笨拙。无论供需关系所确定的价格如何，有些艺人都会坚持向粉丝合理收费。音乐人十分敏感。

他们很在乎人们在社交媒体上对他们的评价。他们也可能觉得，为了乐队能长期生存，或者为了乐队的人气能经久不衰，甚至为了将来能获取更大的利润，暂时牺牲一些收入终究还是符合他们的经济利益的。

这种紧张局面在其他市场中也同样存在。例如，乘车共享公司优步在引入动态定价机制（当乘车需求大大超过一个地区的司机供应时，收取更高的价格）时就曾遭遇强烈的反对，而且，优步也一直在对这种定价方式进行调整，以减少客户的道德疑虑。每当飓风发生之后，各个州通常都会实施禁止哄抬食品和木材等必需品的价格的法规。

在演唱会这一行业，特玛捷等票务公司常常扮演着反派角色，保护艺人和承办商免遭门票价格过高的批评。声名狼藉的特玛捷收取的服务费与实际提供给顾客的服务似乎不相称。但它其实是在定价过低的情况下，让收入回流给演出场馆和承办商，从而间接导向艺人的一种手段。[20] 特玛捷的部分商业模式是为艺人充当隔热罩，以保护后者不会因为门票定价过高而名声扫地。

即使在"社区聚会经济"中也无法完全抵制市场的力量。倘若定价时根本不考虑供需关系的平衡，那结果要么是演出开始之际场馆里空无一人（如果价格定得太高），要么就是造就出一个极其庞大的二级市场。在该市场中，门票的转售价比原价要高得多（如果原价定得太低）。"交通拥挤收费"是指在道路拥挤的时段向过往司机收取更高的费用。由于人们对这种收费方式的抵制，洛杉矶和纽约的道路系统常常会在交通高峰时段被堵得水泄不通。

理查德·塞勒是芝加哥大学的经济学家，他曾因其在行为经济学方面的创造性贡献而获得诺贝尔奖。当被问到演唱会门票定价所面临的矛盾时，他说："根据以往的经验，我们不应该将一套可能引起道德义愤的规则强加于人，虽然在经济学家看来，这种义愤似乎是愚蠢的。"[21]

演唱会门票在多大程度上向市场定价倾斜，我们能从演出场馆内的最差座位和最好座位之间的差价中看出端倪。以往，大多数演出中所有座位的票价都是一样的。但这种做法早已难以为继。就在离现在并不遥远的20世纪90年代，在几乎一半的演唱会（按售出门票的数量加权）中，从最后一排到最前排的每个座位票价均一样。而到了2017年，只有不到10%的演出仍有统一票价。[22] 越靠近舞台的座位票价越高，就像航空公司头等舱的座位票价更高一样，这是一种自然的价格歧视，它能从出席演唱会的观众那里攫取最大化的收入。当好的和差的座位之间的价格存在差异，粉丝便会根据他们的支付意愿把自己自行归类到不同的价格等级（也可以说，归到演出场馆的不同区域）中去。

艺人在越来越多地运用新的方式为演唱会门票定价，并借此从粉丝那里获得更多的收入。例如，有些演出设有VIP定价，即把最好的座位的价格定得极高，通常在500美元以上。这些门票的持有者可以享受一些独特的体验，比如与乐队成员见面，或者有机会在演出前与乐队合影留念。若论演唱会门票的定价方式，泰勒·斯威夫特始终走在推陈出新的最前沿。如前所述，她曾经采用过一套忠诚度积分系统，粉丝可以通过当义工或者购买她的周边商品来体现自己的忠诚，进而增加他们获得她演出门票的概率。事实证明，这是一种行之有效的价格歧视的方式——向有支付意愿的粉丝收取更高的价格。

也仍然有些艺人不愿向市场的影响力屈服。艾德·希兰的职业生涯曾因参加泰勒·斯威夫特的巡演而受益匪浅。他对此的立场极其鲜明："我不想看到有人因为付了170美元，就能拿到最前排的票，还能参加见面会。我讨厌那些狗屁不如的玩意。这分明是在纵容有钱人家的孩子比穷人家的孩子得到更多。一旦我们这么干，我觉得它就成了狗屁不如的玩意。"[23] 汤姆·佩蒂也曾表达过大致相同的意思："我看不出把那些座位挑出来，收取比其他座位贵那么多的票价，还算什么摇滚。"[24]

在中断巡演长达16年之后，乡村歌手加斯·布鲁克斯最近的一次巡演从2014年一直持续到2017年，在79个城市共举办了390场演出。在这次的世界巡演中，他采用了一种新的门票销售方式：他将所有门票都定在了一个相同而且人们大都能承受的价格——70美元一张。为了应对这个固定价格带来的巨大需求，他相应增加了演出场次，常常一天要演两场。一旦某场演出的门票卖出了80%，他就会加演一场，那些仍在排队买票的人会被顺延安排去观看下一场演出。正如布鲁克斯所说："一开始怕得要命，担心没有人会来。可等到人全都来了，见来了那么多人，还是怕得要命。"特玛捷将这一策略称为"加斯模式"。所谓"加斯模式"，其实就是在固定票价低于利润最大化的价格时，增加供应以满足上涨的需求。"这件事其实很简单，"布鲁克斯说，"增加你的供应量，让它超过需求。"[25]这一策略基本上将转售市场消灭，因为任何想按固定票价购票的人都买得到票。加斯的这次巡演总共售出了630万张门票，这也许是有史以来仅次于"U2 360°"巡演（在2009年至2011年间售出了730万张门票）的第二大门票销售记录。然而"加斯模式"也有其缺点，艺人演出的场次比采用市场定价时的场次要多。但至少低票价和更多演出场次让他自己的粉丝受惠了，而不是黄牛党。

加斯·布鲁克斯是美国历史上售出演出门票最多的独立艺人。虽然目前尚不清楚其他艺人是否也会效仿加斯模式，但该策略无疑与布鲁克斯自己的人生理念相吻合。"每当我们来到一个城市，"他说，"我们不是来游山玩水的；我们来这儿是为了这里的人们希望我们以后再来。"加斯·布鲁克斯还补充说，在巡演途中有时他也会感到累，可一旦登上舞台，"突然间你就变成了一个超人。仿佛自己回到了25岁……仿佛自己能飞起来"。他这句话中的意思我也曾从许多普通的音乐人和超级音乐巨星那儿听到过。

感恩而死乐队是史上最成功的巡演乐队之一。该乐队绕过了中间商（如特玛捷），直接向粉丝出售门票。[26]多年来，该乐队一直保留着一份庞大的粉丝邮件列表，他们的粉丝亲切地称为"死脑筋"。感恩而死乐队就是以这种方式确保乐队最忠实的粉丝买得起他们的演出门票。乐队总共演出过2300多场，而且每一场都独具一格。不仅几乎每场的演出曲目都不同，就连同一首歌在不同场次的演出中的表演方式也不尽相同，这么做的目的就是为了营造独特的体验。

二级市场

长期以来，门票的二级市场一直都让经济学家为之着迷。抵押贷款、汽车、股票和债券都存在二级市场：产品一经初步发行和销售，便可被转售。然而，任何其他转售市场都不像热门的演唱会和体育赛事的二级市场这样让消费者牢骚满腹。* 为了更多地了解演唱会门票的二级市场，我在全美30多场演唱会上进行过现场民调。该项研究是与魁北克大学的经济学家玛丽·康诺利共同进行的。我们发现，平均有约10%的演唱会门票是经由黄牛党在二级市场上完成转售的。碰上最热门的演出，这一数据能轻易突破30%。平均转售价要比原价高出约50%，但也有许多门票的转售价会低于原价。在二级市场中，场馆内不同座位的票价比一级市场中的价格要更为细分，同等座位之间的价格差异也非常大。

---

* 应该指出的是，二级抵押贷款市场的功能失灵导致了2008年整个世界经济的崩溃。

为什么会存在二级市场？对此人们主要有两种假设，而这两种观点各有其长处。首先，初始价格定得太低，起不到平衡供需关系的作用，对那些最好的座位尤其如此，因为好的座位比离舞台最远的座位更容易被转售。其次，许多粉丝不知道他们想要的门票什么时候会开售，或者根本不知道门票已经开卖了，所以，有些粉丝干脆等到临演出前再买票。如果对门票最初的定价和销售稍做改变，上述两个问题在很大程度上都是可以避免的。

但汇演邦的迈克尔·拉皮诺认为，二级市场主要是由错误的门票定价方式造成的。他在2018年《明星选票》现场音乐行业会议的演讲中对观众说："解决二级市场这个问题的办法在于改进演出的定价方式。"但他又补充说，"票务应该由艺人说了算。艺人应该能用他们想要的方式为演出定价。"[27]这个观点还是务实可行的，因为尽管艾德·希兰、摇滚小子、红辣椒乐队、布鲁斯·斯普林斯汀等许多艺人对市场定价都持抵制态度，但汇演邦和特玛捷仍然希望同他们合作。但与此同时，人们还是很难理解为什么非要给黄牛党创造那么好的赚钱机会，因为他们能靠大规模使用网络机器人程序来盈利。一场斯普林斯汀或U2的演唱会常常能让黄牛党赚到100万到150万美元。

大多数经济学家认为，如果艺人出于某种原因定价错误，那么在将门票重新分配到那些最珍视它们的人手里的过程中，二级市场会发挥积极的作用。这也是我早先所持的观点。本着这一观点，哈佛大学的格里高利·曼昆教授更是在《纽约时报》上发表过一篇名为《为〈汉密尔顿〉的一张票花2500美元，我乐意。》的专栏文章。[28]但经济学家菲利普·莱斯利和阿伦·索伦森具有里程碑意义的研究让我认识到，上述观点过于简单了。他们提出的观点则认为，黄牛党——那些购买了门票却根本没兴趣观看演出的职业票贩子——是通过转售门票抓住了二级市场的存在所带来的某种机会。[29]由于转售活动的存在以及在门票最初销售中的激烈竞争，那些真正到场观看演出的粉丝其实受益甚浅，有时甚至会被坑得很惨。

票贩子扮演着四种经济角色：（1）他们大量购进定价过低的门票然后通过转售盈利；（2）他们将票价推向一个由市场决定的均衡点，维持供需平衡，并因此对"价格发现"提供了帮助；（3）他们将门票从不那么重视它们的人手里重新分配到更重视的人手中；（4）他们参与投机和冒险，因此他们最后也有可能得赔本将票出手或者遭遇门票无法出手的情况。第一种角色通常被人们视为有害的，因为票贩子让普通的音乐爱好者更难买到门票，而另外几种角色则能为消费者或承办商带来经济利益。那些通过操纵高速网络机器人程序购买门票的票贩子和普通粉丝之间的无谓竞争，与金融市场中高频交易员的行为类似。后者常常会投资数百万美元，在技术和高速联网性能上进行"军备竞赛"，以求能以比竞争对手快100纳秒先完成交易。对普通投资者来说，这无疑也是一种伤害。

为了对票贩子的作用多一些了解，莱斯利和索伦森对戴夫·马修斯乐队、埃里克·克莱普顿、吉米·巴菲特、肯尼·切斯尼、麦当娜、飞鱼乐队、普林斯、萨拉·麦克拉克伦、莎妮娅·吐温、斯汀等人举办的共56场大型演唱会进行了研究。所有这些演出的独家门票经销商都是特玛捷。这56场演出最开始总共卖出了1,034,353张门票。经济学家通过当时最大的两个门票转售平台——eBay和StubHub，追踪到了相关的转售信息：哪些票后来被转售了，在什么时间、以什么价格被转售的，等等。研究结果表明，座位更好的门票被转售的可能性更大；而且，门票转售通常发生在临近演出的日期。转售价比票面价平均要高出40%，也有1/4的门票转售价比原价要低。

对门票市场进行分析非常复杂，因为一级市场中购买者的行为会因为经销商的存在而受到影响，还因为经销商扮演着多种经济角色。如果票贩子能一拥而入买到他们认为能以更高价格转售出去的门票，那普通粉丝在一级市场买票将变得更加困难。而在二级市场买票同样会有巨大的交易成本，任何向 StubHub 票务公司支付过交易费的人都能证明这一点。莱斯利和索伦森创建了一个复杂的消费者和票贩子的行为模型，用以模拟转售市场对消费者利益的影响。他们得出了一个颇具争议性的结论：尽管通过二级市场转售门票的确提高了门票销售的分配效率（这便是为什么曼昆买到音乐剧《汉密尔顿》的门票后感觉棒极了），但这一好处却因为在一级市场购买门票的竞争变得越发激烈以及二级市场中存在的交易成本而被部分抵消了。待一切尘埃落定，最大的赢家还是那些职业票贩子。总之，转售市场的存在让崇拜明星的粉丝的处境变得更加糟糕。莱斯利和索伦森总结说："如果我们把目标设置为最大限度地帮那些到场观看演出的人省更多的钱，我们就有理由对门票转售进行限制。"

换句话说，艺人或立法者采取措施限制门票转售，并通过压制二级市场来帮助粉丝，这些做法并非丧失理性或者经济上的不明智。由于许多艺人根本不愿按市场要求来为他们的演出定价，因此音乐市场上出现了一些在其行业不曾出现过的奇怪做法。例如，特玛捷经常规定每位购票者限购 4 张，而且（通常是徒劳无益）试图限制票贩子的活动。除了战时的定量供给制或者类似委内瑞拉那样的指挥与控制型经济，限量供应产品并非市场的常态。

除了二级市场，为避免定价过低，人们最容易想到的方法就是拍卖门票。在 21 世纪初，特玛捷就曾在数百场演唱会的门票销售中拿出少量高价门票用于尝试这一策略，可 2011 年之后此事便未再被提及。特玛捷使用的拍卖机制是谷歌关键词广告位拍卖的一种变体。经济学家阿迪蒂亚·巴维和埃里克·布迪什的研究发现，拍卖的确会让定价问题得到解决：门票的最终拍卖价约为其票面标价的两倍，和门票在二级市场的转售价大致相同。[30]可事实也证明，拍卖的程序太过烦琐，属于低效率的门票销售方式。

尽管不愿用市场定价作为自己演出的门票价格，但艺人和他们的票务经销商也在尝试用别的替代办法来杜绝黄牛党的出现。如图6.1所示，门票标价已在迅速向市场定价的方向趋近，这当然也会形成对二级市场的侵蚀。特玛捷在销售斯普林斯汀在百老汇的演出和泰勒·斯威夫特、U2和珍珠酱等乐队的巡演预售票时，已开始采用一套新的被称为"粉丝认证"的售票机制。潜在的门票购买者必须事先在"粉丝认证"网站上注册并获得能让他们有机会购买门票的代码。特玛捷会对每位注册者进行分析，以确认他们是实实在在有兴趣观看演出的人。[31]尽管特玛捷对其具体的算法秘而不宣，但举个例子吧，如果有人申请要把巡演中所有演出场次的门票都各买一张，那特玛捷绝对不会让此人通过认证。该算法的目的就是为了防止网络机器人程序和票贩子在买到门票之后进行转手。一旦门票被通过认证的粉丝购买，它便能在特玛捷自己的平台上由通过认证的粉丝转售给另一个经认证的粉丝（这同时也能让特玛捷分摊到更多的交易费）。从本质上讲，"粉丝认证"不过是将粉丝变成了票贩子，只不过门票价与市场价的差距带来的盈利最终给了那些真正的粉丝——他们要么自己观看演出，要么把门票转售给其他认证粉丝——而不是职业票贩子。

与航空公司为乘客办理登机牌一样，在"粉丝认证"机制下，演出场馆也要确保前来观看演出的是合法的门票持有者。尽管票贩子也许能找到绕过粉丝认证系统的办法，但到目前为止，这项措施似乎达到了预期的效果。据特玛捷报告，95%通过"粉丝认证"买到门票的粉丝并无意将门票转手。[32]将来，也许会有更多的艺人采用这个模式。

泰勒·斯威夫特可谓是推行"粉丝认证"机制的先驱。如果你能证明自己对某位艺人的忠诚度，比如说，购买过她的专辑或周边商品，通过社交媒体与她的赞助商互动,或是看过她的音乐视频,那么你获得购买码的可能性就会大大增加。这个办法能达到两个目的:首先,斯威夫特女士得以通过采用价格歧视的方式,优待购买过其周边商品的粉丝,让后者更有可能买到演出门票。那些通过购买其专辑和周边商品表明自己为了看上她们的演唱会绝不吝惜花钱的粉丝,会被安排到购票申请者队列的最前面。这种巧妙而又绝佳的办法能最大限度地增加收入并销售更多的周边商品。其次,这种技术还能让艺人及其赞助商更直接地与粉丝进行互动。

泰勒·斯威夫特还曾尝试用另一项创新——慢速票务模式——对二级市场实施进一步的限制。如果所有巡演门票在数分钟之内便告罄,那票价很可能被严重定低了。此外,有的粉丝在门票开始发售之际尚不清楚自己的计划,但后来又决定想看演出,为了能买到票,他们愿意比那些一开始便买到门票的粉丝花更多的钱——是更为忠实的粉丝。可这些粉丝已别无选择,只能去二级市场找寻门票;实际上,这也是二级市场之所以存在的原因之一。

因此,泰勒·斯威夫特决定不将她"声誉"巡演的门票一次性售完,而是分时段逐渐推出。即使在门票首售日过后很久,粉丝仍旧能买到门票。"我们的计划是在她每晚登台表演之前才把演唱会最后一张票卖出去。"特玛捷的音乐总监大卫·马库斯曾对《公告牌》杂志如此表示。[33] 这种方法最终也可能会带来更为动态的定价,即价格因购票时间的不同而异,类似于飞机座位的定价。由于对这些创新的运用,斯威夫特得以成功地缩减二级市场的规模,并将一些原本会流向黄牛党和票贩子的收入截住。据马库斯的说法,在泰勒·斯威夫特"声誉"巡演所有售出的门票中,只有3%流入了二级市场。相比之下,她的另一场巡演"1989",因为采用的是更为传统的门票销售方式,流入二级市场的门票的比例高达30%。

在肖恩·"杰斯"·卡特2017年年底进行的"4:44"巡演中,他也采用过慢速票务模式,而且对预选座位的门票还使用了更为激进的定价方式。结果,杰斯在他为期 32 天的巡演中总共售出 426,441 张门票,票房销售总额为 4470 万美元,外加 400 万美元的白金 VIP 门票收入。每场演出的平均票房约为 150 万美元,大大超过了他在 2009—2010 年举行的为期 33 天的"蓝图 3"巡演,当时总共售出 439,540 张门票,票房总收入为 3310 万美元,每场演出的平均票房为 100 万美元。[34]

随着音乐产业不断从社区聚会向市场化发展,同时技术的发展让艺人与粉丝建立起更紧密的联系,并且利用价格歧视来实现收入最大化,我们应当可以期待将来会有更多的演唱会票务创新的出现。

注意成本

产业是如何随着时间的推移发展的?经济学界对此最有见地的观点之一是被称为"鲍莫尔成本病"的理论。[35]该理论是由我已故的同事威廉·鲍莫尔和威廉·鲍恩提出的。其概念其实非常简单。由于一些产业的生产力增长迅速,因此以较少的劳动力投入(比如制造业)便能获得更多的产出,而其他产业(比如医院和大学)的生产力却增长缓慢或陷入了停滞。随着时间的推移,对消费者而言,购买由生产力停滞不前的部门提供的商品或服务的成本比购买生产力在迅速增长的部门的商品成本要高。而这种变化可以部分解释为何医疗保健和教育成本的上升正在压缩其他支出的空间,并给家庭和政府预算带来了巨大的压力。

在他们最初的著述中,鲍莫尔和鲍恩就把现场音乐演出当作生产力停滞不前的典型案例。他们指出,今天的音乐人演奏一首舒伯特的弦乐四重奏所花费的时间和精力跟200年前一样多。但今天的音乐人获得的报酬比200年前要多得多。而原因是他们可以选择到其他生产力已经提高了的部门去工作。换句话说，一位小提琴家可以到通用汽车公司去干活，而这个事实会使得小提琴家的薪酬逐渐上升，*尽管上升之后他们的薪酬仍不甚理想。较高的劳动力成本为现场演出带来了提升价格的压力。而相较于可以用较少的劳动力生产出来的工业制成品，古典音乐对今天的消费者而言比150年前更贵了。同样的道理可以用来解释为什么电视机和计算机的价格下降得很快，而卡内基音乐厅的票价却越来越贵。

然而，将鲍莫尔成本病的理论运用于解释当今音乐产业时又不免让人困扰。数字唱片和流媒体等新技术极大地改变了音乐产业产出的质量和数量。而合成器和音调调谐器等新技术则不断改变着音乐的品质和特性。即使是现场演出，更好的扬声器和麦克风也能让音乐人的工作效率得到提高。

尽管如此，它的基本观点，即人们需要对生产成本有所认识，还是极为有力的，尤其是对现场演出行业而言。"的确，演唱会能创造很多收入，"《公告牌》的自由撰稿人罗布·莱文告诉我："但它们的开销也很大。"[36]会计师迈克尔·洛里克则告诉我，巡演的成本"很快就上去了"。[37]盈利并没有保证。一旦成本失控，巡演的利润便将付之东流。此外，通常艺人的经纪人、代理人和商务经理会一共分走艺人收入的30%。艺人必须密切关注成本。一位竞争对手的经理跟我讲过一个U2为了办巡演而开销过大的故事，也许是虚构的（虽然他自己坚称是真事）。为了在巡演开始之

---

* 因为如果小提琴行业继续支付与其生产力相应的工资，也就是和200多年前差不多（只增加通货膨胀的部分），那么音乐家们就会选择生产效率更高的行业，因此为了留住人才，小提琴行业不得不提高工资，这样一来，行业的生产成本也就大幅增长，现场演出的票价也相应大幅增长。

前进行排练，乐队成员和 100 多名工作人员全都住进了佛罗里达一家昂贵的酒店。（通常，工作人员会被安排在一家费用较低的酒店。）等到他们上路的时候，却没人记得要替所有工作人员退房结账。于是，这次巡演又有了一笔额外的开销需要支付。

给经纪人的薪酬激励也会对成本产生影响。乐队赚的钱越多，它的经纪人赚的就越多。如果经纪人的佣金是乐队扣除成本之后收入的 15% 或 20%，那就意味着经纪人也在补贴乐队的巡演开销，因为当成本变高时，经纪人的佣金数额就会下降。出于这个原因，在巡演途中，经纪人可能会拒绝为乐队举办开销巨大的演出后的派对。然而经纪人也不愿对乐队限制太多。倘若你让一支超级明星乐队感觉受到了不合理的对待，那乐队要另找一位经纪人再容易不过了。如果博诺心血来潮想出一个舞台设计的新点子，你绝对不会在众目睽睽之下对他说，你这个想法太花钱了。有好几位经纪人都告诉我，有很多艺人都"反复无常"。摇滚明星们的生活没有太多的条条框框。

如图 6.1 所示，门票成本上涨迅速的原因之一是演出制作成本的上升。而制作成本的上升主要是因为现场演出的舞台布置和制作变得日益复杂。观众期待能看到烟火效果、高端影像和升降台。如今就连保罗·麦卡特尼也要把他的现场演出搞得富丽堂皇。

举办一场演出的绝大部分成本都是固定成本，这意味着它们不会随着观众中粉丝数量的增加而增加，比如烟火就是如此。鉴于艺人和承办商之间最常见的收入分成是 85/15（或 90/10），克利夫·伯恩斯坦告诉我，从利润的角度来看，最后售出的那 10% 的门票基本上属于锦上添花，因为这时候已经收回固定成本了。

演唱会的成本有助于解释为什么音乐节会变得如此受欢迎。现场演出的许多固定成本——包括广告、安保、灯光和舞台设置——可以被分摊到音乐节上的众多艺人身上。在音乐节上，通常舞台每天会被许多艺人使用，而且会持续好几天。而相比之下，巡演舞台需好几天才能搭置妥当，供一场演出用完后，就会被全部拆除、打包，然后运往下一个演出地点。*所以说，音乐节对舞台的使用更加充分，从而也降低了每个节目的演出成本。

我认为，成本控制对音乐人是个需要考虑的重要经济因素。伦敦经济学院的学生米克·贾格尔曾将"你不可能事事如意"这句话用在了滚石乐队的一首歌里。其实在此之前，这句话中的理念早已成了一条经济学法则。得力的经纪人总会想办法把费用降到最低，并通过谈判在降低成本的同时又不影响音乐人创作的艺术质量。作为一个产业，音乐界必须不断适应和开发新技术，才能避免染上"鲍莫尔成本病"。

周边商品

在音乐产业中，人们将纪念性的商品称为"merch"，即周边商品。克利夫·伯恩斯坦力劝我在本书中加进一部分内容单独阐述它。他认为这个非常重要，还因此特意安排我和 Q Prime 公司资历丰富的周边商品营销专家彼得·鲁宾在他位于曼哈顿市中心的办公室面谈了好几个小时。[38] 鲁宾大概 65 岁，奇怪的是，他对周边商品的营销并没有像伯恩斯坦那样狂热。

"跟你说实话，我并不觉得我这份工作多有意思或者有多重要。"鲁宾开门见山地说。然而作为一名经销商，彼得·鲁宾实在有些过于自谦了。

---

* 正如 1977 年杰克逊·布朗在《装载》（The Load Out）一曲中所唱的那样，"把舞台让给勤杂工吧 / 把所有的东西都包好 / 把所有的东西都拆了"。

自20世纪70年代中期以来，鲁宾一直在与顶级音乐人合作经销他们的商品。他以往的客户包括平克·弗洛伊德、谁人乐队、大卫·鲍伊、威豹乐队、交流/直流、比利·乔尔、涅槃、后街男孩、普林斯、范·海伦，还有许多其他的超级明星。如果说迈克尔·杰克逊是流行音乐之王，那彼得·鲁宾可以说是演唱会周边商品的销售之王；事实上，迈克尔·杰克逊也曾是鲁宾的客户。鲁宾曾经拿自己被音乐人解雇的次数在人前炫耀——有时甚至是被同一位艺人解雇过两次。鉴于经销合同的有效期非常短，所以更换商品经销商似乎成了这一行固有的特点。还有，他补充说，艺人不按牌理出牌的时候也是有的。

鲁宾在经济学上也颇具洞见。比如，并非每一位超级明星都能在周边商品的销售上成为巨星。只有极少数超级明星才卖得动大批量的商品。因此，周边商品的销售使那些最大的超级明星的巨额收入更是被成倍地放大。*而鲁宾面临的挑战是，周边商品的销售通常只占超级明星总收入很小的一部分，对艺人而言，经营这些商品是一种干扰，让其无法专注于音乐的创作与创新。"但凡能通过售卖周边商品赚钱的大型演出，在财务上几乎都是极为成功的。尽管这笔收入也是个不小的数字，但与乐队的其他收入相比，那真是微不足道了。"他解释说。销售周边商品的超级明星也许能在两年内赚到100万美元，但他从巡演、唱片销售、代言和其他活动中能赚到2000万。

尽管如此，对那些会被印到他们的T恤和其他物品上的图样，艺人还会仔细审查后再批准。通常，为了确保周边商品与乐队潜心打造的形象不冲突，他们还是颇谨慎的。为了举办一次巡演，像交流/直流这样的乐

---

* 鲁宾指出，有少数几位商品经销方面的超级明星并不被人们视为音乐界的超级明星，比如飞越地平线乐队或者科恩乐队。但这种情况颇为少见。

队可能需要对多达 250 件艺术设计的样品进行审查，并从中选出 40 多个用于制作巡演所需的衬衫、连帽夹克衫、宣传海报和其他产品。

艺人的商品销售潜力是按人均消费金额计算的。埃尔顿·约翰也许能在演唱会上卖出人均 4 美元的周边商品，U2 则有可能达到人均 15 美元到 20 美元，尽管他们几十年来一直都是演艺界新闻报道的焦点人物。90%的音乐人都是在巡演途中，而不是通过电商或者零售来销售他们的周边商品的。只有少数人例外，比如贾斯汀·比伯和单向乐队。因此，要估算艺人的商品销售额还是比较直接的：只要对人均商品消费金额有个大略估计，然后把它与艺人合同期内参加演唱会的粉丝数量相乘即可。

艺人通常会分到商品销售总收入（扣除销售税）的 70%。但和音乐产业中所有其他事务一样，合同的细节均可谈判。与巡演和唱片合同一样，艺人签完周边商品销售合同之后，便能拿到一笔会计入未来总收入的预付金。但这笔预付金的金额是可以扣减的。

粉丝购买周边商品，是想用纪念品来帮助记住这场演出。艺人用这些商品来经营乐队身份与粉丝的忠诚度，同时也作为收入来源之一。滚石乐队名闻遐迩的"嘴唇与舌头"徽标是该乐队身份和周边商品的独特标志。鲁宾说，大家对周边商品有需求，其实就是为了表明"我当时也在场"。这就是演唱会卖的 T 恤上为何要印上所有城市的名字和巡演日期。其他周边商品则是专门为某一场演出或某一座城市设计的，比如突出某一座演出场馆作为该周边商品的特色。粉丝想让全世界都知道，他们当时也在场，尽管这已被他们在 Instagram 和推特等社交软件上发的帖子记录下来了。对经济学家来说，这是炫耀性消费的典型范例。周边商品的社会性加强了从众效应，而后者又使超级明星现象得以强化。

每场演唱会通常会有约 40 种周边商品供出售。其中包括 6 种主要商品：T 恤、连帽衫、帽子、海报、节目介绍单和杯子。它们一般会占总销售额的60%左右。商家还会确保提供一系列特殊商品，比如平面印刷品，还有时装，以便粉丝可以根据自己的喜好花更多的钱购买。这其实是另一种形式的价格歧视，因为有意愿花更多钱的粉丝可以找到更个性化的、对他们更具吸引力的商品。

周边商品的质量会随着时间的推移而有所提高。鲁宾自豪地告诉我，如今在巡演中出售的商品，无论在质量还是品种方面都是有史以来最好的。

然而，演唱会周边商品的销售是一项"拉进来"而非"推出去"的业务。想让某位艺人的周边商品销售额突然间有大幅增长是极其困难的，甚至可以说是根本不可能的。即使再厉害的销售计划也无法将一支周边商品销售战绩平平的普通乐队变成这方面的超级明星。如果能将哪位艺人的人均商品消费金额从每人4美元提高到每人8美元，那就已经是一个了不起的成就了。

周边商品的销售合同不同于唱片合同。后者常常试图把艺人的七张专辑外加未来的作品一举签下（我会在第七章讨论），而商品合同的期限却很短。通常一份周边商品的销售合同只持续一个专辑的周期，即18个月到3年。鲁宾称之为"一次性业务"。所以，倘若某位艺人的事业突然腾飞，他可以很快再签下一份更为慷慨的商品合同。尽管竞争对手不多，但商品合同的利润也并不高，约占销售总额的10%。由于利润低且合同期限颇短，从事周边商品经销的公司也就无法承受太多亏本的买卖。于是，他们便尽量寻找那些需求稳定或者有上升潜力的演出与之合作。摇滚乐队的粉丝群体不但易于预测，而且经得起考验。而与流行乐乐队合作，成功往往是昙花一现，粉丝群体也变动颇大，这也为周边商品的卖家带来了更大的波动性。

周边商品的制作和运输也有其相关的固定成本。"我有一座移动商店，它在巡演中的每个城市只停留开放两个小时，然后再开往下一个城市。"

鲁宾说，"如果在哪个城市该挣的钱没挣着，那就永远都没机会挣了。"但他的这一经济学分析只适用于大型演唱会。对那些上不了头条新闻的乐队而言——也就是，对大多数乐队而言——自己动手制作和经销商品在经济上更划算。非顶级的艺人通常把周边商品的运输和销售交给巡演经纪人或乐队的某位工作人员打理。丹·赖恩曾为法国的 Le Loup 乐队弹过 3 年贝斯，他现在是亚马逊 Alexa 的首席产品经理。他告诉我，他的乐队在演出中销售的 T 恤都是自己动手印的。[39] 对小型乐队而言，周边商品的销售收入并非可有可无，他们经常要用销售周边商品所得的现金支付在各个演出场馆之间奔波赶场的油费和餐饮费。

最理想的周边商品客户是那些在成名之前便与你签下了一纸合同的乐队。鲁宾 1982 年签下的威豹就算一个。在这种情况下，实际销售额将大大超过预期。比如，威豹在 1983 年 1 月发行其《纵火犯》（*Pyromania*）专辑之后，乐队的巡演规模随之扩大，原定于英国举办的 10 场剧场规模的演出被 25 场大型体育馆规模的演出所取代，接踵而至的还有一次全球巡演。这些都大大促进了其周边商品的销售。鲁宾非常幸运，除了威豹，他还当过平克·弗洛伊德、普林斯和迈克尔·杰克逊等人的商品经销人，并且都是在"这几位世界超级音乐明星冉冉升起的时候"。

最早期的演唱会周边商品买卖纯粹是现金交易。鲁宾给我讲了许多故事，说他们带着从演唱会赚来的数十万美元坐飞机飞回来，绝大多数都是面值五美元的钞票，就用他的行李箱装着。有一次在日本东京巨蛋演出，演出前，一位明星的经纪人在后台对鲁宾说，他听说鲁宾干的这一行有成袋的现钞可挣。"你别误会，我并不是想向你要一袋现钞，"那位经纪人说，"可如果让我发现你那里果真有成袋的现钞，而我却一袋也没弄到手，那我真的会很不爽。"

如今，演唱会周边商品的销售有了更多的一站式服务。场馆会为演唱会期间的商品销售提供特许经销摊点。如果乐队签的是这种合同，他们一般要向场馆方支付25%至30%的销售额作为佣金，以换取在场馆中销售其商品和服务的权利；佣金包含在乐队分得的那70%中。如此一来，商品经销商能拿到的就只有销售额的30%（扣除销售税）了，而这笔钱还要用来支付包括商品设计和采购、货物运输和监督盗版行为等在内的诸多开销。要实现盈利，鲁宾会将供应成本控制在总收入的10%以下。

一般来说，在演唱会上售价40美元一件的T恤实际成本约为3.50美元到4美元（设计和运输成本不计在内）。假设销售税是3美元，那剩下的37美元就是利润分成。乐队占的份额（支付完场馆佣金之后的45%）为16.65美元，场馆的份额为9.25美元。这就只给商品经销商留下11.10美元来支付商品的购买、运输和其他开销。支付完所有开销后，商品经销商如果能剩下4美元作为利润就算很幸运了。

因为能够不给乐队支付版税，而且不用支付场地费，盗版商们便有足够强大的动机非法销售未经授权的周边商品。这一直以来都是美国演唱会圈子所面临的一个主要问题。直到20世纪80年代中期，一位名叫朱尔斯·扎伦的律师成为打击盗版商的先行者。扎伦争取到法庭指令，该指令规定任何人都有权在演出场地半英里的范围内收缴非法盗版商品。今天，商品经销商和演出场馆会从总收入中拿出约2%来雇用不当班的警察，以杜绝盗版商非法出售未经授权的产品。在互联网上，销售盗版商品的问题仍然很严重，而绝大多数音乐人只拿到了与巡演相关的周边商品的销售收入。

周边商品市场的最新发展是"快闪店"的出现。一些著名艺人开始在某些城市设置临时店面推销其品牌商品。坎耶·韦斯特是使用"快闪店"的先驱。同他合作的是环球音乐集团旗下的产品经销部门布拉瓦多。这些新颖而时尚的店铺有时还真能迅速吸引消费者的关注。

然而，演唱会周边商品的销售始终是低利润的行业。入行门槛过低使得利润率保持在较低的水平，而短期合同又使艺人能够掌控其品牌价值中的最大份额。鲁宾最担心的是某个资金雄厚的巨大竞争对手会进入并扰乱市场。许多年前，特玛捷彼时的首席执行官肖恩·莫里亚蒂也表达过类似的担忧。当时线上拍卖公司 eBay 刚刚收购了门票交易公司 StubHub，由此闯进票务行业。莫里亚蒂担心，拿出上亿美元搞个无利可图的市场策略对 eBay 而言是小事一桩，可这却将危及特玛捷的生存。正如彼得·鲁宾对我所言："只有当所有人都觉得经销周边商品是个没钱赚的行业，没人想在这一行做什么大买卖的时候，我们才会有好日子过。"

尽管面临着许多挑战，周边商品销售的未来似乎仍然颇为光明。唱片行业的瓦解导致版税锐减，这使得艺人必须把巡演当作收入的主要手段，这便也提高了周边商品销售在乐队收入中所占的地位。此外，在过去 5 年中，越来越多的零售商开始在自己的店铺中销售艺人的周边商品，并开始与艺人合作。互联网使得艺人能直接与自己的粉丝联系，使他们也能直接向粉丝兜售这些商品，而无须任何中间人。这些发展态势已将周边商品的营销变成了对艺人、商品经销商，以及粉丝均有利的全年度行业，即使在没有巡演的时候也是如此。彼得·鲁宾在我们的采访结束之际总结说，他在这一行已干了 40 年，尽管有时免不了会冷嘲热讽几句，但对演唱会周边商品销售的未来，他比以往任何时候都乐观。

回家之路（*Homeward Bound*）

"我们所在的行业的产品定价比其他任何行业都糟糕，"特玛捷的董事长特里·巴恩斯曾在2006年做出如此的评论。[40]从那时至今，该行业已经大有进展，但仍有很大的需要改进的空间。粉丝认证、慢速票务模式、动态定价和扩大供应（加斯模式）都是提高门票销售效率的新策略。我们期待未来会有更多的创新，尤其是针对最热门的明星和最好的座位。

虽然加斯·布鲁克斯为了把票价降到粉丝能承受的水平而努力增加演出场次，但也有多名艺人——包括保罗·西蒙、埃尔顿·约翰、琼·贝兹和林纳德·斯金纳德，近期宣布将举办告别巡演。这其实也是一种通过限制供应使需求上升的手段。

然而，即使在这些摇滚乐的偶像级人物退役之后，仍会有更多一流水准的现场娱乐演出可供观看。巴里·瑞索尔兹在他2017年年末的行业专栏中写道："眼下，一切都正处于黄金时代……尤其是现场音乐演出。"他建议说："如果你尚未去看真正的现场音乐演出，你都不知道你错过了些什么。"[41]下面这条从摇滚经济学的研究中得出的建议也许能为你省点钱：如果你会在二级市场购买门票，你应该尽量等到最后再买，这样你才能拿到优惠的门票。在演出当天，票价往往会下降——毕竟演出一结束，门票就一文不值了。所以，如果你不是太怕票没了，或者你还有在其他场合看这场演出的选择，那就等到演出开始之前再买票，你通常都可以拿到最划算的价格。

第七章
欺诈、骗局与音乐业务

事后证明，生意的一个特点是它的确需要打理。

——**保罗·麦卡特尼**

伊斯门律师事务所位于曼哈顿，与现代艺术博物馆隔街相望。只要坐在律师约翰·伊斯门的办公室里，你必然会感受到摇滚历史的存在。[1] 伊斯门律师事务所涉足音乐产业后的第一位客户是轻摇滚乐队——芝加哥乐队。他也是妹夫保罗·麦卡特尼、比利·乔尔和安德鲁·劳埃德·韦伯的代理。大卫·鲍伊生前也是他的客户和朋友。约翰的妹妹琳达1969年与保罗·麦卡特尼结婚，直到1998年她56岁时因乳腺癌去世。尽管有各种传闻，伊斯门家族与伊斯门·柯达公司其实毫无关系。事实上，约翰的父亲李从哈佛大学法学院毕业后才将自己的姓氏从爱泼斯坦改为伊斯门。

早在1968年，也就是保罗·麦卡特尼与琳达·伊斯门结婚前不久，麦卡特尼就请他未来的岳父帮助披头士乐队厘清其与苹果公司之间混乱的业务安排。李·伊斯门让儿子也加入进来，于是父子俩开始管理麦卡特尼的事业，而披头士乐队的其他成员则在经纪人布莱恩·爱泼斯坦1967年8月死于毒品使用过量之后，选择了阿伦·克莱因为他们管理业务。随后发生的业务与法律纠纷也成了导致披头士乐队1970年解散的最后一根稻草。

如今，约翰·伊斯门已年近80岁，他毕业于斯坦福大学，随后在纽约大学获得法学学位。他告诉我，他从未在唱片公司工作过。他一辈子热衷于两件事：一是帮助音乐人掌控自己的财务与艺术生涯（这意味着要将各种权利从唱片公司夺回来，或者起诉那些剥削天真音乐人的寡廉鲜耻的经纪人）；二是思考艺术与音乐的创作源泉。

我问约翰为什么会有那么多音乐人被他们的经纪人或唱片公司以这样或那样的方式欺骗。"你这个问题的答案，最委婉地说，是贪婪和唾手可得。"他说。约翰近距离目睹了无耻经纪人和卑鄙公司数不胜数的贪婪行径。"对于我每一个摇滚音乐界的客户，"他解释说，"我会首先通过法律程序成功且合理地解雇他的经纪人，帮助他拿回自己的版权和所有与其创作相关的权利，并据此逐渐重建事业。"这一策略将比利·乔尔从破产的边缘拉了回来。约翰和李·伊斯门成功地管理了保罗·麦卡特尼的音乐事业，因此麦卡特尼与羽翼乐队合作的岁月中挣得比他在披头士乐队时要多。

是不是因为音乐人个性比较变化无常，并且对业务中的商务方面不太关心，从而容易成为金融骗子的猎物？是的，约翰·伊斯门回答说，但是他又立刻补充道，但这种情况完全是可以避免的。"我从未让客户签订他们感到不舒服的协议，"他强调说，"也不会仅仅用一支笔和一页便签就列出协议的所有内容。我会说：'如果你看不懂，那就不签。或者我们就坐在这里，等你先看懂。'说实在的，如果你像正常人那样与他们交谈，他们其实很聪明。"

这似乎是给音乐人和非音乐人的好建议。由于基本的供需因素，音乐人没有太大的议价能力，而且艺人常常受到无耻合伙人的蒙骗，达成对自己非常不利的商业安排。本章将探讨如何识别差异，以及如何避免上当受骗。

契约理论

我姐夫乔恩·比克有时也负责处理我的法律事务，有一次他和我说，合同是将双方达成的谅解撰写成书面协议。合同具有法律约束力，因此不能将签合同视作儿戏。

经济学有一个久负盛名的分支，名为契约理论。它研究契约双方如何设计合同协议，如何在面临利益重叠和冲突、结果不确定以及信息不完善的情况下达成各类不同的目标。合同只有在双方利益一致时才能发挥最佳作用。不过，双方利益往往是冲突的，至少在某些方面。例如，唱片公司如果在成本问题上持开明态度，利润反而会增加，因为成本是从艺人的版税中扣除的，而艺人对此的利益动机却是相反的。

任何合同都无法预见所有意外情况。例如，如果音乐交付格式突然发生变化，从黑胶唱片变成了数字流媒体，而合同并未具体说明流媒体收入的版税，那会发生什么？这类突然产生的意外情况不仅会造成合同不完整，还会引发法律诉讼，不过恶意欺诈和信任危机是法律诉讼更常见的根本原因。

如果当事双方都希望建立持久的关系并从中获利，便会促进相互信任，采取符合对方利益的行动，哪怕是遇到突如其来的意外情况和不完善的信息。

人们常常担心另外一点，合同的一方，通常是唱片公司，拥有比另一方更多的信息。例如，现在一些典型的合同会要求唱片公司将歌曲下载和唱片销售的收入按具体比例分配给艺人。正如经济学家理查德·凯夫斯所指出的，"从艺人的角度来看，这带来了道德风险问题，因为唱片公司掌握着决定艺人收入的数据"。[2]

唱片公司瞒报销售额、少付给艺人版税的例子比比皆是。披头士乐队很多年都因版税支付不足向百代唱片公司及其美国分公司国会唱片公司提起诉讼。财务行为中的潜在道德风险导致人们采取一个显而易见的策略，可以概括为"可以信任但是需要核实"。艺人如果有能力让他们的经纪人审计唱片公司的账簿，他们就能从中受益。阿伦·克莱因的职业生涯起步就是为他的音乐人客户揭露了多种形式的少付行为。我听说现在唱片公司欺诈行为已经少多了。

唱片合同

唱片合同和音乐产业中的其他业务一样，都是可以协商的，因此不同的唱片公司和音乐人所签的唱片合同也会不同。一位新艺人与一家大唱片公司（如环球唱片公司或索尼唱片公司）签订的典型唱片合同一般只持续到录制 4 张或 5 张专辑，也可以持续到录制 7 张专辑。但合同并不能保证一定会制作第二张专辑；相反，唱片公司可以选择是否制作第二张专辑。事实上，就连第一张专辑也有可能不会制作。合同中的承诺是在专辑达到"商业上令人满意的"水准时才会被制作，也就是说，当唱片公司认为该专辑会有市场时才会投资。[3] 所有签订唱片合同的艺人中大约有一半或者更少的人都无法制作第二张专辑，许多艺人甚至连制作首张专辑的机会都没有。

为了获得艺人录音资料的独家发行权，唱片公司会同意向这位艺人支付版税，版税约占其流媒体、授权和唱片销售收入的13%至14%。* 对已经成名的明星而言，版税率可以高达20%。艺人还要将自己录音资料的版权（不包括作品创作版权）永久转让给唱片公司，不过大明星们可以将所有权的转让期限限制在较短的时间范围内。唱片公司一般会给艺人支付预付金，将来从版税中扣除，并且同意拨出一定的资金来宣传该艺人的音乐。艺人的预付金和制作唱片的成本将从未来的版税中扣除。不过，如果艺人的版税收入低于预付金和其他费用，艺人也无须向唱片公司退款。换言之，成本和预付金会从艺人的收入中抵扣，但不需要退还。

约翰·伊斯门在他的客户芝加哥乐队身上开创了一个新的策略：让艺人保留音乐的著作权，只向唱片公司出租一段时间。这个方法也被菲尔·斯佩克特和滚石乐队采用（不过滚石乐队的另一位经纪人安德鲁·奥尔德姆聪明地将他们的许多著作权留给了自己）。但是相对而言，还是很少有音乐人能够掌握足够的议价能力，来商定这样的安排。

娱乐界的一位律师半开玩笑地与我分享了他这个领域的一句名言："如果某位艺人拿到了版税，那么公司律师的工作没有做到位。"

约翰·伊斯门的看法则不同。"唱片合同中的预付金只是一项代价高昂的银行事宜。"

这些看似对立的观点其实很容易理解：像披头士或滚石这样的超级明

---

* 这种说法过于简单：版税率会因销售方式和国家的不同而有所区别，且常常随着销量的增加而上升。人气更高的艺人可以谈成更高的版税率。还要注意一点：如果制作方也从艺人的版税中分成，那么艺人的净版税率会降低。

星乐队，如果他们拿一笔小额预付金但有更高的版税，那他们的收入要高得多。然而，大多数与大唱片公司签订唱片合同的艺人都入不敷出，收入不足以抵扣预付金和其他费用，因此从未收取到一分钱的版税。对他们而言，更大的一笔预付金搭配较低的版税率，日子会好过一点。

唱片公司越来越多地尝试将艺人不同渠道的收入都纳入其净利润之下。例如，大唱片公司给新秀们的标准合同常常要扣除他们的巡演收入、周边商品销售收入，甚至包括歌迷俱乐部的收入。这就是所谓的"附带娱乐协议"。有几位超级明星签订了唱片和巡演的一揽子合同，合同的另一方有时是推广公司，而不是唱片公司。例如，麦当娜在 2007 年与汇演邦签订了为期 10 年的一揽子合同，总额为 1.2 亿美元。[4] 这样的做法仍然是特例，还未形成惯例，但从经济学的角度来看却很有道理，尤其是考虑到各种活动之间的互补效应——唱片宣传也能提升演唱会门票的销量和周边商品销量。真正令人担忧的是，新艺人会被这种合同所利用，因为他们几乎没有议价能力，也可能急于与大音乐公司签约。鉴于大多数艺人的大部分收入都来自现场演唱会，任何音乐人在没有完全明白合同条款的情况下，就现场演出收入的权利部分签订合同时都应该慎之又慎。[5]

常见合同

三大唱片公司（环球、索尼和华纳）的商业模式在一个重要的方面类似于石油勘探或风险资本投资企业：许多投资都血本无归，所以偶尔的成功必须带来很大的利润，才足以弥补枯油井造成的亏损。大唱片公司制作的每十张唱片中，只有一两张最终能够回本。[6] 因此，录制唱片的艺人面临着很有可能拿不到版税的情况。对少数成为超级明星的艺人而言，这种安排看上去不太公平，他们会因此对自己的唱片公司心怀不满。但这种商业模式却能够让唱片公司在一些新艺人身上冒冒风险，并且花许多钱宣传和制作他们的作品。

未能成功的艺人也经常抱怨自己的唱片公司。一位顶级娱乐业律师告诉我，音乐人经常抱怨自己的唱片公司没有花力气宣传他们的作品。他说，一位唱片公司的高层对此回应道："我们已经成功地让电台播放你的唱片，而且所有商店都在销售。你还要我们做什么？我们无法强迫人们购买你的唱片。"

尽管腐败和欺骗是音乐产业的重大问题，但音乐人对唱片公司不满的主要原因大概源自这种商业模式事后再分配的性质和成功的随机性，而不是不守信用。即便是那些受过良好教育、有商业头脑，并且聘用了经验丰富的法律顾问的音乐人，也往往会面临成功概率小、唱片合同中有不利条款的情况，结果让唱片公司拿走了大部分唱片销售和流媒体收入。

大多数独立唱片公司的商业模式会有所不同。目前有数千家独立唱片公司，制作并销售数万音乐人创作的音乐，但作为一个整体，这部分公司的唱片销售额只占销售总额的 1/3 左右。[7] 小规模的独立唱片公司无法拥有太多不盈利的艺人。于是它们倾向于给艺人较少的预付金、更高的版税率，在宣传方面的投入也常常较少。但是，在独立唱片公司走红的艺人却因为更高的版税率而挣得盆满钵满。

在独立唱片公司大获成功的一个例子便是民谣摇滚乐队闪耀乐队。这个以丹佛为大本营的三人组合 2011 年与纳什维尔的双音唱片公司签订了合同。双音公司只有 5 名员工，目标是专辑销量达 3 万张左右，并且给出了非常慷慨的收入分成。闪耀乐队的主唱韦斯利·舒尔茨说乐队之所以选择双音公司是因为它给出了"最好、最公平的交易条件"。[8] 闪耀乐队的首张专辑《闪耀》(The Lumineers)于2012年发行，在全球卖出了240万张，连续43周登上《公告牌》200强排行榜。该乐队2013年获得了两项格莱美奖提名，并且上了《周六夜现场》节目。虽然具体细节没有公开，但他们的版税很可能高达数百万美元。

首张专辑大获成功之后，闪耀乐队本可以与某家大公司签约并获得一大笔预付金，或者与某家独立唱片公司签下制作多张专辑的合同。但他们选择与双音这家小公司续约，制作一张新专辑。他们在录音棚里录制的第二张专辑《克莱奥帕特拉》(Cleopatra)于2016年发行，一问世就登上《公告牌》排行榜榜首。乐队的鼓手杰里迈亚·弗雷茨说："我们宁愿把宝押在自己身上，也不愿意欠别人钱，那种起步方式太怪异了。"[9]这次的豪赌盈利颇丰。

竞争

一旦某位艺人破茧成蝶成为超级明星，便会极力想重新商谈合同条款。但是艺人通常会有持续数年的合同在身，需要先录制数张专辑，因此他们只能等到合同到期后再寻找更好的交易。几乎没有艺人能够像闪耀乐队这样幸运，可以在每张专辑发行之后重新商谈合同条款。

布鲁斯·斯普林斯汀在其回忆录中描述了他1975年在《为奔跑而生》成功后与制作人迈克·阿佩尔重新商谈合同时心中的痛苦。斯普林斯汀的主要目标是得到他认为更公平的收入份额，这些收入来自他在过去5年依照合同所录制的唱片。阿佩尔要求签订一份新的合同，作为斯普林斯汀追溯和修改早先合同条款的代价。斯普林斯汀最后得出结论："为了公平地得到前5年的付出应有的回报，我又要再次牺牲5年，这可不是我拿起吉他，开创生活、打造未来所要的结果，不管这个未来多么渺小。"[10]斯普林斯汀和阿佩尔分道扬镳，双方于1977年达成了庭外和解。

用经济学术语来说，第一份合同中的条款属于"沉没成本"，不应该影响未来的决策过程。沉没成本就像桥下的河水——你对它爱莫能助，因为决定已经做出，协议也已经签署。但是沉没成本对个体的影响常常超出经济学家愿意承认的程度，因为人们在乎是否受到公平对待。从心理学的角度来看，我们往往将沉没成本视作不停折磨我们的循环成本。结果，我们喜欢先修复过去再迈步向前。

但是，违约或修改合同都很难办到。正是由于这个原因，约翰·伊斯门说他建议音乐人"要特别注意合同中的一个条款——合同期"。他说，经纪人经常促使艺人只注重眼前利益，以更长的合同期来换取数额较大的预付金，其中的部分原因在于经纪人可以从预付金中分成。

艺人偶尔确实能找到理由来违约或者重新商谈合同内容。在20世纪60年代摇滚音乐的鼎盛期，山姆·库克、滚石乐队、披头士乐队以及许多其他乐队的经纪人阿伦·克莱因经常强迫唱片公司，要它们就一些对艺人不利的合同重新进行商谈，这已经成了一个传奇。

最近，迈阿密的说唱歌手加斯·加西亚（艺名为利尔·庞普）在他2017年的热门单曲《古驰帮》（Gucci Gang）获得成功之后，于2018年年初废除了与华纳兄弟唱片公司的合同，因为他在2017年6月签约时还不到法定年龄（只有16岁）。[11]随之而来的便是三大唱片公司与几家独立唱片公司（包括DJ哈利德的"吾辈最佳音乐团体"）围绕这位说唱歌手展开的竞标。利尔·庞普充分利用自己急剧提升的地位，与华纳公司重新签约，得到了更高的预付金，据说高达800万美元。与之前报道的只有35万美元预付金的合同相比，这是一个巨大的进步，这个案例同时也说明了艺人签第一份合同时能拿到多少金额（尽管合同的期限和其他条款也可能有所改动）。[12]*

由于流媒体订阅服务的增长，唱片公司的财务状况大为改善，这也加剧了争夺潜在的超级明星的竞争。YouTube 以及其他流媒体运营商所提供的公开信息进一步加剧了争夺新秀的竞价战。许多唱片公司都可以发现那些音乐特别走红但尚未签约的艺人，尤其是嘻哈音乐明星，因为他们的音乐在流媒体上特别风靡。

在华纳兄弟董事长汤姆·科森看来："但凡表现出有前途的歌手都会立刻被抢夺。对嘻哈节目而言，我们目前显然处在了一个急剧竞争、极其昂贵的时刻。"[13] 据《公告牌》杂志报道，2018 年年初，新视镜唱片公司签约 Juice WRLD 的金额为 300 万美元，华纳兄弟签约 SahBabii 的金额约为 200 万美元，阿拉莫/新视镜签约 03 Greedo 的金额为 170 万美元。此外，Lil Xan（哥伦比亚公司）、City Morgue 组合的 ZillaKami 和 SosMula（联众唱片公司），以及"海岸黑手党"（大西洋唱片公司）据报道签约金额都在 7 位数。虽然这些金额具体包括哪些费用（预付金、录音成本、宣传费用等）我们不得而知——鉴于经纪人、律师、宣传机构向来喜欢夸大客户签约的金额，我们应该时刻打一个问号——在经历了 10 年萧条期之后，唱片公司的经济状况有所改善，而这无疑进一步加剧了竞争。

我问过汤姆·科森，社交媒体和流媒体上有大量关于新艺人的统计信息，唱片公司也花大力气运用"点球成金"**式的技术来预测未来的明

---

* 利用音乐人签约时不到法定年龄这一事实并非新的谈判策略。滚石乐队能够与他们最初的经纪人之一埃里克·伊斯门达成和解，部分原因在于他们签约时不到法定年龄，因此合同在合法性方面存在问题。

** 该词源于改编自迈克尔·刘易斯的同名小说的电影《点球成金》，片中球队经理用极少的资金及电脑程序分析数据经营奥克兰棒球队，赢得场场胜利。

星,这是否提高了成功的概率(别忘了,以前每10名签约的艺人中只有一两位能够回本)。一番沉思之后,他说成功的概率大概已经提高到了每10名中有 2.5 人能够回本。[14] 不过他随即指出,鉴于竞价战愈演愈烈,成本也在上升。因此,基本商业模式——需要有成功者来弥补失败者的亏空,而且成功很难预测——很可能仍会是主流。今天签订的许多合同事后都会被证明是愚蠢之举。

乐队成员之间的合同

有一种合同常常被人们忽视,有时甚至没有成文。这种合同关系到乐队成员之间的关系与义务。例如,披头士乐队成员之间有一项法律协议,平分所有收入,包括四名成员中每一位单独挣到的收入。[15] 乐队解散后,保罗·麦卡特尼首先提起诉讼,结果造成了乐队成员之间的分裂。他要求解除乐队成员之间在法律上的合伙关系,因为约翰、乔治和林戈之前否决了他的要求。原先那份合同本来应该包含乐队解散后各自义务的条款,因为如果乐队在解散后仍然将每个成员独立挣到的收入进行平分,就会造成严重的搭便车问题。如果自己的所得有3/4要分给约翰、乔治和林戈,保罗·麦卡特尼为何还要不辞辛劳地去巡演?其他三个人也都面临同样的问题。

在闪耀乐队 2009 年从新泽西搬到丹佛之前,杰森·范戴克曾与该乐队两名创始人一起演出。他说:"我知道我们有一件事真的没有做好,我们没有起草书面协议,没有把事情真正说清楚。"[16] 乐队凭借《吼嘿》(*Ho Hey*)一炮走红后,范戴克在 2014 年起诉闪耀乐队没有给予他同等合伙人身份、歌曲的版权和联合署名权。这场诉讼最终以保密和解结束。

丹·赖恩的 Le Loup 乐队尽管在商业上不如闪耀乐队成功，但他也指出成员之间如果有一份明确的合同，情况会好得多。一些成员并没有参与乐队所有歌曲的创作和演唱。[17] 如果某首歌卖给了某个电视广告，那么谁有权得到版税？是所有人，还是只有那些参与表演的人？并非所有意外情况都能被预见到，但如果乐队成员的权利与义务公开透明，如果合同尽可能涵盖所有意外情况，乐队成员之间的关系会顺畅得多。

许多乐队组建时，成员都还是青少年，比如滚石乐队、披头士乐队、金属乐队和天命真女组合。在大多数情况中，要与年轻时的伙伴合作一辈子，都并非易事。而许多乐队的情况却正是如此。由于青少年通常都不会起草合同并且去理解合同的条款，乐队成员之间的商业关系（到后来）常常变得令人担忧就不足为奇了。此外，随着青少年时期的朋友日渐疏远，乐队成员之间的关系数十年后也会变得非常紧张。

财务欺诈

唐纳德·帕斯曼是娱乐行业内顶级的律师之一，他给音乐人的建议是："没人能比你自己更好地打理你的事业。"[18]

汤姆·佩蒂与唱片公司之间的斗争体现了了解音乐产业、密切关注细节的重要性。汤姆·佩蒂和伤心人乐队早已在避难所唱片公司发行了两张金唱片级别的专辑，1978 年正在创作第三张专辑（并且聘请了吉米·艾奥文担任联合制作人），但避难所唱片公司的母公司——ABC 唱片公司——却将避难所出售给了 MCA 唱片公司。按照佩蒂的说法：

> 我觉得他们将我们像杂货和冻猪肉那样卖了出去。我们的合同中有一个条款，如果我们的合同转售给其他公司，必须征得我们的同意。于是我们去找他们，并且说："你们得放我们走。"我们得到的答复大致如下："你们就当没有那项条款，我们没有财力与大公司抗争。"这真的让我很生气。[19]

但是汤姆·佩蒂没有让步。随后的法律纠纷中的一个核心问题涉及与 Skyhill 音乐公司签订的关于佩蒂歌曲词曲版权的长期协议。佩蒂认为，他是被胁迫签订的此项出让词曲版权的协议，因为当时有人告诉他，如果不那样，唱片公司不会与他签约。佩蒂以为词曲版权只是指乐谱歌集，于是便以区区1万美元的预付金出让了它们。"我当时根本不知道那样做之后会一分钱也挣不到。"他在1980年说。[20]多年后，他在回忆往事时说："我的歌曲真的被人夺走了，而我当时甚至连什么是版权都不懂。"

为了支付律师费，汤姆·佩蒂和伤心人乐队开始了他们所称的"诉讼之旅"。佩蒂申请了破产保护，这样就可以废除合同义务；在这之后，双方终于达成了和解。作为和解的一部分，汤姆·佩蒂和伤心人乐队开始与 MCA 旗下的后街唱片公司合作，这家公司对艺人比较友好，佩蒂拿到了300万美元的保证金。歌曲的词曲版权也归还给了佩蒂。

音乐产业有太多不讲职业伦理的人，只知道利用音乐人。

1989年，比利·乔尔起诉弗兰克·韦伯，索赔9000万美元。韦伯是乔尔第一任妻子伊丽莎白的兄弟，也是他女儿亚历克莎·雷的教父。乔尔指控韦伯：（1）在乔尔不知情并且没有授权的情况下接受了250万美元的贷款，投资于韦伯旗下的各种马场和房地产公司；（2）在高风险投资项目中亏损了1000万美元，不仅都是乔尔的钱，而且许多投资对象都是韦伯名下的公司；（3）为制作音乐视频收取了乔尔双倍的费用；（4）以1500

万美元的价格抵押了乔尔的版权，却没有透露具体信息；（5）在财务状况上误导乔尔。经过一系列的判决、上诉和反诉之后，比利·乔尔最终拿到了800万美元。在上了这堂非常有意义的财务知识扫盲课之后，比利·乔尔说他之所以远离自己职业生涯的生意一面，就是因为他对说他"只是一味靠制作爆款赚钱的大师"的批评非常敏感。不过他也承认："我应该在生意方面留个心眼。"[21]这位《钢琴手》（The Piano Man）的作曲和演唱者建议乐坛新秀们去上一门会计学的课程，而且"懂一点法律也没有坏处"。

比利·乔尔显然有着一副宽宏大量的心肠，他后来与自己的前小舅子和解，甚至免费给他门票去看自己在佛罗里达的一场表演。他的第二位前妻克里斯蒂·布林克利将他的这一行为称作"难以想象"。[22]

声音悦耳的流行歌手斯汀以前是英语老师，这位超级明星也犯了相似的错误，他没有听从唐纳德·帕斯曼的建议，密切关注自己的合同。斯汀长达15年的财务顾问基思·穆尔在20世纪80年代贪污了他近1000万美元。穆尔在斯汀不知情或没有同意的情况下从斯汀的账户转走了大笔资金，投资于一些奇怪的项目，包括生产一种生态友好型变速箱以及在澳大利亚开一家印度餐馆连锁店。[23]基思·穆尔没有弗兰克·韦伯那样幸运：他因挪用公款被判了6年徒刑。

斯汀的一些其他财务决定似乎也欠考虑。据《每日邮报》报道，斯汀在2016年有两次同意在他人的婚礼上演唱，因为报酬丰厚。但背后真正的原因是他缺钱——一方面，他投资一家名叫斯蒂尔派克有限公司失败了，另一方面，他习惯于肆意挥霍。穆尔后来回忆："我记得斯汀对'会议的容忍度'几乎为零。他很容易感到无聊，比较满足于将生意方面的事务交给别人。"[24]

1970年3月，掌管感恩而死乐队财务的伦尼·哈特失踪了，他也是乐队打击乐手米奇·哈特的父亲，同时失踪的还有乐队约15.5万美元的资金。一年后在圣迭戈被人发现后，哈特因挪用公款罪入狱 6 个月。尽管米奇此后再也没有与他父亲联系，该乐队还是在 1972 年创作的歌曲《他走了》（He's Gone）中谴责了这位前经纪人，其中有一句歌词很恐怖："直接从你的头上偷走了你的脸。"

并非只有超级明星才会成为财务欺诈的受害者，一些不知名的音乐人同样会深受其害。英国广播公司 2018 年播出了一个节目，曝光了一家名为"环球乐队管理"（BMU）的伦敦公司。这家公司向各位艺人收取 4000 英镑，承诺帮他们录制节目，给他们提供登台演唱的机会，帮助他们拿下唱片合同，以及其他诱人的条件。然而，他们很少兑现承诺。例如，荷兰歌手雅斯佩尔·勒洛夫森说 BMU 的一名客户经理向他承诺，他的数狼乐队将有机会与著名艺人合作。乐队支付了 3840 英镑，但这种机会始终没有到来。"我们本可以将那笔钱用在对我们的事业有帮助的方面，结果却打了水漂。"勒洛夫森说。[25] 英国广播公司采访了 20 多位投诉 BMU 的艺人。艺人联合会负责人贺拉斯·特鲁布里奇将 BMU 的所作所为形容为"音乐界过去 20 年里所见过的最卑劣的欺骗行为"。

管理音乐人

对艺人而言，选择正确的经纪人需要一些技巧。乐队经纪人可以轻轻松松地挣到与乐队成员相同的报酬。好的经纪人的确是价有所值，比如克利夫·伯恩斯坦和彼得·门施，以他们的专业精神备受尊重——他们不仅懂行，而且能够引导客户朝着财务上可持续、发展长线事业的方向前进。其他人则是"来自老家的经纪人"——他们在乐队创建初期就与他们在一起，如果运气好的话，随着乐队的发展渐渐弄明白这一行。保罗·麦卡特尼曾经哀叹，披头士乐队的第一位经纪人布莱恩·爱泼斯坦"向他父亲请教，而他父亲只知道如何经营利物浦的一家家具店"。[26]

猫王埃尔维斯·普雷斯利也是在忍受了两位"来自老家的经纪人"之后才联系上汤姆·帕克上校的。这位上校之前干过为嘉年华拉客的活，还是一位非法入境的移民。[27]但是帕克却是音乐产业的内行，能够将埃尔维斯的事业推向更新的高度，并且能够谈成对埃尔维斯有利的唱片和商品交易。帕克的眼界体现在一件事情上：他让埃尔维斯作为嘉宾参加弗兰克·辛纳屈在美国广播公司的电视特别节目，这是埃尔维斯1960年退休后在电视上的首次露面。这个策略大获成功，让埃尔维斯进一步赢得年纪较大的观众。帕克的佣金据称超过埃尔维斯收入的50%。但是，埃尔维斯完全认可帕克的作用，他曾经说："如果不是他，我永远无法这么红。他非常精明。"[28]

在风靡全国乃至全世界之后，一些超级明星决定自己管理自己的事业或者引入管理层，以此来节省开支。坎耶·韦斯特与自己合作了多年的经纪人伊兹沃尔·齐夫科维奇分道扬镳，后来又与斯库特·布劳恩分道扬镳，为的就是尝试这一策略。布鲁诺·马尔斯、碧昂丝和泰勒·斯威夫特也在采取相同的策略。[29]时间将证明这些策略是否会成功。如果说历史上的经验教训能提供任何借鉴的话，那么不管有没有经纪人，艺人都很容易被人占便宜。

量入为出

许多艺人之所以会在经济上陷入困境，是因为他们没有量入为出或者缺少对未来的规划。威尔·史密斯在参演电视剧剧集《新鲜王子妙事多》

之前，是嘻哈组合"DJ 爵士杰夫与新鲜王子"的成员之一，他便是一个教科书式的例子。这个二人组合 1989 年因为热门歌曲《父母不懂》(*Parents Just Don't Understand*) 赢得了格莱美最佳说唱音乐表演奖。他们的首张专辑获得了三倍的白金销量。史密斯以为这种好日子将会继续下去，便开始大肆挥霍。但他的第二张专辑却以失败而告终。史密斯开玩笑说，那张唱片突破了"双倍塑料销量"。他没有交所得税，于是美国国家税务局扣留了史密斯的汽车和摩托车，评估他的欠税金额为 280 万美元，并且扣缴了他的收入。史密斯回忆道："你是个名人，却身无分文，这他妈的是双重耻辱，因为你的名气还在，大家都能认出你，可他们认出你时，你却坐在公共汽车上。"[30]

就在濒临破产之时，史密斯抓住了一个机会。一次偶然的相遇让他在昆西·琼斯位于贝尔艾尔的豪宅中得到了一次即兴表演的试镜机会，之后的事人人皆知，因为史密斯成了好莱坞最大的明星之一。

在财务决策方面，艺人与许多其他美国人并无两样，但艺人的收入难以预料，自主就业的比例较高，他们的艺术又时刻为人们高度关注，因而他们的经济状况也更加危机四伏。由于众艺人基本都以独立承包人的身份挣钱，没有雇主来为他们预留出部分收入用以缴税。许多艺人都像威尔·史密斯，没有预留出部分收入用以缴税，结果美国国家税务局就找上门来。

也有许多艺人在逃税方面比较胆大妄为。例如，流行歌手夏奇拉就因涉嫌逃税在西班牙受到调查。[31] 一些艺人惹上麻烦就是因为他们的经纪人或者税务顾问制订了逃税计划——比如在某个避税港通过第三方登记收入——结果造成艺人无法掌控自己的收入。基思·厄本、麦当娜和博诺都出现在了被曝光的"天堂文件"中，这些文件详细记录了他们的离岸避税行为。

但许多音乐人以及数百万美国人所遇到的问题却是挥霍无度，没有为事业结束后的生计留下太多的钱，并且不会为子女的大学教育以及其他需求提供资金。埃尔顿·约翰便是一个极端的例子。在一场极为羞辱的诉讼中，埃尔顿·约翰曾起诉他的前经纪人以及普华永道会计师事务所，要求他们为财务管理方面的失误赔偿3000万美元。埃尔顿·约翰不仅输了官司，而且法庭文件显示他在不到两年的时间里花费了6000万美元，光是购买"鲜花"的金额就高达40万美元。* 法官安德鲁·费里斯说："埃尔顿爵士显然有着罕见的慷慨天性。他喜欢在自己身上花钱，购买礼物，还喜欢为朋友花钱。但他对生意上的事几乎没有兴趣，也不愿意弄明白他不感兴趣的事情。"[32] 雪上加霜的是，约翰必须支付高达1200万美元的诉讼费。

能挣大钱并不意味着就能自动防范资不抵债和破产。据报道，说唱歌手柯蒂斯·杰克逊（艺名为"50美分"）两年就挣了3亿多美元。2016年，他在依照《破产法》第十一章申请破产保护一年之后，同意向多名债权人支付2500万美元。他欠一家音响设备公司1700万美元，并且因侵犯隐私权须向说唱界竞争对手的女朋友支付600万美元。[33]

对美国橄榄球联盟球星1996年至2003年的一项研究显示，16%的球星在退役12年内都申请了破产。[34] 这些球星在其运动生涯中平均收入为320万美元（按2000年的美元计算），他们的平均运动生涯为6年。不仅如此，收入更高或运动生涯更长的球星同样会破产。这意味着问题不在于他们收入不够高，而在于他们的消费超出了自己的能力范围。

经济学中的生命周期模型认为，人们会在收入最高时存钱，为收入较低时期以及退休做准备。但是正如经济学家所记录的那样，许多人都喜欢不顾目前的收入水平而超前消费，要么是因为自控力太低，凭一时高兴胡乱买东西，要么是因为他们全然不顾自己的行为为未来的财政状况带来的

---

* 鲜花有时被用作委婉语，暗指音乐产业中的毒品。

后果。经济学家将这称作"双曲贴现"现象。一些曾经与超级明星合作过的经纪人经常提及另一个解释：许多艺人都没有意识到，他们天文数字般的收入可能只是昙花一现。例如，威尔·史密斯在得知自己的第二张专辑一败涂地、他已经入不敷出时，他真真切切地大吃了一惊。

为了帮助艺人管理好自己的财务，职业规划师阿斯特丽德·鲍姆加德纳提出了七条合理规定，要他们遵守。[35]第一，"明确自己所面临的挑战"，包括花钱太多、过度透支信用卡。第二，"掌握基本的财务知识"，这样就能明白如何处理好自己毕生的财务。第三，"多角度思考收入流"，因为艺人的生活来源常常由演唱会、教学、版权和其他收入来源构成。第四，"制订明智的预算方案"，仔细审视自己的收入与支出，确保自己的生活没有超出能力范围，别人欠的钱都收回来了，没有被人过高收费。第五，"避免债务"，包括信用卡和其他高利率债务来源。第六，"现在就存钱"，因为收入会有高有低；一旦遭遇坎坷或者退休，你会为这些存款感激不尽。第七，为向政府缴税预留出一些钱，并且记录下自己的开支，以便报税时从收入中扣除。

崭新的一天

从某种意义上说，上述规定归根结底就是要明白自己所需的成本，为未来制订计划，生活要量入为出。成本过高对业务和个人财务状况都是致命的。无论是歌坛新秀还是大牌明星，如果能花一点时间监控钱都花在哪里、来自哪里，那他们财务方面会更有保障，从而能够毕生追随自己的激情。

第八章
流媒体正在改变一切

> 技术总是赢家。如果我们的产品比盗版更好呢?
> ——丹尼尔·埃克,声田的联合创始人兼首席执行官

纳普斯特公司1999年问世,这也是唱片收入达到最高峰的一年。1999年至2015年,唱片的收入减少了一半多,在美国从146亿美元降至67亿美元,并且没有考虑通货膨胀的因素。*背后的原因呢?转变为数字音乐后,盗版和非法文件分享呈爆炸式发展趋势。直到流媒体的出现,收入才开始反弹。从2015年到2017年,收入增加了20亿美元,不仅一改前10年的下降颓势,而且给音乐产业带来了迫切需要的推动力。[1]

2017年,美国以流媒体形式合法播放的歌曲总数令人胆战心惊,达

---

* 按照通胀调整后的美元计算,唱片的收入从最高峰的1999年到最低谷的2015年减少了68%。

到了 1 万亿首，而且这个数字到 2019 年还会翻一番。[2] 流媒体服务的出现已经改变了音乐产业的经济学。声田、亚马逊、苹果音乐、Deezer、QQ 音乐、Tidal、谷歌商店音乐、互联网电台以及 YouTube 等平台提供的音乐流媒体服务正迅速将音乐从耐用品/所有权市场转变为服务/租赁市场。流媒体增加了人们听音乐的时间，并且通过以可承受的价格向用户提供更便利的服务，帮助减少了全球范围内的音乐盗版。丹尼尔·埃克在 2006 年联合创建了声田，并且正确地预言，如果他建立一个更好、更方便的服务平台，消费者会愿意为音乐买单。

音乐产业几乎每 10 年就会被新技术颠覆一次。慢转密纹唱片在 20 世纪 50 年代和 60 年代取代了 78 转胶木唱片；盒式磁带和八音轨磁带在 70 年代风靡一时，但在 80 年代却让步给了随身听以及激光唱片。90 年代出现了 MP3 播放器和数字下载技术，21 世纪头 10 年出现了 iPod。如今风靡的是流媒体。你只要看一看自己扔掉了多少设备或者在抽屉和柜子里堆放了多少再也不会使用的老设备，就能明白技术进步的速度。我们很可能处在流媒体革命的初期，音乐制品发行业务将来肯定还会再次改变。不过，目前音乐流化的状态让人们清晰地明白了经济学与技术密不可分，经济激励和技术将塑造我们的未来。

映射流

在不久前的 2008 年，唱片 2/3 的收入来自实体产品销售（主要为 CD），30% 来自数字下载（主要是通过苹果 iTunes 商店出售的曲目）。[3] 今天，流媒体占到了唱片收入的 2/3，实体产品和数字下载各占约 15% 的收入。黑胶唱片主要作为稀奇物而存在，不过在发烧友中的需求量在增加。支撑CD销量的主要原因在于还有大量老车在路上奔跑，老车的仪表板上都装有CD播放器。[4]一旦这些不断老化的车辆退出历史舞台，CD很可能会像八音轨磁带那样消失。*"我绝对相信未来10年将是流媒体和黑胶唱片的天下——汽车和厨房内播放流媒体，客厅和书房里播放黑胶唱片，"第三人唱片公司的创办人兼歌手杰克·怀特最近对《滚石》杂志说，"只有这两种格式。"[5]

鉴于黑胶唱片价格昂贵，而且不像流媒体那样便利，我认为它只会在少数发烧友中流行。流媒体无论是现在还是未来都将是音乐的主要销售模式，而且流媒体正在改变音乐界的一切。

流媒体形式多样。一个重要的区分在于是互动式服务还是非互动式服务。在互动式服务中，消费者可以选择播放哪位艺人的音乐、哪张专辑或哪首歌曲。在非互动式服务中，音乐事先已经编排好，类似于电台广播。流媒体服务有另一个重要区分：广告支持模式，即听众免费听音乐，但音乐偶尔会被广告打断；订阅模式，即听众每月支付费用来收听不含广告的内容。声田和潘多拉这样的平台既提供含有广告的服务，也提供订阅模式的服务。

就艺人和唱片公司而言，付费用户更能盈利。每首歌通过订阅模式的流媒体得到的版税都高于通过广告支持模式的免费流媒体得到的版税，因为订阅收入远远超过广告收入。

付费订阅最近几年在美国急剧发展，而唱片收入增加的背后推手正是付费订阅量的增加。从2013年至2017年，付费订阅量几乎增加了6倍，从630万增加到了3530万。[6]艺人和唱片公司来自付费订阅服务的收入增

---

* 这种预言的一个例外是日本，CD在那里仍然是老大。见第十章。

速更快，从2013年的6亿美元增加到了2017年的40亿美元。来自广告支持的收入也有所增加，但增速较慢，而且起点较低，仅仅从2013年的2.2亿美元增加到了2017年的6.6亿美元。

几家大型流媒体平台陷入一场争夺听众和用户的大战中。到2018年年中，声田和苹果音乐在美国各有2000多万付费用户，亚马逊也不甘落后。[7]据亚马逊首席执行官杰夫·贝索斯说，在2017年最后的6个月中，亚马逊的电子书包月服务的用户增长了1倍，而且已经在40个国家落户。声田在全球有1.57亿活跃用户，7100万付费用户。苹果音乐的全球付费用户估计为4500万，它不提供夹杂广告的免费服务。潘多拉的每月活跃用户高达7500万，但只有550万是付费用户。天狼星XM广播电台在北美的付费用户超过3300万。中国互联网巨头腾讯的流媒体平台在全球范围内的用户数量最大，每月有超过8亿听众在使用它提供的广告支持的免费服务。

如今人们对音乐产业的未来非常乐观，因为流媒体还远远没有接近饱和点。如果参考手机普及率或者网飞公司这样提供视频订阅服务的网站，那么音乐流媒体用户数量在未来数十年里年增长率可以轻松达到两位数。威廉·莫里斯奋进娱乐公司的马克·盖格已经预测过，全球付费用户数在未来15年中将从目前大约1亿增长到10亿左右。[8]而且，收听夹杂广告的音乐的用户数将会更大。

流媒体业的浑水

流媒体创造出了一种不同类型的全新产品，与实体唱片销售或数字下载没有直接的可比性。CD这样的实体唱片属于耐用品，个人购买并拥有；

他们将来可以无数次聆听录制在这些 CD 上的歌曲。流媒体运用唱片业的产品，即录制好的母带，来创造一种服务形式：一个客户随时随地都能使用的巨大的流媒体曲库，只要他们每月支付所需的费用（或者忍受广告），并且拥有能够播放流媒体的设备。这项服务必须有播放列表、策划好的歌曲推荐、点播歌曲、专辑、艺人选择，以及其他特色。从听众的角度来说，流媒体与从前的耐用品模式虽然有共同之处，却大有不同，将流媒体播放量强行计入专辑销量的尝试充其量只是权宜之计。

流媒体更像租车，而不是买车。租车的人一般来说要比拥有汽车的人更多用车、更少爱护它，因为他们不会太关心租来的车是否被磨损。订阅流媒体之后，曲库中的所有音乐任由听者随意聆听，所以流媒体就相当于拥有了整整一个车队——跑车、旅行轿车、越野车、卡车等——可以任由你随便使用，而拥有一张 CD，你只能接触到某一辆特定汽车。

由于流媒体属于一个透明度不高的行业中的新产品，它背后的商业模式比较混乱。像声田这样的流媒体服务商向音乐版权所有者（唱片公司、艺人、版权管理公司和词曲作者）支付的版税一般只有其收入的 65% 至 70%。[9] 版税率属于机密，唱片公司与流媒体平台之间可以商谈。流媒体平台所支付的具体数额计算起来其实非常复杂，但 65% 至 70% 的固定比例是比较合理的估值。[10] 付费比例确定之后，版税会按照歌曲版权持有者在流媒体服务商上的流量份额分配给他们。

我们可以做一个假设，如果某家流媒体平台一年有 1000 亿首歌曲的流量，从付费用户那里获得的收入为 6 亿美元，那么支付给版权持有者的 2/3 的收入就是 4 亿美元。如果某首热门歌曲占该服务商 1 亿流媒体播放量（相当于总播放量的 0.1%），支付给这首歌曲的版权持有者的金额将是 0.1%×4 亿美元 =40 万美元。如果音频点播流媒体服务商（比如声田）拥有更多的付费用户，因而有更多的收入，它也会支付给版权持有者更多的钱。从广告商那里得到的收入也会按比例分给版权持有者。

这种计算方式的前提是大家相互信任。一些流媒体服务商曾被指控将他们喜爱的艺人或者那些在该公司有股权的艺人的播放量夸大。其他一直盘踞的问题包括如何计算收入，以及收入是否被转移至其他业务上以逃避支付版税。例如，流媒体服务商 Tidal 正因其业务行为接受调查。[11] 鉴于在 20 世纪 60 年代许多唱片公司经常瞒报专辑销量，在 70 年代演唱会承办方又经常瞒报票房收入并夸大成本，当我得知一些流媒体公司挖空心思在财务上做手脚以增加利润并夸大其服务范围时，一点也不感到意外。摇滚经济学的历史已经让我们学会了"可以信任但仍需要核实"。

不过，上述分析过于简化了收入问题。实际上，流媒体平台与唱片公司之间商谈的内容远不止支付比例。流媒体行业一个秘而不宣的特点便是唱片公司有时会暗中"贴补"流媒体平台，让他们举办活动来宣传该唱片公司旗下的艺人。这类宣传活动有时非常明显。例如，声田大肆力推德雷克的热门专辑《蝎子》（*Scorpion*），引起许多粉丝在社交媒体上对此抱怨不已。《蝎子》出现在声田的多个播放列表中，德雷克的照片也出现在一些与他的音乐无关的播放列表中，比如"英国金曲""热门舞曲"和"快乐流行金曲"。苹果音乐平台也不遗余力地宣传这张专辑，甚至制作了一个网站，让使用者自己制作德雷克这张专辑的封面，并且在 Siri 上事先准备好了关于德雷克的各种问题答案。这种努力非常成功：《蝎子》在推出后的前三天就打破了声田在美国的一周流媒体收听纪录，也打破了苹果音乐平台的单人流媒体收听纪录。[12]《蝎子》占据《公告牌》二百强单曲榜榜首的时间在 2018 年超过任何其他专辑。

另一种人们略不熟悉的做法是，唱片公司和流媒体平台还可以将新艺人的宣传与它们和流媒体服务商签订的合同捆绑在一起。声田就已经尝试过将赞助商资助的歌曲放在其插播广告的流媒体服务中。[13] 此类营销手段带来了一个问题：这些经过商谈达到的捆绑式宣传是否越过了商业贿赂这条红线，因为唱片公司出钱让电台播放其旗下艺人的音乐至今仍是违法行为。

流媒体服务商之间也在多个方面相互竞争。尽管大型平台都为其高端订阅用户提供类似的曲库，它们仍然会设计不同的播放列表，并且有不同的特色，比如语音互动这种功能。与广播电台不同，流媒体服务商会收集每个听众既往音乐偏好的大量信息，并运用这些信息制定个性化的收听推荐。语音互动服务的自由度使亚马逊智能家居机器人和谷歌智能音箱（Google Home）得以收集不同种类的信息（如用户用餐时的音乐取向），而不只是提供基于屏幕的统一化的流媒体服务；它们可以运用这些信息为用户制作个性化的播放列表和曲目推荐。不仅如此，流媒体服务商还在元数据方面做了大量投入，将歌曲的不同特点进行编码，以便更好地使音乐选择与听众的偏好匹配。

这种个性化服务的一个方面在于信息变成了流媒体服务商的资产，而这种资产又衍生出了"特定个人的匹配资本"，即与那些没有掌握听众既往收听信息的流媒体竞争对手相比，掌握了信息的流媒体服务商能够给用户提供更加个性化的服务。平台在提供个性化服务方面做得越好，用户改用另一个平台的可能性就越小，流媒体服务商向长期用户收取更高价格的余地也就越大。

一些流媒体平台提供补偿服务，并且已经从商业活动中创造出了互补产品。例如，声田向各位艺人提供一个数据仪表盘，让他们通过这个仪表盘来了解粉丝的看法、确定目标观众、选定巡演地点。苹果提供类似的服务，亚马逊也已经承诺跟进。声田与 Songkick 根据听众兴趣共同提供演唱会方面的信息。有些服务商还提供待售商品的链接。

流媒体平台从销售中得到了许多优势。平台如果规模较大，在与唱片公司议价时就能占上风，而且一旦拥有大量用户偏好方面的数据，就能给听众和艺人提供更好的服务。即便平台或多或少会按照固定的收入比例支付版税，有些成本却是固定的（例如，开发网络平台和推荐曲目的算法），不会随着用户的增加而增加。结果，不同流媒体平台之间在做大以及扩张至印度和拉美这样的新地区时存在激烈的竞争。正如规模和独特性造就了音乐界的超级明星一样，少数几家流媒体公司未来独霸音乐市场的条件已经成熟。

最后，这种商业模式还有一点值得一提，那就是流媒体服务商已经开始进行价格区别，目的是将收入最大化，增加用户数量。尽管大多数普通用户每月的费用为9.99美元，这个价格又会根据服务级别、所用设备数量、家庭套餐等而有所不同。亚马逊目前给高级会员免费提供限量曲库（200万首歌曲）；每月7.99美元的无限量曲库（每月3.99美元只能在某一台具体智能家居机器人设备上使用服务）；家庭套餐则为每月14.99美元，最多6名家庭成员可以收听无限量的曲库。声田有免费的点播服务，但其中含有广告，它还提供不含广告的个人及家庭订阅套餐。苹果音乐虽然不提供免费服务，却有每月9.99美元的个人套餐和每月15美元的家庭套餐（最多6名家庭成员可以使用）。YouTube有一个几乎完全由广告支持的平台，它最近也开始推出每月11.99美元的无广告音乐服务，家庭套餐则为每月17.99美元。[14]许多平台都向学生提供优惠价格。这些价格策略的目标是向那些对价格不太敏感的用户收取更高的费用，以便增加收入和市场份额。

流媒体经济学

要想了解任何创新带来的经济影响，一个有用的方法便是思考该创新对"馅饼大小"（总收入是增加还是减少）以及对"馅饼分配"（各方得到的份额多大）的影响。付费流媒体服务商的出现无疑增大了馅饼。由于流媒体过去数年的发展，人们现在将更多资金投入唱片，这对音乐人和唱片公司来说都是件好事。人们预计流媒体用户数量会继续增长，而这将进一步扩大馅饼的规模。

馅饼的分配比较复杂，取决于具体艺人与所属公司之间的合同。不过，某些类型的音乐显然从流媒体中获益更多。例如，尼尔森公司的数据显示，2018年上半年，嘻哈和节奏布鲁斯占专辑总销量的15.5%和流媒体播放总量的36%。[15] 电子舞曲流媒体播放量也高于专辑销量。嘻哈、节奏布鲁斯和电子舞曲的流媒体播放量远胜于专辑销量，这在很大程度上反映出使用流媒体服务的多为相对年轻的城市居民。

流媒体也让在业内被称作"久远曲库"的老歌重获新生。这些老歌的词曲版税和唱片版税以年费的形式支付，而将艺人的版税证券化并出售其中的股份已经形成了一个生气勃勃的金融市场。这一发展趋势的开山鼻祖是大卫·鲍伊，他在1997年将自己25张专辑的版税变成证券，以同名的"鲍伊债券"的方式筹集到了5500万美元。

不过，许多新艺人从流媒体分得的馅饼要小于新艺人在实体唱片销售或数字下载中所分得的，至少在流媒体发展之初会是这样。原因在于流媒体出现之前，音乐产品是一种耐用品，人们购买（实体或数字）唱片，然后会反复多次聆听，因此，相较于老唱片，人们往往更倾向于购买新发行的唱片。而如今，在流媒体平台上（由于收入是由歌曲点击次数占总点击次数的比例所决定的，新歌的点击次数必然少于老歌），而歌坛新人往往只有新歌傍身，因此一开始新人的收入反而不会太理想。不过，如果我们将流媒体模式下所支付的版税现值与之前唱片行业的状况进行比较，那么我们还是可以期待当这块馅饼越做越大时，即使是新艺人，最终通过流媒体分得的收入也会足够丰厚。

三个错误概念

由于流媒体是一个新产品，有着不同的商业模式，人们在流媒体经济学方面经常犯三个错误。

首先，业内人士经常将流媒体视为一种零和游戏。他们的逻辑是：如果一位艺人的播放量上升，那么他在总播放量中的份额也会上升，而其他艺人的份额就必然会下降。换言之，现在的艺人竞争的不再是谁能卖出更多唱片，而是谁能分得更大块的馅饼。这种逻辑在静态世界中比较合理，但是在动态世界中却站不住脚，因为付费用户的数量会逐渐扩大馅饼的规模。即便是在一个静态世界中，如果馅饼规模非常大，某一位艺人的流媒体播放量也并不一定就会影响到其他艺人的份额。

大家可以看一看下面的计算。加拿大说唱歌手德雷克在不同音频平台上的播放量达到23亿次，因此成为2018年上半年全世界播放量第一的歌手。[16] 他的播放量占同期所有歌曲播放量的1.7%。假如德雷克当初成为律师而不是歌手，假如他的歌曲从未问世，假如其他一切因素都保持不变，那么肯德里克·拉马尔的流媒体份额会增加多少？答案是：不太多。假如我们从总播放量中减去德雷克的总量，肯德里克·拉马尔的播放量份额也只是从0.5%增加至0.51%。考虑到分母减小后的非线性效应，卡迪·B的份额增幅更小，这与任何播放量少于肯德里克·拉马尔的歌手相同。如果减去播放量少于德雷克的歌手，那么对其他艺人份额的影响甚至更小。因此，作为一个实际问题，即便对世界采取一种静态的观点，流量艺人之间也几乎没有零和竞争。

此外，流媒体的付费用户尚未接近其最大数量，这一事实是流媒体不是零和游戏的另一个原因；只要有更多热门歌曲吸引更多用户注册，总数还将更大。即便付费用户数保持不变，如果每月的订阅费提高，或者利用价格歧视对订阅费进一步分级，馅饼的规模仍然会继续变大。

第二个常见的错误概念是，声田或者Tidal这样的平台给艺人每首歌每次播放量支付的金额大小可以作为衡量平台慷慨程度以及其对艺人收入贡献的指标。音乐博客、《纽约时报》《福布斯》以及其他新闻机构，也都用艺人按歌曲每一次播放得到的报酬来评估流媒体服务商的慷慨程度。[17]但是，在基于用户的流媒体市场上，决定唱片收入的参数包括平台的支付比例、订阅者每月支付的费用，以及订阅者的数量。播放量与此并不相关。要想理解这一点，我们假设现在有A和B两个平台，分别收取9.99美元的月费。两个平台各自拥有100万付费用户，各自向版权持有者支付70%的收入。假设A服务商在推荐用户喜欢的音乐方面做得更好，用户的点播量是B服务商用户的两倍，那么在这个例子中，A服务商给艺人每次播放量支付的金额只有B服务商的一半。但是A服务商显然对音乐产业的贡献更大，因为它在推荐音乐方面做得更好，让听众更高兴，支付给版权持有者的费用与B服务商相同。这个例子说明，将给艺人每次播放量支付的金额视为流媒体服务商是否对艺人和音乐界其他人士更好的指标是一种误导。事实上，在其他一切相同的情况下，更成功的服务商为每一首歌曲每次播放量支付的金额会低于差一点的服务商。

这并不是说某些流媒体服务商之间就没有"价值差异"。YouTube是价值差异的好例子。YouTube只有少量付费服务，支付给版权持有者的费用在其收入中占比小一些（我将在第九章中解释，这是1998年《数字千年版权法》中的奇怪规定造成的）。其他服务商在支付比例和月费方面大同小异。但是，那些更加依赖广告支持的服务商往往没有那么多收入可供支付给艺人，因为广告带来的收入少于来自付费用户的收入。因此，苹果音乐每次播放量支付给歌手的金额高于声田，这可能恰恰表明苹果用户听音乐的时间少于声田用户（以及声田比苹果更多地依赖于订阅广告支持模式的用户）。声田每次播放量支付给艺人的金额也在逐渐减少，这表明声田有越来越多的用户在花更多时间听更多歌曲，而这对音乐产业而言是件好事。

最后一个错误概念是，可以将流媒体上的播放量换算成唱片销量。人们自然很想衡量艺人或专辑的流行度，因为音乐是一种社会性商品。这就造成一些人简单地将唱片销售、数字下载和流量综合起来衡量流行度，这种做法问题重重，尚有争议。例如，《公告牌》在其颇具影响力的《公告牌》200强排行榜中，将一张专辑的1500次歌曲播放量算作一张唱片的销量。[18]（用这种换算方式）将流媒体播放量和唱片销量合并在一起来衡量专辑的流行度并不明智，这就好比用马力作为汽车和马车的综合流行度的计量标准。但是流媒体与唱片属于不同的产品，而且将它们合在一起的标准过于随意。流媒体增加了可以听到的歌曲种类，并且将听音乐在金钱上的边际成本降为零，这样就会有更多人以流媒体的形式来消费音乐。另一个区别在于唱片必然会将不同歌曲捆绑在一起，而流媒体歌曲则不会（下文将做进一步解释）。

从点菜到全自助餐

从音乐消费者的角度来说，流媒体将唱片从菜单点菜转变成了一顿自助餐，而且比从未经授权的网站下载盗版音乐更方便。只要支付了月费，消费音乐在金钱上的边际成本就为零。与自助的早餐一样，消费者在没有额外消费成本的情况下会消费更多。消费者方面的主要制约是时间。

显然许多消费者愿意为方便买单。声田设计的初衷就是在使用时要比其他服务商更快、更容易，比如LimeWire、海盗湾提供的免费文件共享服务，以及继纳普斯特和 BT 下载器之后出现的大量其他盗版音乐网站。这种商业模式已经获得成功。声田预测，到 2018 年年底，它将拥有 9600 万付费用户，付费金额将高达 65 亿美元。[19]

用户喜欢选择与自己的偏好和情况相匹配的流媒体方案。时间的机会成本较高、可支配的收入较多的个人更有可能通过付费来享受无广告的高级服务。收入较低的年轻听众则更愿意忍受伴随"免费赠送"服务而来的广告。不过，正如天下没有免费的午餐，免费的流媒体服务这种东西也并不真正存在。

对广告支持的流媒体的需求

有了潘多拉以及中国巨头平台 QQ 这种主要靠广告收入支持运行的流媒体服务商之后，听音乐的成本变成了听（或者看）付费广告所带来的不便。潘多拉听众大约每 15 分钟就会被一两则广告打断，相当于每听 1 个小时的演唱会有 3 分钟广告。[20] 广告完全针对听众的人口资料和所在的地理位置而设计。有些广告具有消遣性，充分发挥媒体的特点。尽管如此，广告仍然强行给听众带来了成本——他们以收听时所花的时间为代价（即便在没有金钱易手的情况下，我们也可以运用经济学工具进行分析）。

潘多拉进行了一项前所未有的试验，用以测试广告量增加时听众对音乐以及对潘多拉本身需求下降的程度，该试验清楚地显示了需求曲线呈下行趋势。从 2014 年 6 月至 2016 年 4 月，潘多拉电台近 3500 万听众必须收听不同数量的广告。[21] 听众被随机分入 9 个试验组，他们在此后 21 个月里听到的广告数量以及被广告打断的频率各不相同。第 10 组为对照组，听到的是正常数量的广告（大约每小时 3 分钟）。广告最多的组听到的广告数量是广告最少组的 2 倍。这正是谷歌和脸书这样的互联网公司在用户不知情的情况下定期进行的试验，而且它们还从不公布研究结果。这项试验规模庞大，经济学家大卫·莱利甚至都离开了学术界来领导潘多拉的研究小组。他的研究成果揭示了将经济分析应用到音乐产业的威力。

消费者对广告的反应一如他们对较高价格的典型反应：如果广告强加给他们更大的讨厌成本，他们对商品的需求（这里指流媒体）就会下降。图 8.1 记载，在试验过程中，相对于对照组，听到广告最多的组收听潘多拉的时间在减少，而听到广告最少的组收听的时间则在增加。随着广告数量的增加，听众收听的时间在减少，因为用户收听的天数在减少，甚至干脆不再使用其服务。这给潘多拉以及其他由广告支持的流媒体服务商带来了一个至关重要的权衡情境：如果它们能吸引更多听众，那它们就可以向企业客户收取更高的广告费；但如果增加广告量，它们又会失

图 8.1 低广告量组与高广告量组听潘多拉的平均时长占对照组的百分比

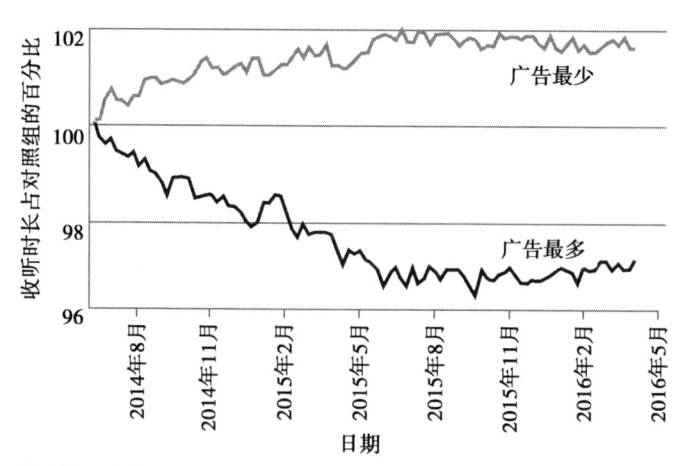

资料来源：杰森·黄、大卫·莱利和尼古拉·里亚博夫。

去听众。有意思的是，潘多拉的试验显示，插播更多广告，这家公司的收入可能会有所增加。也就是说，虽然潘多拉频繁地插播广告，会失去一部分听众，并因此失去一些广告费，但因销售了更多广告而增加的收入可以抵销这部分损失。

潘多拉的试验还有另一个重要发现。潘多拉既提供含有广告的免费广播电台，也提供不含广告的付费会员服务，但该公司80%的收入都来自广告服务。[22] 听众只要每个月支付4.99美元，就能得到不含广告的个性化广播体验。含有广告的免费服务与订阅服务是替代商品。随着免费服务变得越来越不方便，听众开始转向付费服务。每小时每增加1条广告，听众参加付费订阅的概率就会增加0.14%。但是完全退出服务的听众更多。只要有1个听众转为付费用户，就会有3个听众不再使用潘多拉。年纪较大的听众更有可能转为付费用户，以避免广告带来的不便，而年纪较轻的听众则更有可能完全退出，大概会改用YouTube这种可替代的免费流媒体服务商。

发现音乐

尽管电台依然是发现新音乐的重要渠道，尤其是在美国中西部，但流媒体也正迅速成为发现音乐的一个重要渠道。声田在其2018年递交给美国证券交易委员会的公开呈报中称，该平台31%的收听时间都是通过播放列表实现的，而两年前还只有20%。播放列表是靠人工策划、电脑计算（如机器学习），或者这两种方法结合在一起挑选出的一组歌曲。播放列表既可以为大众设计，如声田的"今日热门金曲"，也可以为个人进行个性化定制。

声田供听众挑选的曲目多达3500万首，因此显然必须有某种途径来简化选择歌曲的过程。声田在公开呈报中指出:"鉴于我们的播放列表在促进音乐发现方面取得成功,这些播放列表已经成为唱片公司、艺人和经纪人用来宣传歌手、衡量成功与否的主要工具。"

事实上,播放列表正在成为音乐的新看门人。经济学家路易斯·阿吉亚尔和乔尔·瓦尔德福格尔研究了某首歌曲进入声田播放列表后对其流行度产生的影响。[23]他们运用多种统计方法,得出的结论是:播放列表可以对歌曲的发现产生重要影响。比如,他们发现:"'今日热门金曲'播放列表在采样期有1850万用户,一旦某首歌曲进入该播放列表,它的播放量会增加近2000万次,价值介于11.6万至16.3万美元之间。"毫不奇怪,唱片公司会相互竞争,想方设法让本公司的歌曲进入播放列表,以此来推广旗下的艺人。

即便是在个性化播放列表出现之后,听音乐仍然是一种社交行为。声田和其他流媒体平台都有内置社交功能,用户可以在网络中分享自己推荐的曲目。脸书也允许用户与朋友分享自己的音乐喜好。播放列表由于需要向数百万听众推荐很小的一组歌曲,因而会放大超级明星效应。这些功能强化了从众效应,为录唱片的明星艺人加强了累积优势所带来的效益。在超级明星市场中,少数几位艺人便拿走了最大比例的报酬,但是正如第四章所述,目前尚没有迹象显示流媒体将音乐带离了超级明星市场。

长尾理论

许多尚未得到很多认可或回报的录唱片的艺人仍在继续坚持,尽管他们仍将处于行业的"长尾"上,孤军奋战,但互联网和数字技术正在改变人们发现新超级明星的方式，也在改变着普通音乐人的工作方式。一旦碰到老手，装有 GarageBand 或者 Logic Pro 软件的笔记本电脑就能具有与伦敦阿比路录音室一样的录音能力。尚未遇到伯乐的音乐人从未能像现在这样轻易地制作出高质量的试唱带和样带，并且被广泛传播。这也使得一些超级明星可以在没有传统音乐制作人培养和发掘的情况下崭露头角。例如，贾斯汀·比伯就是在他将自己的音乐视频放到网络上后被发现的，多才多艺的雅各布·科利尔也一样。不过，成功音乐人的偏态分布不大可能因为流媒体和数字技术而改变，但是艺人从一端移向另一端的方式早已改变。

数字技术正在鼓励人们创作出比以往更多的音乐。[24] 比如，2018 年，网络音乐百科全书 MusicBrainz 每个月增加的新歌大约为 1.8 万首，是 2004 年每月新增歌曲量（8400）的两倍多。[25]

人们常说流媒体可以让许多音乐人挣到一点钱，却很难让任何人挣到大笔钱。数据证明了这一点。2018 年美国音乐产业研究协会的音乐人调查的结果显示，28% 的音乐人都从流媒体获得了一些收入，但处于中间位置的音乐人仅获得 100 美元。

如果说身处长尾中的艺人确实有了更多的机会，那大概是通过一些让艺人直接从消费者那里收取订阅费的平台（见第二章），比如音乐众筹网站 Patreon，或者通过其他刚刚起步的公司，这些公司会给寂寂无名的"卧室"歌手提供平台，让他们借助一些受欢迎的服务商直接宣传自己的音乐，并且将自己的音乐流媒体化。

其中一家公司便是 Rehegoo 音乐集团，2014 年由意大利企业家马可·里纳尔多创建。与传统唱片公司相比，Rehegoo 的模式对艺人比较友好。艺人签订一个短期合同（比如一年），而且可以是独家合作，也可以是非独家合作。典型的做法是，艺人可以在自己家中或者当地的录音棚录制好音乐，然后上传到 Rehegoo。Rehegoo 随后将这些音乐重新混好音，制作合集或专辑，安排这些音乐在世界各地的大型流媒体服务商上播出，并且向目标听众推广这些音乐。他们的艺人包括创作冥想音乐的林恩·萨马蒂、创作并录制爵士乐的马库斯·戴维斯、创作新世纪音乐的露娜·布兰科斯，以及数百名其他音乐人。那些供 Rehegoo 独家播放的歌曲，版税收入由歌手和公司五五分成。Rehegoo 歌曲的流量一年超过 40 亿次，这家公司也正以惊人的速度发展。[26]

Rehegoo 在纽约、洛杉矶和伦敦都有办事处，但大量繁重的工作都是在波兰别尔斯克-比亚瓦一家百年老纺织厂厂房改成的砖结构大楼中完成的。笔者曾于 2017 年 6 月造访过那里。人们可以在 Rehegoo 笨重的设施中亲眼看到老工业经济转型成了现代服务业。厂房的面积为 45,000 平方英尺，从前到处都是织布机和纺锤的房间已经被改造成了装有最先进设备的隔音录音棚，市场营销人员、版权管理人员和平面设计师们的开放式办公室，以及供人放松的空间——里面还有供消遣用的桌上足球桌和乒乓球台。Rehegoo 是美国和世界各地正在发生的产业转型的缩影。

Rehegoo 给我看了 2015 年 1 月至 2018 年 3 月间其平台上前 30 位艺人每人从流媒体和数字下载中得到的月净收入，这也是他们的独家数据。图 8.2 显示所有人的收入都在增加，尤其是那些排在最前面的艺人。前 5 名歌手在最近 12 个月里平均收入为 57,800 美元，而 2015 年只有 13,500 美元。呈扇形散开的面条状图形显示，所有艺人的收入虽然各有不同，却都在逐渐增加。还要注意一点，除了排在最前面的 5 位艺人外，其他艺人从一个月到下一个月突飞猛进并超过其他艺人的情况很罕见。不过，大多数音乐人的收入都逐渐增加了。排名第 13 的艺人 2015 年每月进账 100 美元，两年后增加到了每月 1000 美元。如果这种轨迹继续发展，如果这些结果可以在更大规模上为更多艺人所复制，Rehegoo 真的可能实现其"让音乐创作者的世界变得更美好"的目标。

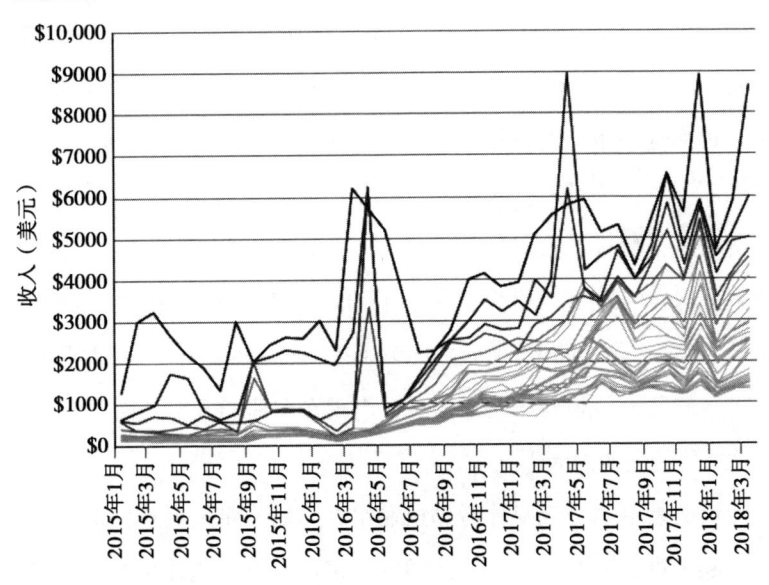

图8.2 Rehegoo排名前30位的艺人每月的流媒体收入（美元）

资料来源：作者根据 Rehegoo 提供的数据计算而得。

"嗖嗖，嗖嗖"：流媒体激励机制对音乐创作的影响

流媒体中蕴含的经济激励机制正在改变人们所制作和收听的音乐的本质。只要在屏幕或键盘上轻轻点击一下，听众就能立刻浏览各种歌曲。要想成为能够带来版税并且能够上榜的"旋转球"，一首歌曲必须至少播放30秒。根据音叉网马克·霍根的说法："因此，尽管歌曲的开头部分在流行音乐中一直很重要，在流媒体中开头部分变得至关重要。吸引人的音乐片段必须尽早出现，而且必须很快。"[27] 霍根列举了凯蒂·佩里联合尼基·米娜演唱的单曲《嗖嗖，嗖嗖》（*Swish, Swish*）为例，这首歌前30秒采用了人们所熟悉的英国浩室音乐，因为听众通常不会跳过他们听

过的歌曲。

另一个窍门是让合作歌手中最受欢迎的那一位在歌曲前 30 秒内演唱，名气较小的歌手在后面演唱。《公告牌》2016 年和 2017 年百强单曲榜中有大量运用这一策略的证据。[28]2017 年的百强单曲中，在歌曲前 30 秒内演唱的歌手的平均排名（仅限于流媒体）为 72，而那些在歌曲其他部分演唱的歌手平均排名为 129。2016 年的差别更大：在歌曲前 30 秒内演唱的歌手平均排名为 59，那些在歌曲后面部分演唱的歌手平均排名为 129。例如，波兹·马龙的歌曲《祝贺》（*Congratulations*）（演唱者包括奎沃）：波兹·马龙耳熟能详的声音出现在歌曲的开头，而人们要到 30 秒之后才听到奎沃的演唱。

专辑的衰落则是流媒体激励机制给音乐制作带来的更大的变化。专辑即一起出售的歌曲集。用经济学术语来讲，专辑是捆绑在一起销售的歌曲。捆绑销售要求消费者购买那些并非他们首选的歌曲，这会造成价格歧视，并且给唱片公司和艺人带来效益。数字下载和流媒体则使多个专辑能够被解绑（尽管流媒体订阅可以被视为将整个曲库捆绑在一起）。[29]你可以购买或者通过流媒体收听某一首歌曲。著名歌曲创作者和唱片制作人 J.R.罗特姆曾与蕾哈娜、50 美分、格温·史蒂芬妮等明星合作过，他很爽快地承认流媒体正在改变他创作歌曲的方式。"创作一首歌曲在很大程度上似乎比创作一张令人耳目一新的完整专辑更重要，"他对《音乐周刊》说，"人们消费音乐的方式在改变，他们不断换歌听，听了30秒后就会改听另一首歌。"[30]

究竟是艺人和制作人在有意识地对激励机制做出反应，还是在流媒体激励机制下主宰着流行度和经济上成功的达尔文主义的自然选择过程导致了音乐的变化，这在一定意义上无关紧要。真相是音乐为了应对流媒体中蕴含的激励机制正在发生变化。

泰勒·斯威夫特：经济学天才

艺人已经采用不同策略来应对网络流媒体平台的出现。他们大多允许自己所属的唱片公司与流媒体服务商商谈协约，将他们的歌曲加入流媒体服务商巨大的曲库中并进行宣传。杰斯和其他顶级艺人形成的联盟在2015年收购了拥有快速成长的流媒体服务的 Tidal 公司，并且承诺给艺人更高的版税，以换取他们音乐的独家播放权。[31]

另一位著名艺人是流行音乐巨星泰勒·斯威夫特。这位创作型歌手虽然只有28岁，却早已是有史以来最成功的音乐人之一。正如我们在第六章中所见，她率先尝试粉丝认证、慢速票务模式和忠诚度积分，并且在这个过程中收入急剧攀升，卖出了更多互补产品（商品）。她还在音乐流媒体中开创了一个大胆的策略，为自己以及其他录唱片的艺人带来了效益：经常策略性地将其音乐从声田、苹果音乐和其他流媒体服务平台撤走。

由于对声田插播广告的免费服务带来的过低收益感到失望，斯威夫特在2014年年底从声田撤走了自己的音乐，并且与苹果签订了独家播放协议，因为苹果只提供付费用户服务。3年后，声田与斯威夫特所属的唱片公司，即环球音乐集团，同意在专辑发行后头两周内只向付费用户提供该专辑的流媒体服务，她的音乐在这之后重返声田。* 在发行自己的第六张专辑《声誉》时，她在专辑发行后的第一周严禁任何流媒体服务商播放该专辑。粉丝只能购买CD或者该专辑的数字下载——他们在那一周购买了120万张。[32] 这个策略背后的经济逻辑是通过细化市场来进行价格歧视：有更高付费意愿的用户急不可待，在流媒体上没有该专辑的情况下愿意付

---

* 她的音乐重返声田的那一天碰巧也是她的竞争对手，流行歌曲明星凯蒂·佩里发行专辑《证人》(*Witness*)的当天。

费购买她的专辑。而且，从靠付费用户支持的服务商那里得到的收入要高于从靠广告支持的免费服务商那里得到的收入。最重要的是，这种主动出击的策略使得斯威夫特卖出了更多数字下载和 CD，创下了专辑销量更高的纪录，挣到了更多流媒体版税。

然而艺人也不是没有风险，为了进行价格歧视并且将收入最大化而对市场进行细化也会损害艺人的流行度——粉丝会将艺人视作"只看重钱，而不是艺术"。泰勒·斯威夫特的天才还部分体现在她成功运用经济策略将自己的收入最大化，同时又让自己展现得像个天使，几乎没有给自己的名声带来任何损害。例如，在 2014 年，她给《华尔街日报》写了一篇专栏文章，力挺录唱片的艺人，并且反驳道："音乐是艺术，艺术很重要，也很稀有。重要、稀有的东西当然很珍贵。珍贵的东西应该花钱才能得到。"[33] 尽管人们可以质疑音乐作为一个经济学命题究竟多么稀有，这篇专栏文章却非常聪明地将斯威夫特塑造成了一位艺术捍卫者，而不是利润捍卫者。

泰勒·斯威夫特还运用自己的影响力给苹果施加压力，要求苹果为其新会员收听的流媒体化的音乐支付版税给艺人，因为苹果会给潜在用户 3 个月的免费试听期。[34]2015 年，斯威夫特威胁要将自己的音乐撤出苹果，除非在用户试听期，艺人得到流媒体的明确补偿。"3 个月没有报酬，太长了，让人免费干活不公平。"她在致苹果的公开信中写道。*苹果立刻做出了让步。"我今天早晨醒来时，看到了泰勒写的公开信，"苹果高级副总裁埃迪·库埃承认道，"这说明我们确实需要改变。"

---

* 苹果公司的埃迪·库埃在为公司辩护时指出，苹果公司"最初达成协议时所依据的是持续支付更高的版税，以此来补偿这短暂的[试听]期"。不过，苹果同意为用户试听期向艺人做出补偿，并且维持了之前谈成的版税率。

流媒体正在产生影响

音乐产业在流媒体革命中大概尚未到达"中流"（请原谅使用这个双关语）。流媒体是时下和未来的音乐技术。但是分销商业模式在未来数年中很可能会继续发展并改变方向。亚马逊音乐公司的副总裁史蒂夫·博姆认为，我们还只接触到这项技术成果的皮毛。[35]

声田已经证明，它可以吸引数千万付费用户远离盗版音乐网站。声田的首次公开募股（IPO）非常成功且新颖，公司估值为250多亿美元，但声田在过去3年中却年年亏损。2017年，声田的收入为50亿美元，亏损则高达14亿美元。为了盈利，声田只能控制成本，在不失去用户的前提下将用户的月费提升到高于竞争对手的地步，或者通过生产互补性产品（比如周边商品）来产生额外收入。声田还可以尝试直接和歌手签约，与唱片公司竞争。的确，声田与DistroKid的合作可以被看作朝这个方向迈出的一步，因为在DistroKid，歌手可直接将音乐上传到流媒体服务平台和在线商店中销售。

声田面临的长期生存挑战愈加严重，因为亚马逊音乐和苹果音乐可以为母公司创造巨大的互补效益，所以能承受亏损，而YouTube则是一个近似替代品，可以在不同规则下运营（见第九章）。苹果是一家硬件公司，靠销售手机和平板电脑这样的设备盈利。如果苹果音乐促进了手机和平板电脑的销量，那么苹果公司会非常乐意承受其音乐业务的亏损。亚马逊则依靠在网络上销售商品盈利。如果智能家居机器人和Alexa能够成为广受欢迎的门户网站，能够再吸引数百万的用户从亚马逊零售网站购买运动鞋和其他商品，亚马逊也会愿意承受亚马逊音乐的亏损。

类似的动向也发生在经济的其他领域。例如，谷歌正与其旗下研发自动驾驶汽车的子公司Maymo一起向福特和通用这样的传统汽车公司发起挑战。谷歌集技术实力、雄厚财力和互补性业务于一身，对一些独立汽车公司构成了可怕的威胁。苹果钱包同样对一些银行职能构成了挑战。

这带来了一个问题，即声田能否作为一个独立公司维持下去。声田可以被某家公司收购，这家公司可以在拥有声田之后实现互补效益，比如谷歌（如果谷歌商店失败的话），或者中国电子商务巨头阿里巴巴（如果它想在美国挑战亚马逊的地位的话），或者其他互联网巨头。另一种可能性是大唱片公司——它们早已持有声田的股权——可以在声田失败时接管它，尽管这样做显然会造成利益冲突，因为它们（如果接手）肯定会优先自己的音乐，以压倒独立唱片公司的音乐。（在声田首次公开募股之前，几家大唱片公司共持有声田大约10%的股权。在声田首次公开募股之后，它们减少了股权，并且与旗下艺人和其他独立唱片公司分享其资本收益。）

亚马逊的史蒂夫·博姆认为流媒体并非什么赢者通吃的技术，多个流媒体公司可以在没有一家独大的情况下共存（不像社交媒体界的脸书或者搜索引擎界的谷歌那样）。[36] 这样的评估有一定道理，但条件是这些公司必须做得非常出色，或许通过充分利用用户收听历史记录的专有权来提供个性化的服务，并且向客户提供其他特有的利好。

马克·盖格推测，未来的流媒体服务商将把电影、音乐和其他内容捆绑在一起。[37] 目前，声田和苹果音乐通过收取用户的月费来提供音乐流媒体，网飞公司也通过收取用户所付的费用提供电影；如果这些相互独立的流媒体平台能够合并，用户将会更加方便。盖格预测网飞公司将收购声田，为所有娱乐需求提供一站式消费。亚马逊Prime已经涉足电影和音乐业务，有望成为以捆绑式娱乐流媒体为主的亚马逊。其他公司，如脸书和谷歌也可以在盖格所说的"捆绑式服务革命"中竞争。盖格和他的客户所面临的关键问题在于，如果我们真的看到电影、音乐和其他娱乐服务捆绑在一起，收入将如何分配。

另一个值得关注的发展动向是流媒体公司也可以尝试与传统唱片公司和音乐出版商竞争，正如网飞公司与电影制片厂竞争那样。声田鼓励艺人不通过唱片公司直接将音乐发布在声田上，并且已经在其纽约办公室建了一个录音棚。亚马逊也在录制一些不受版权保护的音乐。流媒体公司由于具有信息优势，因此对于模仿和取代最盈利的音乐类型有着独特的洞察力（如《生日快乐》与其他儿童音乐）。苹果也已经推出了自己的音乐版权管理公司。

但是另一个必然会改变的领域涉及音频技术。例如，创新型公司搜诺思已经研制出一系列非常成功的智能播放器。新一代智能播放器有可能取代谷歌智能音箱、亚马逊智能家居机器人以及其他市面上用于流媒体和播放音乐的设备。

亚马逊的创始人兼首席执行官杰夫·贝索斯曾经告诉我，人们经常问他"未来有什么会发生改变"，但很少有人问他"有什么不会改变"。"其实第二个问题比第一个问题更重要，"他说，"因为你可以围绕这个问题制定战略。"[38]似乎正是这种视角才使贝索斯成为这个星球上最富有的商人。就音乐流媒体以及更广泛意义上的媒体而言，我认为用户时刻希望得到方便、价格合理、种类繁多以及满意的推荐歌单。能够做到这些的流媒体服务商就极有可能成为能够在21世纪生存下来并且繁荣发展的少数平台之一。

尾声

我们很可能处在流媒体革命的早期阶段。各种流媒体服务商将来必然会面临衰落，究竟何种形式的商业模式会成功，目前尚不明朗。流媒体公司有可能取代唱片公司，也有可能被唱片公司兼并。数家流媒体平台或许能够以独立公司的形式生存，并将主导市场。或者，流媒体平台全部变成互联网巨头的子公司，像亚马逊音乐、苹果音乐和谷歌商店那样从互补性产品中获利。网飞公司和脸书这样的新玩家有可能成为流媒体公司的竞争对手或者战略合作伙伴。新的设备（比如未来的智能播放器）有可能给流媒体的外观和可能性带来重大变化。

所有这些可能的发展，以及更多目前尚无法预测的发展，都会极大地改变那些影响音乐制作和音乐发现的激励因素。流媒体业发展过程中的迂回曲折将继续影响音乐馅饼的规模和划分。唯一可以肯定的是，流媒体的未来将给音乐人、经纪人、唱片公司、版权管理公司、演出版权管理组织、决策者和其他人士带来许多有趣的问题，而这些问题都可以运用经济学工具进行研究。摇滚经济学在未来数十年中将是一个非常活跃的领域。

第九章
模糊界线：数字世界中的知识产权

> 乐迷如果不愿意付钱，就不能指望他们最喜欢的音乐人继续制作出高质量的专辑。包括音乐人在内的所有人都期望出色工作能得到回报。这就是供需问题。如果没有需求，最终就会没有供应。
>
> ——谢里尔·克劳

2014年4月21日中午刚过，法瑞尔·威廉姆斯又一次被提审取证，回答提问时表情极不自在。事实上，他已经被多次提审取证。这是一场具有里程碑意义的法律诉讼的一部分，这场诉讼将判决法瑞尔·威廉姆斯和罗宾·西克2013年的热门歌曲《模糊界线》(*Blurred Lines*)是否越过法律红线，侵犯了马文·盖伊1977年的歌曲《不得不放弃》(*Got to Give It Up*)的版权。

经过一周的庭审和两天的审议，陪审团做出了有利于马文·盖伊家人的裁决。威廉姆斯和西克向负责美国西部地区的第九巡回上诉法院提起上诉，但是在 2018 年以陪审团 2∶1 的比例未能达成一致的裁决败诉。他们及其版权管理公司被判向盖伊家族支付 530 万美元的损失费以及未来词曲和出版版税 50% 的分成。法庭驳回了威廉姆斯的抗辩，认定"音乐作品不限于狭窄的表现范围"。[1] 杰奎琳·H. 阮法官在反对意见中写道："《模糊界线》和《不得不放弃》客观上并不雷同。这两首歌在旋律、和声以及节奏方面都有区别。然而另外两位法官拒绝比较这两首歌曲，结果创下了一个危险的先例，给各地未来的音乐人和曲作者以致命的打击。"

这场官司有许多戏剧性的场面，除开这些不谈，威廉姆斯对盖伊的这个案子反映了确定歌曲版权的难度以及其中所涉及的利害关系。* 1831 年的版权法将版权保护扩展到了原创音乐作品上。作为非专业人士，当我聆听《模糊界线》和《不得不放弃》时，并没有听出太多相似之处，无法断定威廉姆斯是否剽窃了马文·盖伊的作品。而且该案对于抄袭的判定仅限于词曲而不是演唱，那么去掉这两首歌曲中共有的节奏感、强烈的牛铃声和假声演唱之后，相似之处就更加不明显了。威廉姆斯输掉官司并不是因为他模仿了盖伊的表现形式，而是因为他从盖伊音乐的感觉和律动中得到了灵感。大家有机会可以听听这两首歌曲，看看是否赞同法院的判决。

这个案子是否为未来类似案件以及其他判决创下先例，目前尚不清楚。但很可能会有更多索赔在庭外和解，而不是去冒令人难堪的庭审和结果难料的判决的风险。甚至早在盖伊诉威廉姆斯一案判决之前，萨姆·史密斯就已经选择与汤姆·佩蒂和杰夫·林恩共享他获得格莱美奖的歌曲《与我相随》（*Stay with Me*）的版权，因为汤姆·佩蒂说这首歌听上去很像他 1989 年创作的热门歌曲《我不让步》（*I Won't Back Down*）。[2] 马克·龙

---

* 罗宾·西克在其宣誓做证中透露，他在录制《模糊界线》时不仅喝了酒，而且服用了止痛药维柯丁，并且说威廉姆斯"几乎创作了歌曲的所有部分"。

森为 2014 年与布鲁诺·马尔斯合作的歌曲《放克名流》（*Uptown Funk*）解决了两起版权纠纷，第三起纠纷仍在进行中。[3] 另一起引起公众关注的案件是齐柏林飞艇乐队的《天堂的阶梯》（*Stairway to Heaven*）。法院最初判定这首歌标志性的开头部分没有剽窃灵魂乐队的器乐曲《金牛座》（*Taurus*），但由于上诉法院的判决而将重新审理，其结果将为扩大或收窄版权保护开创先例。[4]

如果有人说合法灵感与非法剽窃之间的界线模糊不清，那么这是一种保守的说法。昆西·琼斯告诉我，音乐的神奇之处在于"人们一遍遍演奏的都是相同的 12 个音"，因此一些重叠是不可避免的。[5] 但是，我们目前尚没有"惊奇队长"式的应用程序，可以告诉曲作者或者法官某首歌是否侵犯了另一首歌的版权（尽管应该有这样的应用程序）。马克·吐温在说这句俏皮话时心中肯定有所指："只有一件事上帝做不到，在这个星球上任何版权法中找到意义。"

版权赋予了一种法律权利，可以让作者在一段时间内不允许他人未经授权使用自己的原创作品。版权法用于音乐作品时比用于书籍和其他文字作品时更加复杂，更加混乱。音乐有两种版权：一种是录音版权，一种是词曲版权。[6] 在使用一首歌曲之前必须得到哪些版权取决于特定的用途，比如，是用于电影配乐、流媒体平台曲库、视频游戏的背景音乐、电话铃声，还是地面电台广播。获得相关版权所需的费用也依据作品的不同用途而有所不同。对有些用途而言，人们可以按预先定好的价格拿到使用权（无须另外授权），而对其他一些用途而言，版税和费用都必须——单独商谈。

版权法的目标是赋予创作者一种临时性的垄断，他们因此可以有经济方面的动力去创作新的音乐、书籍或其他作品。版权保护从经济学的角度来说非常合理，因为创作一个新作品的成本很高，而之后复制副本的成本却很低。"如果界定是否侵犯版权的红线太短，将无法让原作者得到应得的报酬,"斯坦福法学院的保罗·戈尔茨坦写道,"但是如果这条红线太长,又会使其他作者难以挣到他们该挣到的钱。"[7] 正如法瑞尔·威廉姆斯与马文·盖伊的后人之间的纠纷所显示的那样,不同创作者之间必须有这条红线。版权也必须在版权持有者与版权使用者之间保持平衡,也就是在创作音乐的人与传播或听音乐的人之间保持平衡。其他形式的知识产权,从标志性的照片到科学专利,也存在类似的问题。

音乐版权制度最初是由自动钢琴内置曲目的乐谱著作权发展起来的,100多年来已经演变成了一个复杂的法律和行政管理制度,可以(1)决定人们在使用音乐时必须得到相关权利,(2)确定版税率,以及(3)征收并向版权持有者支付费用。毫不奇怪,这种制度到了数字时代早已过时。面对各种权利、收费代理机构以及确定音乐各种用途的收费标准的过程,任何正常人都会晕头转向。我将在本章中分析数字时代版权保护中出现的一些关键的经济问题。

由于有了数字技术,人们现在分享版权成品副本的成本几乎降为零。数字技术还提高了创作和发行新音乐的速度,并且降低了成本。无论是经济学还是任何其他领域,都无法针对界定版权的红线应该画在何处这些根本性的问题给出完整或者清晰的答案,但是经济学研究却有助于构建问题框架,并且给涉及的各种权衡取舍提供见解。

实用艺术

知识产权保护至关重要,美国《宪法》的第一条就已经将其敬若神明。具体而言,第八款第八项赋予国会"保障作者和发明家对其著作和发明在限定期内的专利权,以促进科学与实用艺术的发展"的权力。流行音乐当然属于"实用艺术"的范围。

词曲作者当然是创作者。如果没有词作者和曲作者,就不会有音乐。不过,歌曲一旦创作或录制完成,它就成了经济学家所称的"非竞争性商品",即一个人的消费不会减少另一个人消费该商品机会的商品。如果你聆听或者演唱某首歌,我也可以聆听或者演唱同一首歌,丝毫不会削弱你的体验。相比之下,如果你吃了一个火腿三明治,我就无法再消费同一个三明治。其他非竞争性商品还有电视和广播节目、专利、时装设计,以及建筑平面图。对于非竞争性商品,人们有着强烈的免费搭车动机,也就是说,人们都想消费商品,但是又要避免为之付费。詹姆斯·麦迪逊和美国《宪法》的其他制定者认识到,必须为著作和发明等知识产物确立产权,以防止投机取巧,并且鼓励人们对新著作和新发明的发展进行投资。这就是版权法和专利法的基础。

通过确立有限产权——借助法律手段在一定期限内禁止他人在未经授权的情况下使用作品——版权法力图在创作者的利益与消费者的利益之间取得平衡。[8]尽管在互联网问世之前,人们可以振振有词地说把一本新书或者一首新歌推向市场本身就防止了盗版和模仿,但正如年轻的斯蒂芬·布雷耶在被任命为最高法院法官之前说过的那样,这种论点在数字时代显然站不住脚,因为人们现在几乎立刻就能制作完美的复制品,并将其传播到全世界。

产权在经济中是必不可少的。如果你不知道某件东西的主人是谁,怎么能去交易它呢?如果你无法确定自己是否有所回报,你为什么要对其进行投资呢?经济学的一个基本观点就是:一个市场若想正常运行,就必须有明确界定的产权。这既适用于歌曲这样的知识财产,也适用于实物财产。中国这个世界上人口最多的国家之所以一直未能产生太多本土音乐,其中的一个原因便是中国直到不久前都缺乏对音乐的版权保护。但是红线应该画在哪里？版权保护的期限应该是多久？如何才能限制人们获得版权期限内的歌曲？在流媒体播放量每天高达20亿次的情况下，应该如何收取版税？还有，在实践中，版权保护将如何真正影响所制作的音乐总量和质量？

纳普斯特：破坏性创造的一个案例分析

纳普斯特及其他文件共享服务网站让人们可以收听到大量未经授权的盗版数字音乐，这些网站的出现暴露了音乐产业版权保护的重要性，以及这一体系的脆弱性。非法文件共享网站的出现理论上会给合法音乐销售带来几个方面的影响。首先，也是最为重要的，潜在消费者可以用非法下载来取代本该购买的合法唱片。其次，文件共享服务可以让消费者接触到更多的新音乐，从而提高他们对此类音乐的购买量或者他们对现场演唱会的需求（文件共享可以扮演广告的角色）。再次，那些在非法文件共享网站上听音乐的人会在自己的社交网络中将这些音乐告诉其他人，而那些人有可能会购买它。所有证据都极大地表明了替代效应的主导地位：如果能免费听到音乐，为什么还要花钱去购买它？

音乐一直易受非法复制行为的侵害。阿兰·格林斯潘在当上联邦储备委员会主席之前曾经为美国唱片产业协会做过一项研究，得出的结论是："从现有的数据来看，如果没有家用录音设备，那么转录借来的唱片或磁带这种行为，大约有一半本该带来唱片或磁带的销量……这相当于1982年唱片总销量减少了大约32%。"[9]即便不考虑赞助商的利益，这也充分说明了存在大量的非法复制。唱片行业在20世纪80年代以健康的速度发展,因此盗版没有被视为实实在在的威胁。像感恩而死这样的乐队甚至鼓励粉丝录制他们的演唱会,这当然严重影响了他们的唱片销量(但也增加了对他们现场演唱会的需求,并且培养了粉丝的忠诚度)。

然而纳普斯特之类的网站确实对录制唱片的艺人以及唱片公司的收入构成了实实在在的威胁。我在前文已经指出,唱片公司的收入和艺人的版税急剧下降,其原因正是纳普斯特1999年问世后出现的数字盗版现象(见图2.2)。纳普斯特让用户在不付任何费用的情况下更加容易、更加广泛地获得音乐,远胜于任何家庭复制的磁带。在金属乐队成功起诉纳普斯特侵犯版权之后,这家文件共享网站申请破产,并于2001年关闭。[10](流媒体服务商Rhapsody于2016年6月更名为纳普斯特。)[11]许多其他文件共享和种子文件服务商随后进入了该领域,包括Gnutella、Freenet、Kazaa、LimeWire、Scour、Grokster、电驴2000和海盗湾——其中一些还因侵犯版权而成了被告。[12]只有在过去数年中,合法的流媒体服务才有效地取代了盗版。

经济学家乔尔·瓦尔德福格尔认为,纳普斯特在21世纪之初造成的前所未有的猖獗盗版是研究版权保护力度的削弱对音乐制作数量和质量影响的一个鲜活案例。他分析了每年衡量唱片质量的各种标准(比如乐评人的打分,以及将电台播放率和销量与某种经典音乐进行比较),得出了惊人的结论:"纳普斯特出现之后,新唱片的质量并没有下降。"[13]所制作的音乐总量不仅没有减少,反而有所增加。

版权保护力度的削弱为什么没有造成创作者的产出在数量和质量上有所下降?谢里尔·克劳不是曾经说,这就是供需关系的问题,如果消费者不愿意付钱,音乐人就不会创作高质量的唱片,难道她说错了?

也许版权保护的作用被高估了,因为即便没有版权保护,音乐人仍然会继续创作高质量的音乐。

我们有两个理由质疑这一结论。首先,纳普斯特并非凭空出现。在技术进步让纳普斯特产生并导致非法文件共享猖獗的同时，创作和传播数字音乐成本也在快速下降。创作和传播音乐成本的降低显然掩盖了猖獗的侵权行为对创造性作品产生的副作用。瓦尔德福格尔指出："即便版权保护的效果没有减弱，其他技术变化也有可能带来更大的创作爆发。"其次，对一个重大的职业转型而言，10年的时间不算长。谢里尔·克劳预言，如果允许纳普斯特肆无忌惮地继续运营数十年，根本不顾版权要求，那么高质量音乐的供应最终很可能会下降。

版权保护会带来更多音乐创作，并且会提高音乐质量，最具说服力的经验证据来自对意大利歌剧的历史研究。加州大学洛杉矶分校的经济学家米凯拉·焦尔切利和纽约大学的佩特拉·莫泽充分利用了一个事实：拿破仑军事胜利的时间是一个研究版权保护的天然试验，因为在1801年之前一些已深受法国影响的意大利省份采用了法国版权法（版权期限为曲作者去世后加10年），而那些在1804年之后才受到法国影响的省却没有采用版权法，因为那时法国议会采用了不再保护版权的民事法典。[14] 于是，伦巴第和威尼斯的曲作者受到版权保护，而撒丁区的曲作者却没有。在没有版权保护的地区，盗版活动猖獗。

焦尔切利和莫泽教授发现，与没有版权保护的地区相比，有版权保护的地区的歌剧创作数量增加了150%。焦阿基诺·罗西尼就是一个例子，这位广受欢迎的高产曲作者在其早期生涯中从威尼斯和米兰的版权保护中获益颇丰。

如果曲作者的版权受到保护，他们也能创作出更高质量的歌剧，而他们的受欢迎程度及职业寿命都能证明这一点。朱塞佩·威尔第便是一个很好的例子，他显然属于宁缺毋滥的大师。威尔第的版权管理公司甚至想出了运用价格歧视，将版权保护带来的收入最大化的办法。他在一封信中建议威尔第："让所有剧院有权使用这些乐谱，并且根据它们的经济状况调整价格，这对我们更有利，因为我以300里拉或250里拉的价格从许多小剧院得到了更多报酬，超过以 1000 里拉的价格从 10 家或 12 家剧院得到的收入。"[15]

复杂的界线

版权保护与音乐人创作新颖、高质量的音乐的动力之间的联系在现代社会更加复杂，远远超出美国《宪法》制定者的想象，这其中有几个原因。首先，创造力没有秘方。究竟哪些因素会带来新的发现，我们很难预测，甚至更难激励。奎斯特拉夫在其著作《创造性探索》中写道："我们从发现灵感的地方汲取灵感，而且主要在其他艺术家的作品中找到灵感。"[16] 他在评论扎根合唱团 2013 年与埃尔维斯·科斯特洛合作推出的专辑《清醒点，小鬼》（*Wise Up Ghost*）时说"我正像史蒂夫·费罗内击鼓那样敲打它"，这显然是承认创作中存在着不可避免的模糊红线。

奎斯特拉夫建议，无论我们追求什么，要想具有创造力，我们就不应该过于专注，应该"拒绝闭门造车"，应该参与到有合作精神的环境中，"有意与不同领域的人交往"，集思广益。不过版权保护显然无法激励你做到这几点。

约翰·伊斯门告诉我，与生俱来、难以捉摸的才华是区分大艺术家与其他音乐人的标志：

> 贝多芬师从海顿，因此他的前两首交响曲几乎是纯海顿式的作品；他的天才在第三交响曲中爆发，并且在晚期弦乐四重奏中达到巅峰。尽管披头士乐队未能像奎斯特拉夫那样接受过专业训练，他们却耳濡目染了摇滚乐前辈大师的音乐。

将贝多芬和披头士乐队这样最伟大的曲作者与其他优秀曲作者区分开来的正是与生俱来的才华，如果没有这种才华，他们的作品不可能进入音乐杰作的殿堂。正是这种难以捉摸的东西才让最伟大的曲作者们在音乐史上留下自己独一无二的印记。[17]

经济学研究广泛关注专利创新，因为这个领域比音乐更容易确定衡量创造性贡献的标准。佩特拉分析文献后得出了大胆但可能正确的结论："古往今来，大多数创新都是在专利体系之外完成的。"[18]人们很难在科学和音乐界激发创造力。经济学能够提供的最佳观点或许很简单：致力于做出新发现的人越多，那么有新发现的可能性就越大。[19]

从版权保护到创作动力这根链条上还有第二个将事情复杂化的因素，今天的音乐是超级明星的市场，少数几位明星一夜暴富，无数其他歌手则收入惨淡。正如我在第五章中解释的那样，一首歌曲除了内在品质之外，运气、时机和许多无法预测的因素对人气都非常重要。即便是超级明星也会创作一些事后证明非常失败的歌曲。大唱片公司那些经验丰富的专业人士也常常无法预测哪些歌曲能够成功。例如，华纳兄弟将《我原本的模样（与人共舞）》［*The Way I Are（Dance with Somebody）*］选为碧碧·雷克萨第三张专辑的主打歌曲。对雷克萨女士而言，幸运的是流媒体立刻有了反馈：华纳兄弟很快便注意到专辑中的另一首歌《命中注定》（*Meant to Be*）（合作者为佛罗里达佐治亚边境线二人组合）表现很好。他们从来没有料到《命中注定》的流媒体播放量会高达10亿次，并且在2018年高居《公告牌》热门乡村歌曲排行榜榜首长达半年。[20]很少有音乐的成功是"命中注定"的；大部分都是刚好发生了罢了。*回报的不可预

---

* "就那样发生了"这句歌词并不像"如果命中注定，那就这样吧"这句歌词那样好，却常常更精确地解释了音乐产业的情况。

测性正好说明了版权保护与创作动力之间并无直接联系。

曲作者拉尼·肖克内曾暗示，在音乐产业创作的动力比较随意。肖克内是沙滩男孩乐队成员之一布莱恩·威尔逊的表兄，凭借为电视剧《愤怒管理》（*Anger Management*）作曲而一炮走红。他不仅创作了这部电视剧的音乐，还在其主题歌中表演了口哨，结果得以作为声音演员进入演职人员名单并获得作曲版税。该电视连续剧大火后，他的收入超过100万美元。"这一行非常随意，"他说，"而且非常怪异。创作一首能挣5000美元或5万美元的音乐，我却只挣到500美元。哪里的情况都一样。我们纯粹是因为热爱音乐而作曲，完全是为了音乐的声誉……而且我们竭尽全力创作音乐纯粹是为了'哦，我的上帝，我玩音乐也能挣钱'。"[21]

既然版权保护现在无法为更多作品带来创作动力，那么为什么以前会呢？我认为有三个重要的论据支持版权保护无法提高创作动机这一论点：公平、艺术认可，以及创作控制。首先，侵犯版权是不公平的。我已经说过，音乐是经济中最划算的交易。美国人花在音乐上的金钱相对很少，却能享受无数个小时的娱乐。与经济中其他行业的人相比，音乐人为其付出得到的报酬并不公平。版权保护有助于音乐人为自己的付出挣得回报，无论他们自己对没有报酬的劳动是否介意。

认可也是个问题。努力付出被人认可无疑是创造力所带来的回报的一部分。版权为音乐创作确立了法律基础。希望自己的作品被认可的并非只有音乐人。例如，学术界人士有时也会在不涉及金钱的情况下指控他人剽窃。

还有一个相关问题，作者应该得到而且目前也确实拥有一种权利，即对其作品创意性的使用拥有一定程度的决定权。词曲作者如果不喜欢自己的音乐在电影中使用的情景，可以拒绝电影人将自己的音乐用在某部电影中。例如，大卫·鲍伊不允许导演丹尼·博伊尔将《美好的时光》（*Golden Years*）用在电影《猜火车》古怪离奇的卫生间场景中，后来又拒绝将自己的音乐授权给这位奥斯卡最佳导演得主计划拍摄的鲍伊的传记片中，博伊尔只得放弃该拍摄计划。[22]

通用汽车公司曾经联系过布兰迪·卡莱尔，希望将她的歌曲《故事》(The Story)用在公司的广告宣传中，她最初拒绝了。不过，当通用汽车公司在2008年夏季奥运会期间提出要用这首歌来宣传混合动力车和生物燃料时，她同意了。这则颇受欢迎的广告有助于她的事业发展。她后来宣布，将把这则广告的收入捐给支持替代能源的环保组织。

不过，正是由于版权法的历史发展，音乐创作者无权限制广播电台使用他们的音乐，也无权限制他人翻唱。这类授权属于强制性的，也就是说广播电台只要支付了相关费用，就可以播放任何歌曲，翻唱的乐队只要支付了相关费用，也可以自己录制这首歌曲的新版本。热门创作型歌手阿洛伊·布拉克曾猛烈抨击现有法律未能保障词曲创作者对自己作品的控制权：

> 比如，雕塑家有机会选择何时、何地，以何种方式让他人消费自己的艺术。如果雕塑家在洛杉矶的威尼斯海滩创作了自己的作品，你得去威尼斯海滩才能看到它。如果他愿意，还可以将作品罩起来，人们只能在下午5点到8点之间观看。
>
> 如果我想对我的音乐也这样做，我却做不到。我无权说这首歌曲描写的是美丽的晨景，只能于早晨在我的网站上消费。我没有这种权利，因为一旦创作出来，世界上的任何人随时都可以翻唱它或者播放它，电台和其他播放形式（比如潘多拉）都有权播放它，我无权不让他们……
>
> 这本该是件公平的事……许多艺人，绝大多数艺人，都是靠一曲成名的奇迹。应该给他们一年的时间，让他们得到充分的回报，不

会因为有竞争而导致他们版权的价值减少。大家可以想一想所听到的披头士乐队歌曲那些可怕的翻唱版本。[23]

政治活动给创意控制权的实施带来另一重法律层面的挑战。即便曲作者反对，政治家仍然能授权人们使用音乐，因为授权是强制性的，但是曲作者可以用其他理由来起诉以防止其他人对其作品的滥用，比如他们可以说使用他的音乐造成一种虚假广告代言的印象。不过此类案件并不总是那样容易。例如，空中铁匠乐队的斯蒂芬·泰勒的一位代理律师两次致函唐纳德·特朗普的总统竞选团队，请求这位当时的总统候选人停止在其竞选活动中使用该乐队的歌曲《美梦继续》（*Dream On*），但是无济于事。当特朗普总统在西弗吉尼亚州查尔斯顿的一次集会上使用他的歌曲《生活在边缘》（*Livin' on the Edge*）时，这位登记为共和党人的歌手表示反对。[24]泰勒后来在推特上写道："我不允许任何人在未经我同意的情况下使用我的歌曲。我的音乐是为事业而写的，不是为了政治宣传活动或者集会。即便是在本届政府执政之前，我也一直在为保护版权和歌曲创作者而战。"[25]

创意控制权也是导致2000年金属乐队起诉纳普斯特的原因，结果便是一场里程碑式的诉讼。这个重金属乐队发现纳普斯特上有未经他们授权且尚未混音的小样供人们下载，并且正在播放器上播放，他们因而怒不可遏。"纳普斯特的案子跟钱没有关系，"鼓手拉尔斯·乌尔里希后来解释说，"不是商业的问题，不是版权的问题，而是选择权在谁的问题。究竟是谁选择将你的音乐放到网站上让人免费下载？我们说的是，'等一下，这应该由我们选择'。"[26]

保护米老鼠

版权法的一个关键参数是版权保护的期限。期限如果过长，就会遏制创造力。期限如果过短，创作者就会无法得到他们应得的回报。在过去的100年中，美国和许多其他国家的版权保护期限明显有了延长。

1998年的《版权期限延长法案》也被称作"桑尼·波诺法案"，由时任议员、桑尼与雪儿组合前成员桑尼·波诺提出。该法案将新作品的版权保护期限由原来在作者去世后加上50年延长至作者去世后加上70年。包括乔治·阿克洛夫、肯尼斯·阿罗和米尔顿·弗里德曼在内的一群著名经济学家起草了一份致最高法院的非当事人意见陈述，他们认为所延长的20年发生在作者或曲作者去世很久之后，几乎不会对创作的经济动力产生任何实质性影响。"由于额外补偿发生在未来数十年中，因而它的现值很小，很可能增加不到1%。"这些经济学家写道。[27] 他们进一步警告，延长保护期限增加了消费者的成本，减少了"可以免费用来创作新作品的素材的数量，（因而）增加了新作品的创作成本，减少了作品数量"。

这个1998年问世的法案还有一个从经济学角度而言更值得质疑的特点，它延长了1923年之后创作的，仍受版权法保护的作品的版权保护期。这个特点导致该法案被人们戏称为"米老鼠保护法案"，因为它将米老鼠进入公版的时间推迟到了2024年。小熊维尼的版权也被延长。正如这些经济学家所写的那样："延长现有作品的版权保护期限并不能加大创作新作品的动机，反而增加了几种额外成本。"这些成本包括与米老鼠或小熊维尼相关的书籍、漫画、T恤衫、戏装和其他产品的价格上涨。毫不奇怪，一些贵重版权的持有者激烈游说在世界范围内延长版权保护期限，经济学家将这种行为称作"寻租"。寻租行为指企图在没有为社会创造额外价值的情况下获取更大的回报。换言之，寻租者为获得更大份额的馅饼而耗尽资源，同时又没有为扩大馅饼的规模做出任何贡献。

几乎没有证据可以证明延长版权保护期限能带来益处。就连焦尔切利和莫泽这两位发现加强版权保护提高了意大利歌剧创作的质量和数量的经济学家也得出结论：延长版权保护期限不会带来作品数量的增加。

波士顿大学的梅根·麦克加维及其合著者另辟蹊径，从相反的角度来研究版权保护期限。他们研究了20世纪60年代一些英国流行歌手的唱片版权过期后所出现的情况。他们分析了135位艺人录制的11,639首歌曲的数据，并且发现，一旦版权过期，重新发行的歌曲数量增加了3倍。有意思的是，由于一首歌曲的版权过期后，歌曲的首唱者再度现场演唱的可能性不大，因此歌手们会在受版权保护期内将这些歌曲列入自己的演唱曲目中，以此来增加唱片的销量或下载量。他们得出了这样的结论："这些结果表明，延长版权保护期会减少唱片的再度发行。"[28]

远远超出歌曲作者寿命的版权保护期限不仅在鼓励创作方面站不住脚，而且在艺术控制或者分配署名权方面也很难站得住脚。人们还可以提出其他反驳的观点，一些作品是多年前在当时版权保护期限内创作的，现在延长这些作品持有者的版权保护期限对消费者和其他创作者都不公平。

丹·威尔逊：一连串充满吸引力的"是"

丹·威尔逊已经取得了人们在音乐产业梦寐以求的一切，包括录制唱片、巡演、歌曲创作和制作。他是以热门歌曲《打烊了》闻名的半音速乐队的主唱。他与卡罗尔·金、泰勒·斯威夫特、哈尔西、约翰·莱金德和其他100多位合作者分享过署名权。他因参与创作阿黛尔的《21》而荣获格莱美年度最佳专辑奖，并且凭借与南方小鸡乐队合作的《依然不妥协》

荣获年度最佳单曲奖。我于2018年6月29日采访了威尔逊，请他谈谈自己从明尼阿波利斯到哈佛再到格莱美奖的艺术生涯。

您是什么时候知道自己想成为职业音乐人的？

大概是在10岁或者11岁的时候，我放学后会步行回家，一路上会想象一种唱法，并且决定等我将来成为职业音乐人时，那将是我的标志。我8岁开始学钢琴，一直学到18岁，女老师很聪明，给我主要讲理论、五度循环以及和声结构。对儿童钢琴老师来说，这不太常见。到了十七八岁时，我学习古典和爵士乐，并且在学习爵士乐的过程中学习作曲。整个高中期间我都待在不同的乐队中。我加入过那些在后院和地下室的聚会上演奏的乐队。我进了哈佛大学后，开始认认真真地把这当回事，总是和某个乐队待在一起，在波士顿某个地方演出。

后来，我放弃音乐有三四年，想当个画家。不过我一直在写歌，最终我哥哥请我加入他的乐队——莎士比亚之旅。我学会了他们所有歌曲的第二吉他声部，而在那之前我的吉他弹得不是太好。我们当时需要挣钱生活，不过我们住在波士顿治安状况不太好的街区，生活成本很低。我和莎士比亚之旅合作出了三张专辑和一张迷你专辑。乐队后来和气地解散了，我跟雅各布·斯利希特和约翰·芒森组建了半音速乐队。

您如何看待自己的事业发展？

嗯，我觉得可以把我的事业编成一个故事，但是从我内心深处来说，在每一个当下，我并不知道故事的情节或者事情发展的轨迹。这一切是一环套一环发展而来的结果，并非循着固定轨迹前行的自然结果，不能算进步。

我高中时有一位数学老师，他和我父母提起我时说，如果你手中有一团黏土并且捏挤它，黏土就会从指缝中流出来。他说你们的儿子也像这样："你们不知道他的才华会从哪个方向冒出来，但他身上的才华太多，肯定会冒出来的。"他认为天才有时候是多方向的。他认为我数学虽然学得不错，但不会在数学上出类拔萃。我认识许多那样的人：他们现在可能在写歌，但让他们拍电影或者成为画家也没什么问题。生活中的许多条路径都是宇宙传递给歌手的一系列"是"的结果，而在世界的其他人眼里，那就像你绘制出了一条路径。你实际上只是被吸引住，跟随一个"是"到下一个"是"。在某种程度上来说，我感到那就是我所做的。

半音速乐队表现最出色的时候，我的大女儿却在医院里住了很久很久。她出院回家后需要24小时陪护，还需要一台呼吸机，这种情况一直持续到她3岁。很显然，在她人生的很长一段时间里她都将面临严峻挑战。有些决定并非在完全有意识的情况下做出的，只是我一想到每年有200个夜晚远离家人去巡演，我就觉得越来越难以坚持。于是我将大量创造力运用于思索如何为别人写歌上面。这从某些方面来说是一个有意识的决定。这个决定居然大获成功，而这无疑影响了我开演唱会的次数。如果歌曲创作失败，我也有可能去当个音乐老师。

您仍然会参与一些现场演出和巡演。为什么？

我喜欢演出，这其中有几个原因。我特别喜欢与其他音乐人互动，所以如果我有机会与其他音乐人同台表演，这是最重要的也是最直接的。面对观众时，与他们进行沟通的欲望更加强烈，因为你真实地感受到观众的情感。而且，我喜欢给大家带来笑声。

究竟是什么促使您去制作音乐？

由于我父母听轻摇滚和民谣，我最初决定以写歌为生时，心中的榜样是卡罗尔·金，因为她给别人写了数不清的歌曲，本人也演唱过许多。作为歌曲作者，她的灵活多样性令人难以置信。她的天才在我心中就是最高标准。

在我初出茅庐的时候，我们已经开始进入一个新时代，需要给节目制作人提供一张完整的唱片，让他们明白这有可能成为一张热门唱片。以前小样只要完美展现热门金曲的雏形，由于家庭工作室越来越多，人们对此的要求发生了改变；录制出来的东西甚至都不再是小样，简直就是最终的唱片或者该唱片的雏形。将歌曲变成唱片，这种压力很大。我意识到我得自学如何制作唱片。

2002年或2001年有段时间我去做了一番探究，在欧洲与一些流行音乐制作人合作，为我自己制作了几张唱片。我观察到，数字媒体行业的人乐于将他们的各种窍门告诉你，而传统的模拟录音技术却一直不为人知。与我合作的数字唱片制作人教会了我许多东西，让我知道如何让唱片听上去很震撼。我真的非常喜欢制作唱片。

每个人的家中都有一个工作室，因为现在每个人的客厅里都可以有笔记本电脑，都可以在上面随心所欲地创作。我家中有乐器，我也有录制东西的能力，但如果我想录制一个大项目，我会用洛杉矶的工作室。

家庭工作室和计算机技术对音乐人有什么影响？

对许多人而言，尤其是刚出道的人，计算机已经将音乐变成了一个更加孤独的过程，可音乐是一种社会活动。最成功的音乐人通常都能将乐器演奏到极致，并且让周围的人感到很爽。

音乐人天生是完美主义者，因此他们会独自努力，直到创作出完美或正确的作品。这已是一个将人隔离的因素。现在，如果你有了整个工作室，而且有了全世界所有伟大小提琴家的样本，一切都在你的笔记本电脑里，这只是多了一条将你与其他音乐人隔离开来的途径。

您的唱片公司是否从一开始就知道《打烊了》会红火，并且会获得格莱美奖提名？

不知道。他们最初因为里面没有合适的单曲而拒绝了那张专辑，并让我们再去创作几首歌曲。

我们的经纪人吉姆说："你写几首新歌，他们会给你预算。你闭门造车，再写几首歌加进去。可是，你想在他们拒绝了你的专辑之后，如果你又为他们写了三首歌，那他们会将哪些歌曲选作单曲？"我说："当然是新歌，因为是他们委托的。"吉姆说："对。所以，现在的问题是：你能向我保证即将创作的三首新歌会比我们已经定为单曲的《打烊了》《秘密微笑》（Secret Smile）和《在睡梦中歌唱》（Singing in My Sleep）更好吗？"我说："不能，因为那些都是很棒的歌曲。我无法保证超越那几首歌曲。"他说："那么你想回到录音棚，用一些很可能不会更好的歌曲来替代那三首歌，并且将那些用作唱片中的单曲吗？"于是，当唱片公司一连数周打来电话，试图说服我创作更多歌曲时，我们置之不理。他们最终另外找了一个人在电台进行推广，那个人说："我冒险试试看吧。"唱片公司的总裁给我经纪人打电话说："嗯，推出这样的唱片等于自掘坟墓。"

那就是一些充满吸引力的"是"。

华盛顿在低声哭泣

经济学中的一个重要原则是商业政策应该保持中立——既不偏爱也

不排斥某种技术或者某家公司。这条原则很合理,因为政府并不擅长挑选成败者,而一些势力强大的公司则能够游说政府给它们特别待遇,即便它们并没有给用户提供最佳服务或价格。不仅如此,技术的发展之路常常难以预测。乔治·华盛顿在1796年的告别演说中曾有一段关于中立原则深谋远虑的论述。他说:"但甚至连我们的商业政策也应该保持平等和中立;既不寻求也不给予排他性的支持或偏爱;尊重事物的自然进程;通过温和的手段建立分散和多元化的商业渠道,但是绝不能强行推进。"*

依照美国目前的政策,地面广播电台和 YouTube 播放音乐时所支付的版税远远低于流媒体服务商。华盛顿如果地下有知,肯定会流泪的。由于历史和法律的问题,地面广播电台、卫星电台、互动或非互动流媒体服务商在使用音乐时各自有着一套不同的授权和收费标准。这在音乐圈中被称作"价值缺口"。[29]

广播电台的剥削

按照由来已久的版权法,美国广播电台无须为获得唱片的表演权支付费用;他们只需为著作权付费。结果,电台在播放艾瑞莎·富兰克林标志性的演绎《尊重》(*Respect*)时没有向她支付任何费用,而只是向这首歌曲的创作者奥蒂斯·雷丁,或者准确说是为他的遗产支付了版税。伊朗和朝鲜是仅有的两个不要求电台在播放歌曲时向歌手支付表演版权费用的国

---

* 亚历山大·汉密尔顿协助华盛顿总统撰写了他的告别演说。林-曼努埃尔·米兰达的歌曲《最后一次》(*One Last Time*)纪念了这一事实,歌中想象着华盛顿在指示汉密尔顿:"拿起笔来,开始写/我要分享我所得/我历经艰难获得的智慧。"

家，美国因此与它们构成了一种奇特的轴心国关系。

人们以前认为表演者从电台播放他们的歌曲中获益，因为播放他们的歌曲等于是在为他们做宣传，增加了他们的唱片销量。换言之，考虑到表演者得到的实际利益，无须向他们支付演唱版税。但无论这种论点在20世纪多么有道理，它在数字时代根本站不住脚。声田、亚马逊和苹果音乐等流媒体服务商也为音乐带来了宣传效益，而且绝不亚于广播电台，可这些服务商却在支付大笔表演版权费。不仅如此，经济顾问巴里·马萨斯基指出，广播电台目前播放的音乐大约有一半属于老歌（两年或两年以上），因此认为电台有助于宣传新歌曲是不准确的。马萨斯基认为其实是音乐推广了电台，而不是相反。

电台和流媒体服务商受到的不同待遇违背了中立原则，只是让电台的老板获益。图9.1显示，音乐广播电台支付给音乐著作权持有者的费用在其收入中所占的比例远远小于卫星音乐电台或流媒体服务商。[30]这给广播电台创造了一种盈利的商业模式：音乐电台的运营预算中音乐费用只占

图9.1 2017年不同平台支付的音乐授权费用在收入中所占的比例

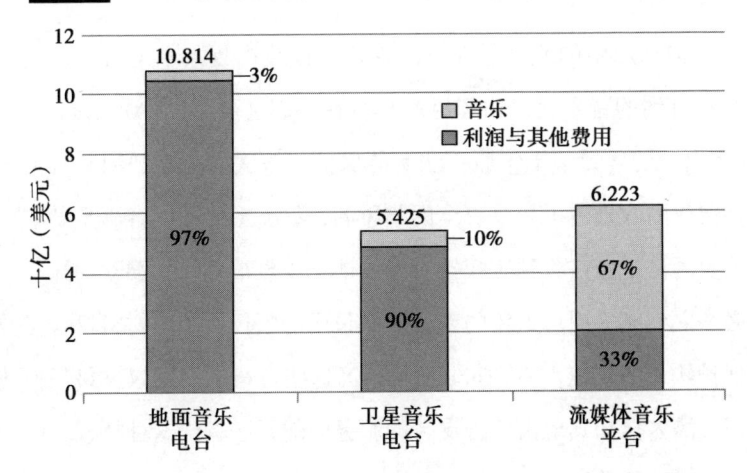

平台	收入（十亿美元）	音乐占比	利润与其他费用占比
地面音乐电台	10.814	3%	97%
卫星音乐电台	5.425	10%	90%
流媒体音乐平台	6.223	67%	33%

来源：马萨斯基咨询事务所。请注意，收入基数已做调整，不包括不受版税影响的收入。

4.6%，而音乐却占其播放内容的 2/3。几乎每一个国会选区都有一个广播电台，而它们的行业协会——全国广播工作者协会——通过游说成功地做到了数十年不用支付表演版权费，成为寻租行为的成功案例。

非互动性流媒体服务商，比如天狼星 XM 和潘多拉，不允许用户选择具体的播放歌曲，因而有资格得到强制许可，按照美国版税委员会规定的税率支付版税。但是中立原则在这里就更加被打乱了，因为这两家服务商支付的版税率不同，因为它们必须服从不同的法律标准和美国版税委员会不同的裁决。

点播（互动式）流媒体服务商，比如声田、亚马逊音乐和苹果音乐，允许用户自己选择想听的歌曲，因此为使用录音资料必须得到版权持有者的许可。正如第八章所解释的那样，它们直接与版权持有者商定版税率。

YouTube 的剥削

最违反中立原则的或许是 YouTube 这个在线视频共享平台。人们通过 YouTube 听到的音乐比声田和潘多拉合在一起还要多。[31]YouTube 受到了 1998 年出台的《数字千年版权法》的保护。该法律为互联网平台上的用户上传侵权内容创造了一个安全的避风港，只要上传的内容满足某些要求。最重要的是平台在收到版权持有者的请求（也被称作"删除通知"）之后，必须立刻删除用户上传的内容。而只要受版权保护的材料符合《数字千年保护法》的规定，YouTube 便无须为这些资料的使用权支付任何费用。声田、潘多拉和其他由广告支持的服务商却无法享受这种特权，因为他们的音乐曲库不是用户上传的。

YouTube每周都会接到数百万的删除通知，因为这个系统对版权持有者而言已经成了一场必输无疑的打地鼠游戏。一旦某个广受欢迎的内容被删除，用户经常会再次上传同一个受版权保护的资料或者经改头换面的材料。对那些没有大红大紫的歌手来说，该系统尤其存在问题，因为他们缺乏必要的资金和法律团队来时刻搜索并监督YouTube上面数十亿的帖子。唯一的补救办法显然就是，YouTube和其他平台在收到版权持有者不希望某个资料出现在其服务平台上的通知之后，必须将其永久删除。但出于显而易见的原因，互联网服务提供商坚决反对这个解决方案。相反，由于在谈判中处于弱势地位，唱片公司只能从YouTube的广告收入中得到相对较小的一部分报酬。这种局面给YouTube创造了巨大的经济优势，远胜于声田这样的公司——许多用户将YouTube视作一个比较好的替代平台。

克林顿总统签署《数字千年保护法》时，本意是将它用作一种辅助互联网发展的暂时性措施，直到互联网成熟、平台形式更为清晰之后再出台更加周全合适的规定。克林顿政府没有预料到，后来收购了YouTube的谷歌及其他互联网服务提供商会变得如此庞大、强势，以至于（为适应互联网行业的发展）解除《数字千年保护法》提供的临时保护，并通过立法在内容创作者和互联网平台之间建立更合理的平衡会变得如此艰难。这又是一个寻租行为拥有巨大力量的例子。

数字世界的版权现代化

我在本章开头提醒过，各种音乐版权规定会让人晕头转向。合法的版权保护与过度的版权剥削之间的界线模糊不清，规定版权使用费的法律以及不同平台之间的授权要求不均衡，对那些收集和分销音乐版税的机构的各种限制多已过时。马蒂·戈特斯曼曾为表演权管理组织BMI工作过多年，他恰当地总结了目前这种可悲的状况："版权规定并不需要在一些无关痛痒的小事上争论不休。"[32]

经过数十年的内讧以及体制改革的失败，几乎整个音乐产业都支持《音乐现代化法案》（Music Modernization Act）中的一揽子提议。该法案于2018年签署成为法律。它设立了一个全新的机构，用于收取和分配数字流媒体服务商支付的版税；创建了一个公共数据库，将唱片与歌曲创作者和版权管理公司关联在一起，以简化支付程序；创造了一种方法，让制作人和录音师在其音乐被流媒体平台播放时收到版税；为1972年之前录制的音乐建立版权保护；按照自由市场的标准，改变美国版税委员会所制定的版税率标准；限制声田这样的流媒体平台在某些情况下的版权侵犯诉讼中的责任；引入多种其他技术变革。[33]尽管众议院在2018年4月全票通过了该法案——非常罕见的壮举，2018年9月参议院还是经过最后的一番争论才通过。例如，在最后阶段，天狼星XM成功地在法案中加入了几句话，将目前的版税率（2018年为15.5%）的固定年限延长5年，即从2022年延长至2027年。[34]

《音乐现代化法案》改革虽然意义重大，却只代表所有利益群体能够接受的最小"公分母"。相对数字时代版权法改革所需的努力而言，这只是皮毛。例如，《音乐现代化法案》并未解决广播电台和YouTube版税支付方面存在的扭曲的"价值缺口"问题。版税率仍然受到严格控制，而不是由市场力量所决定。

更加重大的举措应该是，通过转向以市场为导向的统一体系来消除一切障碍：允许音乐版权持有者或者他们委派的代理（比如表演权管理机构和唱片公司）与所有流媒体服务商、广播电台、视频共享服务商以及试图得到他们音乐的任何人直接商谈。这种体系目前已经应用于互动式流媒体服务商、电影、电子游戏所使用的录音资料。为什么不将它延伸到 AM 和 FM 广播电台、YouTube 及其他平台呢？

　　法律研究者彼得·迪克拉和大卫·图夫做了30多份匿名采访。受访者都直接参与了20多家互动式流媒体服务商获取音乐授权的谈判。他们发现"互联网音乐服务商要想获取授权，谈判过程至少需要9个月"。流媒体服务商平均需要18个月才能通过谈判得到足够的流媒体歌曲授权，来启动他们的服务。[35]尽管在21世纪第一个十年中谈判所需的时间并没有减少，谈判所涵盖的歌曲总量却增加到了数百万。由此可见，让市场以有效的方式运行或许是可行的。如果改用一个统一的体系，要求所有平台获得音乐使用权，而不是强行要求版权持有者按行政要求义务授权给某些平台，这样也能使艺人保留对自己作品的创意控制权，而这正是他们的一个主要目标。

平衡的界线

　　当司机在车内听音乐时，他可以毫无障碍地从地面广播电台换到卫星广播电台，再换到互联网广播电台和流媒体平台，根本不会注意到其中的区别。然而美国的政策却给这些平台制定了不同的版税标准和授权要求。由于政府目前的政策对一些音乐格式有所倾斜，由此妨碍了进步。决策者们为版权法画出了不平衡、模糊的界线，而这些界线往往过于保护和扩大寻租者的利益，常常不足以支持音乐人、曲作者和创新者的创作本能。

第十章
全球音乐市场

尽管山脉分开，

尽管海洋宽阔，

这毕竟是一个小世界。

—— **理查德·谢尔曼和罗伯特·谢尔曼，1964**

我在美国之外看的第一场现场演唱会是空气补给站乐队2001年在香港的演唱会，那是在香港地区回归中国4年之后。现场座无虚席，但观众自始至终都没有起立，没有随着音乐舞蹈，也没有跟着一起唱。他们与其说是在看一场摇滚演唱会，还不如说是在观看一场象棋比赛。这个由拉塞尔·希区柯克和格雷厄姆·拉塞尔组成的澳大利亚和英国二人组合勇敢地继续演唱，一首接一首地唱着他们的爱情民谣：《连夜色也更美了》（*Even the Nights Are Better*）、《与我共舞》（*Dance with Me*）、《我在这里》（*Here I Am*）和《一切出于爱》（*All Out of Love*）。观众很尊重他们，但似乎没有谁熟悉他们的热门歌曲。

世界各地的人听的音乐以及他们参与现场演唱会的方法不尽相同，但也在快速趋同。中国政府近来开始允许在演唱会现场的观众在演出过程中站起来跳舞，但他们必须站在自己的座位上！另一个变化是中国音乐节的数量在增加。例如，许多国际明星都参加了北京和上海的 Ultra 音乐节。而在中国，音乐在流媒体上的播放量也超过世界任何其他国家。

数字技术正在改变全球音乐市场。数百年来，每个国家都运用音乐来打造自己的民族认同感，创造独特的文化遗产。加拿大、法国、澳大利亚、新西兰和其他几个国家都要求广播电台至少播放一定数量的国内音乐来促进民族音乐的发展。但是由于流媒体能够让听众接触到全世界的所有曲库，这些障碍正在被打破。10年后，全球音乐市场很可能会比现在更加同质化。未来，你大概会听到更多别国的国际明星创作的音乐。

我在本章将运用经济学的棱镜来凸显世界各地音乐市场的异同。我将重点介绍中国，因为中国由于种种原因，在音乐制作、传播和使用方面落后于世界其他地方数十年。但是情况正在快速改变。在超级明星市场中，规模至关重要。作为全球人口第一大国和全球第二大经济体，中国已经为成为音乐的世界领袖做好了准备。中国已经开始制定并执行音乐版权保护。按照超级明星模型（见第四章），中国很可能不久将开始推出越来越多的华语音乐超级明星。

如果说中国是音乐界沉睡的巨人，那么瑞典则是一只会咆哮（或者说至少是大声歌唱）的老鼠。瑞典的人口不到 1000 万，却在音乐市场上频频打出与之体量不相称的重拳。这个斯堪的纳维亚国家已经推出过 ABBA 和洛克塞特乐队这种现象级的组合，声田这种最前沿的音乐技术公司，以及马克斯·马丁这种排行榜最顶端的曲作者。为什么？答案大概在于瑞典广泛的音乐教育、公民的英语水平，以及对全球经济的开放姿态。瑞典也从经济学家所称的"聚集经济"中获益颇丰。聚集效益是指与同行业培养创造力和生产力的其他公司为邻所带来的积极影响。聚集效益有时始于巧合，巧合或运气当然在音乐产业的成功中起着重要作用。但是聚集经济可以产生持久效应。还有其他一些国家，比如日本和印度，也有着影响各自音乐市场的发展的特质。

全球音乐市场

按照消费者支出来衡量，美国是世界上最大的音乐市场。日本虽然排第二，但远远落后于美国。英国、德国和法国是前五名中其他3名成员。中国最近创纪录地进入了前十。[1]

人口较多、收入较高的国家在音乐上的花费往往更多。图10.1中的散点图依据现有数据标出了49个国家的唱片消费（纵轴）与GDP（横轴）的关系。坐标轴均采用了对数刻度。图中的上行线显示，平均而言，一个国家的音乐消费增速与其GDP增速成正比。大多数国家都在这条直线附近，唯一的例外是中国。中国的唱片消费大约为20亿美元，低于依据其经济体量所做出的预测。

印度尼西亚、印度、俄罗斯和新加坡是中国之后最大的负离群值。版权保护力度不够很可能造成了这些国家消费不足的情况。印度的音乐市场也很独特，宝莱坞电影音乐一枝独秀。迷人的印地语歌曲和舞蹈是宝莱坞电影不可或缺的一部分，而这反过来又激发了人们对宝莱坞歌曲的兴趣。印度近80%的音乐收入都来自宝莱坞电影歌曲。[2]对宝莱坞音乐的偏爱淹没了人们对其他音乐类型的需求，这或许可以解释印度音乐消费为何会低

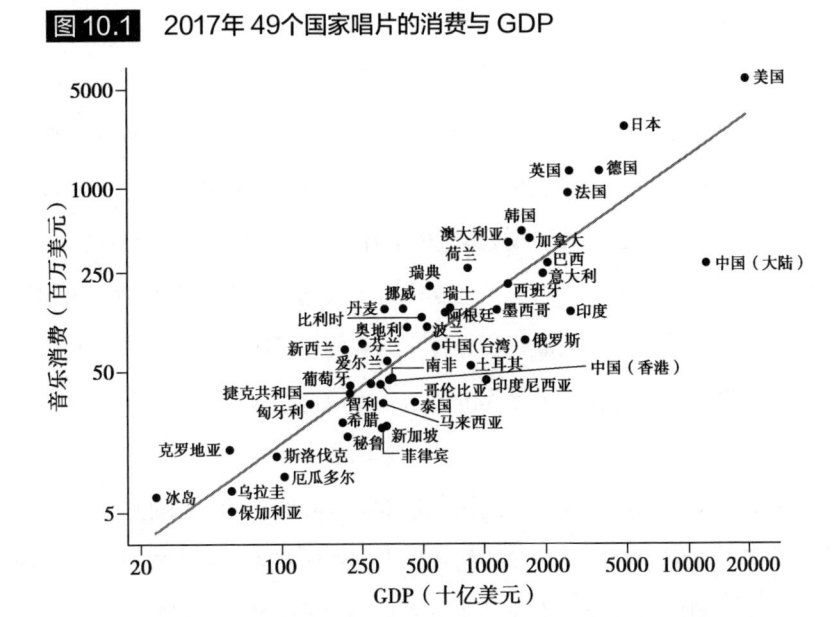

图 10.1 2017年49个国家唱片的消费与GDP

来源：作者基于国际唱片协会全球音乐报告和世界银行的数据计算而得。音乐消费采用的是批量数据，按照2017年汇率换算成美元。指示线所依据的是在GDP对数基础上对消费对数进行的普通最小二乘回归。

于预期。声田这样的流媒体服务商也发现印度是一个富于挑战的市场，它将不得不迎合印度人对宝莱坞歌曲的喜好才能在那里取得成功。

日本、英国和瑞典在唱片上的消费远远高于根据其经济体量所做出的预测。日本是最大的正离群值，这与该国长期热衷于CD以及互联网音乐流媒体平台的缓慢发展有关。[3] 日本音乐市场在这方面的情况类似于2000年前后CD市场收入达到高峰的美国。音乐也在日本非常流行的动漫和电子游戏行业扮演着重要角色。英国和瑞典有着制作创新音乐的悠久传统，这或许推动了这两个国家的音乐消费。

这是个更小的世界

数字下载和流媒体平台在全球的传播已经极大地扩充了听众所能听到的曲库。音乐爱好者只能从萨姆·古迪和其他唱片零售店有限的唱片现货中挑选的日子早已一去不复返。实体唱片（黑胶或者CD）又受到各种"贸易摩擦"的限制，因为消费者只能在现货中挑选，也因为人们的音乐知识仅仅局限于少数艺人和歌曲。流媒体平台和网店使得用户能够发现并聆听来自全世界几乎所有音乐人创作的音乐，无论这些人居住在哪里。

有证据显示，流媒体和数字下载带来的贸易摩擦的减少正开始改变不同国家人们听音乐的模式。不同国家最常播放和购买的音乐似乎有越来越多的交集，人们会听由世界各地的音乐人创作的音乐，而不是被某一个国家的音乐人制作的某种风格的歌曲所主宰。音乐仍然是超级明星的天下，对流媒体而言，或许更是如此，但超级明星所属的国籍正在改变。

研究国际贸易的经济学家已经在贸易模式中发现了一种强烈的"本土偏好"：与他国提供的货物和服务相比，人们更倾向于购买本国提供的各种货物和服务。[4] 贸易关系到国界。

经济学家乔尔·瓦尔德福格尔与其合著者在一系列研究中运用了一组相似的工具来分析几个国家消费者所购买的音乐的来源国。[5] 这项工作需要具备强大的统计假设来克服数据局限（例如，销量是运用幂律假设从图标排名中得出的），但他们的研究成果在帮助我们认识不同国家听音乐的习惯，数字化如何改变老习惯，以及对世界各地多种音乐的不断变化的需求方面提供了重要的见解。

数十年来，世界各地的人们所听以及所购买的音乐显示出强烈的本土偏好，这种情况与其他产品相同。例如，瑞典歌手比其他国家的歌手更有可能登上瑞典流行音乐排行榜榜首，日本歌手最有可能在日本排行榜登顶。

这种本土偏好可以部分解释为是由于语言差异：听本国语言的音乐的倾向性非常明显。但是语言无法解释整个现象。例如，在英国，英国组合比美国组合更有可能登上流行音乐排行榜榜首，美国的情况正好相反。

瓦尔德福格尔的研究显示，这种本土偏好虽然强烈，但是随着苹果iTunes商店的问世（2003年4月）以及流媒体服务商的大量出现，却在2004年之后开始减弱。200年以来，对本土音乐的偏好中大约40%已经消失。排行榜排名主要依据广播电台的播放率、唱片销量、流媒体播放量和其他衡量手段。与之相比，声田的音乐流媒体播放量所展现出的本土偏好的倾向在减弱，这表明流媒体很可能将继续打破障碍。

这个研究的另一个重要发现是，不同国家的人所听的各种音乐越来越接近。瓦尔德福格尔将这称作"营造公平的竞争环境"，昔日巨星（包括美国录唱片的艺人）的流行音乐所占的份额正在缩小。结果，世界各地的人们可以听到来自更加遥远国家、更加多元的音乐人所创作的音乐。音乐世界确实因为流媒体的出现而变得越来越小。

瑞典从20世纪90年代开始就是全世界音乐贸易顺差最大的国家之一。尽管这个国家自21世纪初以来推出的明星少于从前——最新的国际明星艾维奇2018年去世，年仅28岁——但它仍然在许多方面继续扮演着热门歌曲创造国的角色。马克斯·马丁和丹尼兹·波普组成了极为成功的歌曲创作和制作团队，直到波普于1998年因胃癌去世，马丁在这之后继续着这一传统。邦·乔维、克里斯蒂娜·阿吉莱拉、里基·马丁、凯利·克拉克森、后街男孩和布兰妮·斯皮尔斯等美国明星纷纷去瑞典制作音乐。[6]

人们提出了许多假设来解释瑞典在音乐方面取得的巨大成功，但缺乏对这些假设的明确验证。昆西·琼斯告诉我，瑞典是深受美国爵士乐歌手青睐的地方，这不仅加深了人们对爵士乐的了解，而且激发了人们对爵士乐的兴趣。[7]他是一个夜猫子，自然也提到了瑞典漫长的冬夜。马克斯·马丁将自己的成功归因于瑞典对公立学校音乐教育的支持：所有一年级学生都得学会使用录音机，9岁之前每个孩子都得接受音乐教育，而且到处都有政府补贴的课外音乐项目。[8]在ABBA乐队获得成功之后，瑞典逐渐创造了完善的基础设施来制作音乐、支持音乐产业，这些基础设施包括音乐出版、录音棚和摄录设备。这些条件在许多瑞典之外的国家（比如丹麦）都存在，因此瑞典可能只是碰上了好运——几位运气不错的超级明星确实有助于让瑞典进入音乐版图中，也有助于基础设施的建设，以此推出更多明星。在国外，瑞典歌手在声田上的表现远远高于他们依据排行榜、广播电台播放率和唱片销量得到的排名，这预示着声田的扩张和流媒体将有助于瑞典继续成为音乐出口大国。

如果音乐世界继续变得越来越小，美国音乐人和唱片公司将在国内外面临更大的竞争。唱片公司对这种新局面的一个应对策略就是试图让旗下的艺人多元化，从全球各地招募出唱片的歌手。乐队也在吸收来自其他国家的成员和音乐，而不再局限于一个地区。他们这种地理位置上的多元性同样有道理。

这种国际明星合作趋势的先驱包括波多黎各的路易斯·丰西、扬基老爹与加拿大的贾斯汀·比伯合作的《慢慢来》，美国的拉扎尔少校、法国的DJ斯内克和丹麦的MØ合作的《依靠》（*Lean On*），以及哥伦比亚的夏奇拉和南非的现磨咖啡乐队合作的《哇咔，哇咔（非洲时刻）》［*Waka Waka*（*This Time for Africa*）］。流媒体的传播会带来更多跨界艺人，他们会往新的和不同的音乐方向发展。

中国的音乐

尽管一些美国唱片公司主管认为"中国是音乐的未来之国，而且将永远是"，这个未来可能比许多人预料的更早到来。国际唱片业协会的数据显示，从2012年至2017年，除了阿根廷，中国的音乐销量增速高于其他国家。说汉语的人多于说任何其他语言的人。根据超级明星模型预测，中国的超级明星市场已经成熟。中国迟早会推出自己的本土明星，他们将主宰亚洲或许还有其他大洲的音乐市场。

即便中国一直是个音乐产业发展相对落后的地方，这个国家的音乐产业却反映了经济学中的几个原理，并且可以被视为中国整个经济的一个缩影。我在本书所强调的所有七项经济学要诀（供应、需求及其他相关因素；运气的力量；互补性；价格歧视；成本弊病；神奇的音乐财富）都可以立刻在中国音乐市场中看到。

为了对中国音乐市场有更多的第一手了解，我于2018年3月去了中国，采访了现场音乐和唱片行业的十多位高管，以及五六名音乐人。如果说美国的音乐产业不够透明的话，那么中国的音乐产业则完全不透明。约翰·卡波从2008年至2016年一直担任AEG中国区的总裁兼首席执行官，他用一个中国俗语描绘了中国音乐产业——"浑水摸鱼"。[9]生意上的事情经常笼罩在层层秘密和内幕交易之中，因为这种做法能够让强势方攫取更大的利益。

中国音乐产业的数据严重不足，商业行为常常是暗箱操作、垄断处理、欺骗作假。政府也密切关注音乐产业，对一些音乐进行审查，并且严格监管演唱会。不过，情况正在改变，而且正变得越来越商业化。

天后：王菲

也许最能说明中国音乐市场疯狂状态的事情就是王菲2016年在上海

举办的新年演唱会传奇。歌手王菲（她在西方叫 Faye Wong）出生在北京，1987 年 18 岁时移居到当时在英国统治下的香港地区。她在 90 年代初以演唱粤语流行歌曲而名噪一时，不过自 90 年代后期开始，她主要用普通话录制歌曲。同时她还是一位影视明星。

王菲可以算是中国的麦当娜，被粉丝昵称为"天后"。她在暂别歌坛6年之后，同意于2016年12月29日和30日在上海的梅赛德斯−奔驰文化中心举办两场演唱会。这两场演唱会背后的细节扑朔迷离。她显然早已决定至少5年内不在中国举办演唱会，这进一步提高了人们对她演唱会的需求。据报道，阿里巴巴的创始人马云为每一场演唱会支付王菲1600万美元。[10]第一场演唱会是只有马云的朋友们可以参加的私人活动，第二场演唱会向公众售票。12月30日演唱会的门票标价为260美元至1100美元，但是真正惹怒歌迷的是：文化中心8000多个座位，据报道只有800张票出售给公众，实际数字可能还要少。绝大多数的门票都是通过票务机构和"黄牛"卖出去的，票价最高达到了85,000美元！没有人知道这笔钱的去向，没有人知道是什么人在分配门票，也没有人知道究竟多少人真正去现场观看了演出。

由于门票价格过高，公众能够买到的门票数量极为有限，政府感到颇为尴尬，于是政府便开始对这一事件进行调查，并且在一段时间内严禁该文化中心举办演唱会。卷入此次事件的一些人不愿意再谈及其中的内幕。许多铁杆粉丝愿意并且能够支付上万美元来观看这位 47 岁女歌手的现场演唱会，这一现象也反映出中国目前收入高度不平衡的普遍问题。*

---

* 中国富商马云可能是王菲的头号粉丝：他在自己制作的一部电影中与王菲录制了一首二重唱。

现场活动

中国与美国一样，音乐人的大部分收入都来自现场演唱会。现场演唱会占中国音乐消费的60%以上，高于日本、韩国和澳大利亚。[11]要想了解中国的现场演唱会市场，大家可以想象一下旧金山传奇的比尔·格雷厄姆制作公司的业务做到极致是什么样。

标准做法是演出场地与承办方签订办演唱会的合同，承办方负责门票销售。浑水从这里开始出现。虽然中国人习惯于用智能手机上的微信或支付宝来付费，而不是用现金，门票市场仍然依赖传统的纸质门票。这种早已过时的技术一旦采用，门票就可以被复制、转售，分发给朋友和家人，而且无法追踪。门票销售也不需要通过售票处或票务管理公司等传统渠道。相反，黄牛市场则组织成熟完备，大部分可以通过线下渠道和现金完成。

约翰·卡波回忆说，他2009年开始在中国承办演唱会时，黄牛市场完全被一些地方巨头所掌控，他们甚至会为争夺地盘大打出手。他说，他们会为争端解决之后送受害者去医院做出预算。幸运的是，这个市场已经远没有以前那样充满暴力了。

中国官方不允许演唱会有最低入场票价，严格限制坐在地上的人数，并且禁止观众站在过道或通道中跳舞。2018年9月13日在上海会议中心举行的杜阿·利帕演唱会上，一些粉丝因为跳舞和挥舞彩虹旗而被保安强行带走。[12]

笔者手中没有具体数字，但是数位观察家告诉我，中国最受欢迎的表演者来自台湾地区和香港地区。五月天乐队和周杰伦是最受欢迎的中国台湾艺人，张学友和陈奕迅则是非常受欢迎的中国香港歌手。韩国的一些男子组合直到不久前都风靡中国（尽管他们表演时经常假唱），中国许多少女歌迷会背下他们的韩语歌词。电子舞曲音乐则正在经历繁荣与萧条的循环周期。

约翰·卡波估计，源自大中华区（包括中国大陆、中国香港和中国台湾）的演唱会目前约占中国现场演唱会的90%。他说，以前大约10%至15%为西方节目，10%至15%为韩国和日本节目。[13]

由于历史原因，中国人对于其他国家音乐的接触有一段时间是空白。许多人从来没有听说过披头士乐队。如果你向他们提及大卫·鲍伊、尼尔·戴蒙德或者比利·乔尔，你所看到的也是茫然的眼神。埃尔顿·约翰之所以在中国流行，也仅仅是因为《狮子王》。不过，曾留学海外的中国学生推动了中国人对西方音乐的兴趣和需求。

2010年，埃里克·德丰特奈从美国来到中国，为二手玫瑰等中国摇滚乐队担任经纪人，并且将一些西方独立乐队介绍到中国开展演出。德丰特奈非常看好中国音乐市场。据他估计，自他抵达中国以来，尽管中国政府严格控制票价，但票价还是上涨了30%至50%。"新开放的演出场地数量有了明显增加，尤其是过去两三年里在一线、二线甚至三线和四线城市。"[14]他补充说，现有场馆也增加了容量。

在王菲演唱会惨败之后，演出场馆都提高了费用，因为需求一直高于供应。此外，政府在限制场馆收费标准方面有所松动，因为许多承办方都处于税务问题调查中，没有多少资本可以与场馆方面讨价还价。在阿里巴巴2016年5月收购了票务公司大麦之后，票务变得更加专业，更加容易跟踪。

越来越多的西方顶级艺人会在亚洲巡演时去中国演出。金属乐队和滚石乐队已经在中国巡演了两次。萨姆·史密斯、玛丽亚·凯莉、红粉马丁尼和查理·普斯已经安排了在中国的演唱会计划。西方艺人越来越将中国视作一个利润中心。

对金属乐队这样的乐队而言，中国的票价（在可以衡量的意义上）至少与美国一样高。高票价的部分原因在于将人员和设备运送到中国的成本很高，因此艺人必须对额外成本进行补偿。

约翰·卡波还指出了超级明星模式另一方面的特点，让中国可以成为超级明星演出的一个成熟市场。之前举办演唱会的条件比较混乱，而现在已更加标准化、更加专业。以前，即便是在大城市，艺人巡演时不仅成本较高，而且程序很烦琐。粉丝的体验也不太满意。场馆里面经常不是太热就是太冷；卫生间设施要么无法使用，要么根本没有；小卖部空空如也；由于监督松懈、缺乏吊装能力或者承重屋顶，搭建舞台需要五六天时间。今天，场馆的管理要好得多。"中国现在有举办更大型的表演的基础设施，能够给粉丝和艺人创造更好的体验，"卡波说，"上海的梅赛德斯-奔驰文化中心和北京的五棵松体育馆（现在叫凯迪拉克中心）都有世界一流的设施，与洛杉矶的斯泰普尔斯中心不相上下。"

中国市场也变得越来越统一，越来越商业化。张学友以前在中国大陆巡演时需要十多个承办方，每个城市一个。现在情况已经截然不同，目前比较常见的做法是，同一个承办方组织多个城市的巡演。汇演邦和AEG都在中国开展业务。CMC现场娱乐公司与创新艺人经纪公司成立了一家合资企业，正试图打造一个全国性的音乐集团，形成在中国和亚洲其他各地承办现场表演的横向垄断以及培养和代理艺人的纵向垄断。[15] 2018年，CMC现场娱乐公司承办了张学友和五月天在大小城市的巡演，以及其他数百个现场演出。

约翰·卡波已经将注意力从与来中国的美国艺人合作，转向策划和代理中国艺人在中国和亚洲其他地方的巡演上。他计划将自己策划的演唱会带到拉斯维加斯州和加拿大。不过，很少有中国艺人的演唱会（能在其他国家和地区）卖出能够坐满一个大型场馆的门票，哪怕是在人口达1500

万或2000万的城市。或许只有张学友和王菲能够连续两三个晚上让场馆座无虚席。

周铂弘：《我型我秀》和风暴电音节的制作人

周铂弘生于中国台湾，在美国长大。他就读于布朗大学，1999年毕业，拥有经济学和哲学双学位。我于2018年3月19日在上海采访了他。

周铂弘2002年来到中国大陆，原计划只待一年。他的第一个项目是电视真人歌唱比赛节目，类似于《美国偶像》，合作方是上海文广新闻传媒集团和环球音乐集团。中国当时的本土明星非常少。"大多数中国人听的音乐都是港台地区的华语流行歌曲。"周铂弘制作的节目名叫《我型我秀》，意为时尚、独立。比赛获胜者与环球音乐集团签订唱片合同并由其担任经纪人，用资本化的方式进行包装宣传。

这个节目当时名列中国电视收视率榜首。第一集的观众多达3000万，第二集达到了1亿。周说在其巅峰时期，每一集有1.5亿观众在观看，与超级碗的收视率持平。

这个节目成功之后，类似的模仿节目大批涌现。他说："中国在模仿方面很出色。"几乎是一夜之间，30多家电视台都推出了自己的版本。国家监管机构认为音乐比赛节目正在"污染公共广播频道"，因此限制每个电视台只能拥有两个此类节目。

周铂弘的节目成为张杰等中国大陆流行歌星的起飞点。中国电视音乐比赛节目的获胜者现在可以在新加坡、马来西亚和亚洲其他地方巡演，偶尔也去北美和欧洲。

周说，这种成功不是偶然。他细心地指导歌手讲述自己的故事，以此来吸引公众对参赛歌手的兴趣。他聘请了100名实习生,在百度贴吧上发帖,对歌手进行正面评价。这种策略创造了临界数量,导致人们贴出更多评论,一些歌手不久便开始走红。这是网络影响和音乐产业复合优势的另一个例子。他为"我们创造的流行风尚创作法"感到自豪。

该节目播出了七季,但是周铂弘在第三季之后就离开了,他要自己创业。他的朋友们都鼓励他留在中国,因为他有机会改变这个国家的文化。他的中文非常流利,却在西方长大并在那里接受教育,因此他感到自己身份独特,能够在两种文化之间起到桥梁的作用。

他不久便进入了现场音乐产业。在一些投资人和赞助商的支持下,他突然有了创建"风暴电音节"的想法。

风暴电音节于2013年启动,它借助了舞曲音乐在中国越来越火的势头。周铂弘告诉我,他在寻找一个能够成为品牌的产品。"如果你承办某位艺人的演唱会,那是这位艺人拥有该品牌。"而且面对众多竞争对手,承办商能够利用的东西少得可怜。但是,如果你开创一个成功的节日,你就能拥有该品牌,就能挣到更高的利润。

他运用自己在营销方面的专业知识,首先为这个节日编了一个故事。为什么叫"风暴"?他解释说,背景故事是"被驱逐出仙女座星系的大角星人在流浪了2000年后发现了地球,并且创办了'风暴电音节'"。这个故事激起了人们对外星人和高科技等未来主义形象的想象。2017年,"风暴电音节"在中国7个城市举办(北京、上海、成都、广州、深圳、南京和长沙),总共吸引了19万粉丝。

周铂弘接下来盼望着能创办"风暴学院",教育和培养中国下一代音乐人才。

音乐节

音乐节在中国逐渐火爆的同时，也带来了一些只在中国才会见到的挑战。音乐节一般都在公园里举行，而中国的公园被认为是"人民公园"。阿奇·汉密尔顿这位高个子苏格兰人自2007年起就在中国组织各种音乐节，他告诉我，他在举办第一个音乐节当天发现一群退休职工在公园里打太极拳时，大为震惊。警察也常常会在现场拉起隔离绳以防止没有买票的观众进入音乐节现场，出于安保考虑开放一条未经授权的入口。不过，音乐节允许普通人入场，他们或站或舞，这些方面和美国及其他地方的音乐节非常相似。

中国第一个年度摇滚音乐节是迷笛音乐节，1997年在北京创办。[16] 汉密尔顿估计中国目前每年举办的音乐节超过400个。有国际明星和世界级DJ参加的电音节发展尤其迅速。例如，汇演邦亚洲公司宣布将与百威公司进行多年合作，在中国大陆、香港和台湾地区举办"奶油田"（Creamfields）电音节，因此音乐节爆炸式的发展很可能还将继续。

风暴电音节的创始人周铂弘说，最近几年出现了音乐节之间激烈竞争的情况。风暴电音节是中国最大的音乐节之一。2017年上海的风暴电音节两天内吸引了7万名粉丝，音乐节有3个舞台，每个舞台每天表演8个节目。门票分三等：普通门票的价格为50美元（380元），贵宾席140美元（980元），超级贵宾席像私人俱乐部一样有餐桌和香槟酒，价格为2900美元至8700美元（2万元至6万元）。周铂弘说风暴电音节还给特定人群提供早鸟普通入场门票，以实行价格歧视，通过给对价格更加敏感的人提供优惠来销售更多门票。他指出，让普通门票区坐满人至关重要，因为贵宾不希望看到场地空了一半座位。

周铂弘估计音乐节收入的40%左右来自门票销售，40%来自百威和阿迪达斯等公司的赞助，20%来自饮食销售。中国的企业赞助收入甚至超过美国，因为中国的千禧一代有大量的可支配收入。音乐节预算大约有一半都支付给了表演者。

中国音乐节经济的竞争正变得越来越激烈。除了汇演邦和AEG外，一些资金雄厚的个体也在推出自己的音乐节，但经常会亏损。这种竞争抬高了艺人的出场费，缩小了利润空间。我听说烟鬼组合在2017年上海Ultra音乐节上表演的出场费为100万美元，远远高于他们当时每晚在拉斯维加斯常驻演出时的出场费。音乐节组织者相互竞争，希望与表演者签订独家交易，以防他们在音乐节前后一段时间在中国其他音乐节上演出。

即便如此，演唱会和音乐节也会在没有警告或解释的情况下临时取消。例如，2018年的北京和上海Ultra音乐节就被取消。[17]尼基·米娜2018年11月飞抵上海进行表演，却拒绝登台，因为音乐节观众人数太少，而且可能存在欺诈行为。这种环境显然给粉丝、承办方、场馆和艺人带来了风险。

但中国还是取得了长足的进步。"十年前，"阿奇·汉密尔顿说，"没有人知道现场音乐是什么，不管是演唱会还是音乐节。但现场音乐现在已经在一代人中变成了时尚。"[18]

版权保护：从孔子到QQ

中国缺少保护版权的历史传统。事实上，孔子的《诗经》就收集自他人创作的民歌。据大卫·赫利希和张宇教授说，孔子"认为这些歌曲的知识是所有中国人的共同遗产，不能由个人所拥有"。[19]

中国在2006年颁布了法规，限制在互联网上传播受版权保护的资料。然而，这些法规并不严格，盗版和未经授权的音乐上传和下载依然猖獗。2010年，中国强化了版权法执法力度，将网站上抄袭来的资料和未经授权对他人作品的修改版本删除。国家版权局组建了一些代表著作权人的非营利性管理组织，并对它们进行管理。2015年7月，国家版权局发布了《关于责令网络音乐服务商停止未经授权传播音乐作品的通知》，警告将严惩违规者。近200万首歌曲随后被从网上删除。

腾讯投资人兼前高管告诉我，盗版在中国曾经是一个主要问题，但是最近已经大幅减少，原因有两个：政府严厉打击盗版行为，流媒体公司开始相互监督，以确保任何竞争对手都没有借助未经授权的音乐流媒体获得不公平的优势。[20] 与电影和其他形式的知识产权相比，中国现在对音乐的版权保护力度可能更大。尽管如此，中国的版权使用费仍然比西方低，尤其是歌曲的词曲版税。

臧彦斌：把迈克尔·杰克逊的音乐介绍到中国的人

虽然年近70岁，臧彦斌的名片上仍然有5个头衔，包括中国音像与数字出版协会副会长。2018年3月20日，我在上海采访了他。

他为什么要把自己的职业生涯奉献给音乐事业？他通过翻译解释说："这纯粹是个人原因。我们过去接触到的文化资源非常少，但是俄罗斯古典音乐《天鹅湖》的一段录音感动了我。那种音乐可神奇了。我当时就决定，如果可能的话，我愿意将音乐作为我的职业追求，因为它太美了。"

他见证了这些年来音乐的演变。

他说，从1980年到1995年，中国大陆向港台音乐打开了大门。当时的学校主要教授古典音乐，但是大多数人却偏爱流行音乐。20世纪90年代，留学海外的学生将西方音乐介绍到了中国。21世纪初，韩国和日本音乐影响了中国音乐的发展，政府也支持韩国流行音乐和舞蹈的传播。2007年以来，越来越多的欧洲和美国艺人也开始涉足中国市场。他尤其为自己在把迈克尔·杰克逊的音乐带入中国的过程中所发挥的作用感到自豪，并且为自己未能安排杰克逊在中国举办现场演唱会而感到遗憾。

臧先生对未来10年的预测是："西方国家将更多地影响中国音乐，因为现在年轻人的成长环境中可以更加直接地接触到西方音乐，并且他对它持更加开放的态度。流行音乐、爵士乐、说唱音乐、摇滚音乐、电子舞曲等都在快速发展。港台音乐现在的发展较慢。"

他对未来的展望是：不同国际公司的艺人之间将会有更多合作，中国传统音乐将与所受的西方音乐的影响相结合。"美国音乐融合了非洲音乐、爵士乐和嘻哈音乐，"他指出，"中国音乐也可以与西方音乐相结合，谱出一首世界歌曲。"

音乐制作与传播

或许是因为版权保护意识薄弱的遗留问题，中国大陆的唱片行业仍然处在起步阶段。懂得音乐版权和授权协议的娱乐律师寥寥无几。音乐主要由四类群体制作：大型唱片公司（环球、索尼和华纳）；台湾滚石唱片公司；Vibe 9等大陆的小型独立音乐公司；独立歌手。中国大陆目前还没有类似的大型唱片公司，但是腾讯音乐娱乐集团已经收购了一些唱片公司来制作自己的音乐，很可能将成为中国音乐制作中的一支力量。由于中国大陆允许大型、多产业垄断的存在，腾讯还可以利用自己的地位来提供现场娱乐。

中国音乐公司的业务范围常常比美国唱片公司更广。音乐公司可以管理艺人的整个职业生涯，并且榨取他的大部分收入。周铂弘说，中国和美国之间音乐业务的重要区别在于，美国采取职责分离制，"从经纪人到代理到承办方再到整个生态系统。在中国，你可以同时是承办方、经纪人、代理和亲戚"。这种做法滋生了利益冲突，这也是美国20世纪60年代常见的问题。音乐公司在培养艺人或者宣传他们的音乐方面做得相对较少。相反，它们希望充分利用那些已经走红的歌手。一些幸运的中国歌手成为网络明星，以流媒体的形式直接通过智能手机来播放他们的音乐。

中国艺人经常寻找互补性活动，利用他们的名气来挣钱。一种常见的策略是销售商品并且为某一品牌代言。例如，五月天乐队将巡演和唱片销售所得的大部分收入再投资于音乐制作，并且从周边商品的销售中获得了可观的收入。乐队在舞台上穿着自己的商品，为自己的产品做广告。

新公司也如雨后春笋般涌现，业务范围包括传播音乐、加强版权保护、推广音乐、为艺人和唱片公司收取版税。其中一个例子便是嗨翻屋（HiFive），这家公司成立于2016年，有90名员工，总部设在成都。该公司发布音乐，将歌曲放到流媒体平台上，收取版税，宣传歌手，在网络上监督"音频指纹"，以监控未经授权的歌曲拷贝，并且充当演出预订代理。它的曲库目前有1000万首歌曲。嗨翻屋还会加大对音乐推广的投入，包括向流媒体平台支付一定的费用购买广告位以推广音乐。作为对其服务的交换，嗨翻屋获得艺人版税的30%。

另一家创新性初创公司是看见音乐，它与外国唱片公司合作，将它们的音乐放到中国流媒体服务商（QQ音乐、网易云音乐等）的平台上并收取版税，并且通过与外国流媒体服务商（声田、苹果音乐等）的合作来输出中国音乐。[21] 这家成立四年的公司根据授权协议拥有大约400万首歌曲。看见音乐向我透露了2018年4月前12个月排名前100的引进歌曲，主要为西方独立歌手的歌曲，包括拓布（Tobu，立陶宛）、亚历克斯·克林多（丹麦和挪威）、夜愿（芬兰），以及美国制作公司"地狱咫尺"——该公司为《X战警》《星际穿越》和《哈利·波特》等热门电影制作过歌曲。与其他地方一样，中国的流媒体音乐也偏向于热门歌曲。看见音乐排名前十的歌曲的流媒体播放量和下载量相当于其余90首歌曲的总和。

中国的音乐公司还负责为国内消费市场筛选歌曲、宣传画和音乐视频，以确保它们没有令人不快的歌词或形象。像嗨翻屋和看见音乐这样的公司按要求负责第一道审查防线。

2018年年初发生了一起闹得沸沸扬扬的事件。说唱歌手GAI（周延）被突然从热门真人秀节目《我是歌手》中除名，当时粉丝正期待他在该节目中第二次亮相。中国最高媒体监管机构国家新闻出版广电总局颁布了一项法令，禁止嘻哈文化或其他亚文化的演员在电视节目中露面，包括任何有文身的人。早些年，几首说唱歌曲还被列入黑名单。[22]

中国教育通常强调死记硬背，而不是创造力和独立性。西方顶级音乐人常常来自反主流文化的环境，他们通过音乐来表达极端的情感：爱、愤怒、悲伤、痛苦和快乐。中国音乐人是否能像贝多芬、迈尔斯·戴维斯、查克·贝里、鲍勃·迪伦、披头士乐队、艾瑞莎·富兰克林、卡罗尔·金、弗雷迪·默丘里、詹姆斯·海特菲尔德和德瑞博士等早期打破传统的梦想家那样跨越音乐的边界、开拓新的音乐疆域，这还有待观察。

流媒体正在中国蓬勃发展

打击盗版之后，中国的流媒体音乐蓬勃发展。直播和真人秀音乐电视节目也非常受欢迎。尼尔森公司 2016 年的一项调查显示，中国每周有近 10 亿人在听音乐，占总人口的 72%。[23] 听众平均每周花 16 个小时听音乐，2/3 的听众说自己使用流媒体服务。每天通过流媒体收听的歌曲多达 70 亿首。

腾讯音乐娱乐集团是中国最大的音乐流媒体企业，它运营着 QQ、酷狗和酷我三个不同的流媒体平台。这些平台吸引着不同的用户群。例如，QQ 在北京和上海等一线城市比酷狗和酷我更受欢迎。2017 年，这三家流媒体服务商的月用户总数为 6 亿，日用户总数为 2 亿。[24]

网易云音乐是第二大受欢迎的流媒体公司。该公司声称其月用户量多达 4 亿。[25] 尽管阿里巴巴付出了种种努力，但是到目前为止，它在流媒体领域的尝试相对不太成功。声田、谷歌音乐和亚马逊音乐尚未进入中国，苹果音乐的市场份额很小。不过，声田和腾讯音乐娱乐集团是战略合作伙伴，已经相互交换了大约 10% 的股票。[26]

与美国一样，中国的流媒体平台也提供"免费增值"（广告支持的）服务和付费订阅服务。中国流媒体业务的绝大部分收入来自广告，而不是订阅费。例如，QQ 音乐的用户中只有 4% 是付费用户，而酷狗和酷我的付费用户比例更低，只有 2%。比如，腾讯音乐娱乐集团实行过一次价格歧视，它提供了一些只有付费用户才能下载的独家内容，并且让付费用户下载更高质量的音乐（它所称的"无损音质"）。[27]

腾讯音乐娱乐集团将扣去成本后 50% 以上的收入用于支付版税。2016 年支付的版税为 4 亿美元，2018 年这个数字估计翻了一番，达到了 8 亿美元。2018 年上半年的收入为 13 亿美元，同比增长了 92%。腾讯音乐娱乐集团的收入大约有一半来自流媒体直播，这反映了本土网红的受欢迎程度。

2017年5月，腾讯音乐娱乐集团与环球音乐集团签订了一项多年期授权协议，允许QQ、酷狗和酷我以流媒体的形式播放环球公司曲库中的曲目。[28]腾讯音乐娱乐集团与其他几家唱片公司也有类似的做法。

腾讯音乐娱乐集团的曲库从2017年的1500万至1700万首增加到了2018年的2000万首。据腾讯音乐娱乐集团前副总裁吴伟林说，在腾讯音乐曲库中，英文歌曲占60%以上，而中文歌曲只占4%。但是超过80%的用户只听中文歌曲。

腾讯控股有限公司是腾讯音乐娱乐集团的母公司，是亚洲最大的公司，也是全球最大的互联网公司。目前尚不清楚腾讯音乐娱乐集团是否从流媒体音乐中获得营运利润。不过，与声田不同的是，腾讯音乐娱乐集团只要能提高用户对微信、视频游戏和母公司制作的其他应用程序的需求，就能承受流媒体业务的亏损。因此，腾讯音乐娱乐集团给腾讯的其他业务带来了互补性好处，就像亚马逊的Alexa提供了一个互补的门户来推动人们对亚马逊核心零售业务的需求，或者苹果音乐对苹果公司核心设备业务有互补作用一样。

中国的流媒体平台拥有数亿用户，它们收集了大量关于用户偏好和收听习惯的大数据。这些数据可以用于辅助向用户提供个性化的推荐，确定演唱会巡演的目标市场，指导音乐制作。不过，由于这些服务是新生事物，因此大数据的应用仍处于起步阶段。

尽管中国是全球最大、增长最快的音乐市场之一，腾讯音乐娱乐集团投资人仍然指出，中国在网络音乐上的投资总额"大约只相当于一个一线城市的某个房地产项目"。然而，由于每天有数亿人在线收听音乐，这个行业是影响中国文化、休闲活动和消费的强大力量。和在其他地方一样，音乐在中国的影响力不可估量。

中国的风险与机会

无论是新艺人还是老艺人,无论是西方歌手还是亚洲明星,中国都为他们接触广大观众提供了无限的可能性。这些迹象预示着中国将推出自己的国际超级音乐明星。大量观众参与到流媒体和现场演唱会中,全国巡演的基础设施也在不断完善,变得更加标准化。音乐经理约翰·卡波对中国音乐市场的前景持乐观态度。他指出"数以亿计的中国人在用智能手机听音乐",他预计中国音乐市场在未来10年中将快速发展。

周铂弘希望能出现一位"音乐界的姚明",并且成为国际知名的中国超级明星,就像姚明本人成为美国的一个篮球现象一样。他说:"我去世界各地参加会议,反复强调这一点。几个国际级的中国超级明星会把这个馅饼做得更大。"

正如臧彦斌非常乐观地设想的那样,中国确实可以创作出一首新的"世界之歌"。世界或许已经准备好了:在全球流媒体曲库不再冲突的时代,不同国家的音乐偏好正朝着丰富多彩的方向发展。

尽管如此,巨大的风险仍然存在。中国政府有可能会出面干预,关闭整个行业。互联网上的流媒体音乐可能会受到更加严格的管控。演唱会和音乐节由于聚集了大量充满活力的年轻人,有可能对有序的政府统治构成特别的威胁。

到目前为止,政府一直断断续续地允许中国音乐业务发展壮大。即便是对嘻哈音乐,也远非完全禁止。只要没有令人反感的语言,没有对女性的歧视,没有文身,嘻哈音乐在中国仍然有一席之地。但是如果中国不允许世界音乐过于猛烈地影响自身(这可能导致政府叫停),那么中国是否能够影响世界音乐,也仍有待观察。

第十一章
音乐与良好生活

我曾经非常富有，也曾经非常贫穷。相信我，宝贝，有钱更好！

——埃拉·菲茨杰拉德

艾尔·施滕纳以长老会牧师的身份开始他的职业生涯，后来在密歇根州立大学获得博士学位。他在20世纪60年代搬到圣路易斯，在华盛顿大学任教，养家糊口。艾尔还是一位才华横溢的钢琴家。当埃拉·菲茨杰拉德带着她的爵士乐队来到圣路易斯，在基尔礼堂表演时，伴随她多年的钢琴家保罗·史密斯得了流感，于是她在圣路易斯四处寻找最好的钢琴家。有人推荐了艾尔·施滕纳，而他欣然允诺。演出结束后，这位哲学教授觉得自己表现出色，便请"爵士乐第一夫人"给他的表演打分。她回答说，他"表现不错，只漏掉了几个音符"，艾尔有些沮丧。

不幸的是，晚年的艾尔被阿尔茨海默病夺去了记忆。我见到他的时候，他已经不记得一生中大多数的重要事件，包括为埃拉·菲茨杰拉德伴奏，以及他在哲学领域的学术著作。他儿子杰克给我讲述了艾尔和埃拉·菲茨杰拉德的故事。尽管艾尔的记忆力已经减退，他仍然能弹钢琴，而且弹得很好。当我看到他精力充沛地弹奏《刀锋迈克》（Mack the Knife）、《月亮河》（Moon River）、《夏日时光》（Summer time）和其他记忆中的曲子并且没有漏掉一个音符时，他似乎重回往日时光。

艾尔·施滕纳的经历并非个例。音乐疗法已经被证明能够激发神经紊乱患者的记忆和情感。纪录片《清醒的内心》（Awake Inside）生动地展示了患有痴呆症和其他记忆障碍的患者在听到他们年轻时的音乐后是如何变得活跃起来的。正如已故的外科医生奥利弗·萨克斯所写的那样："音乐感知、音乐感觉、音乐情感和音乐记忆可以在其他形式的记忆消失后存活很长时间。"[1] 神经科学研究表明，音乐之所以具有经久不衰的力量，部分原因似乎在于听音乐需要使用大脑的多个部分，能够触发大脑产生联想。[2]

听音乐也能深刻影响人们日常生活中的情感体验。我在观看詹姆斯·科登和保罗·麦卡特尼一起演唱《拼车卡拉OK》（Carpool Karaoke）时不可能脸上没有笑容，在听比利·乔尔的歌时也不可能不怀旧。除了各种逸事，我们还有关于音乐对我们生活的心理和生理影响的海量文献。从经济学的角度来看，这项研究证明音乐有助于我们的"效用"，即我们从所消费的商品和服务中获得的满足感。简单地说，音乐让我们更加快乐。音乐还能帮助我们调节情绪，并且让我们愉悦地从日常琐事中转移注意力。由于音乐现在越来越普及，音乐对人类福祉的贡献也比任何时候都大。

你幸福，你知道

人们运用了许多方法来测量音乐对我们健康的心理影响，这些方法都指出了听音乐所带来的各种益处。

由于听是实时进行的行为，最直接的方法是研究音乐如何影响人们在听音乐时的情绪状态。研究发现，花时间听音乐是人们在日常生活中最快乐的活动之一。例如，我和心理学家丹尼尔·卡内曼以及其他人的研究发现，就对积极情绪（比如感到快乐）的出现和负面情绪（如压力和愤怒）的消失的影响而言，音乐与参与体育运动、信奉宗教和参加聚会相同。[3]当然，音乐常常与这些活动结合在一起。

听音乐通常是一项次要活动，在人们开车上班、做家务或锻炼时，它是一种受欢迎的分散注意力的方式。人们常常在聚会、交谈和用餐时播放背景音乐。也许你在阅读本章时正在听音乐呢！

最近的研究发现，把听音乐作为次要活动，同时将注意力集中在其他活动上，往往会让人们从其他活动中得到更多乐趣。例如，我和卡内曼及其他人对俄亥俄州哥伦布市810名女性和法国雷恩市820名女性进行的深度研究就得出了这样的结果。[4]具体而言，我们要求这些女性列出她们前一天参与的活动，以及她们在每个时段所感受到的快乐、压力或悲伤程度。我们采用的调查方法被称作"一日重建法"（DRM），其中有许多创新点。我们请受访者将她们的一天分成多个时段，并且确定自己在每个时段所参与的所有活动。如果她们报告的活动有很多项，她们需要指出当时最重要的一项活动。尽管我们运用这些数据发表了许多研究成果，我们之前并没有把关注点放在音乐上。

在所报告的22,715个时段中，共有1572个时段与听音乐相关。[5]但是，只在上述7%的活动中，音乐被视为主要活动。听音乐在美国比在法国更常见，并且在美国比在法国更可能是一项次要活动。

受访者听音乐时往往在做什么呢？人们往往是在通勤途中、旅行、工作、交谈、做家务或做饭的过程中听音乐。图11.1显示了受访者所报告的每一项主要活动的平均幸福指数（0~6），取决于她们当时是否在听音乐。该图还显示了所有活动的结果，并且按照在该时段是否将听音乐当作次要活动来分类。

例如，上下班通勤是人们所报告的日常生活中最不愉快的活动之一。[6] 在没有音乐的通勤路上或旅行途中，人们的平均幸福指数为3.7，而如果在上下班途中或旅行期间听音乐，人们的平均幸福指数为4.0。在通勤途中听音乐能改善人们的体验，幸福感接近总体平均水平。

在图11.1所示的四项活动中，更高的幸福感都与边听音乐边从事任何一项活动相关。工作和谈话时听音乐似乎特别有益。

图11.1 有音乐和无音乐的活动的平均幸福指数（0~6）

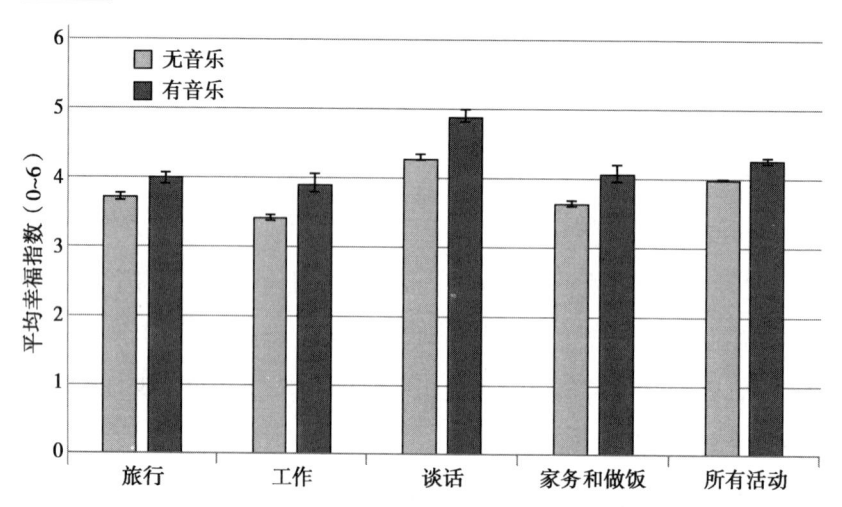

资料来源：作者采用"一日重建法"，根据在法国和美国的调查结果计算得出。最上方的浮动杆表示95%置信区间的宽度。

在听音乐不是主要关注点的所有日常活动中，平均幸福指数为 4.0，而在听音乐为次要活动的所有活动中，平均幸福指数为 4.3。这一差异几乎相当于所有日常时段报告的幸福评级标准偏差的 1/5。

据报告显示，当背景音乐响起时，不仅人们的幸福指数更高，而且负面情绪（比如感到有压力或者不耐烦）也会不再那么强烈。听音乐可以让人感到更快乐，可以赶走忧郁。

听音乐本身能使人有更好的情感体验，但是在得出这一结论之前，我们必须解决两个重要的统计数据问题。第一，听音乐有可能与一些通常非常愉快的活动结合在一起，比如聚会或娱乐活动。虽然从每天通勤时听音乐发生的情况来看，这样说不是问题，但如果我们纵观所有时段的情况，这还真有可能构成一个混淆数据的因素。然而，如果对某个时段发生的主要活动进行统计控制，得出的结果几乎没有改变。[7]

第二，也是更重要的一点，边从事其他活动边听音乐的那部分人有可能本身就是乐天派。例如，那些选择在通勤时听音乐的人，不管他们是否听音乐，可能天生就比那些在通勤时不听音乐的人更快乐。幸运的是，有了我们收集到的数据，就可以把同一个人在同一天不同时段从事同一项活动时的情况进行比较，比如，她在通勤的某些时段听了音乐，而在另一些时段则没有听音乐。这样的比较表明，在人们进行其他活动时听音乐所带来的益处中，个人差异所占的比重还不到一半。[8]因此，与白天其他时段从事相同活动但没有音乐相伴时的认知相比，在从事某项活动的过程中听音乐似乎能够改善一个人对自己体验的认知。

丹尼尔·瓦斯特法约尔与其他几位合著者在瑞典对 207 名男性和女性进行的"一日重建法"研究也得出了类似的结果。[9]积极情绪，比如感到高兴或快乐，在有音乐的时段要比在没有音乐的时段更常见、更强烈。研究对象在有音乐的时段更有可能表现出更高的兴奋度（例如，感觉受到鼓舞或充满活力）。瑞典研究人员给"一日重建法"增添了一个新功能：他们请参与者表明他们听音乐的动机。他们发现："参与者听音乐最常见的动机是获得能量、放松、影响自己的情绪、找一个伴和打发时间。"这些发现表明，人们会利用音乐来帮助自己调节情绪状态。

经济学家长久以来一直怀疑，对于什么会让人快乐或悲伤，研究人员会仅凭人们的叙述做出判断。我倾向于从人们做出的选择中推断出他们的偏好，而不是依赖于他们所说的喜欢或不喜欢什么。随着行为经济学的出现，研究者对这种"显示性偏好"的偏爱正在慢慢消退，在可能的情况下，我们有充分的理由关注客观数据，而不是主观报告。在这方面，许多人选择在大量休闲和工作的时间内听音乐，这一事实有力地表明他们觉得这样的体验令人满意，与心理学研究的结果相一致。

还有一个原因促使我们去相信人们所报告的听音乐时的不同情绪：生理学研究证实，听音乐能产生良性的生物和神经反应，类似于其他良性体验过程中所产生的反应。正如我接下来要解释的，这些生理功能也与良好的健康状况有关。

良好的振动

现在已经有专门研究音乐心理学的学术期刊，而论述音乐与健康和良好生活关系的著作更是多如牛毛。只要对这些文献进行粗略的调查，就能发现音乐改善了一些衡量健康与良好生活的指标，比如压力激素水平，并且改善了健康本身，包括给患有神经疾病的病人所带来的好处。

例如，瑞典斯德哥尔摩卡罗林斯卡医学院的研究人员玛丽·赫尔辛及其他几位合著者设计了一项现场试验，测试听音乐对受试者皮质醇（一种应激激素）水平的影响。[10]参与者被随机分为治疗组（21名女性）和对照组（20名女性）。治疗组选择她们喜欢听的音乐，这些音乐被加载到MP3播放器上。在试验的第一周，两个组被要求下班后在家放松30分钟，不听音乐。一周后，治疗组被要求在此后两周每个工作日的放松时间里听音乐，而对照组则继续原来的计划，在不听音乐的情况下放松30分钟。结果表明，与对照组相比，受试者在听了30分钟的音乐之后，唾液皮质醇水平显著下降。自我报告的压力也有所下降，这进一步表明，人们对与音乐有关的情感体验等调查问题所做的回答，为研究提供了有意义的结果。这几位作者总结道："这些研究结果表明，听自己喜欢的音乐可能比不听音乐更能有效地降低压力和皮质醇水平，增加积极情绪。"

其他一些研究也支持类似的结论。研究人员西尔莎·芬恩和黛西·范考特对44项关于听音乐所产生的生物学影响的研究进行了综述，其中27项是基于临床环境。[11]生物标志物包括用作结果指标的皮质醇、免疫功能和血糖。他们指出："在33个被测试的生物标志物中，有13个在听音乐时发生了变化。"他们得出的结论是："从生物学的角度来说，听音乐对我们的影响主要是通过调节压力来实现的。尽管大多数人听的是古典音乐，但是这些影响与音乐类型、是否为自己选定的音乐或听音乐的时间长短无关。"

正如电影《音乐之生》所凸显的那样，音乐正越来越多地被用于治疗多种疾病。尽管音乐有助于记忆的潜在机制目前尚无法确定，案例分析、临床工作和一些实验所积累的证据表明，熟悉的音乐能给阿尔茨海默病患者强烈的印象并唤起他们的记忆，这是许多其他刺激无法做到的。[12]音乐疗法教授布莱思·拉加斯和迈克尔·骚特对研究文献进行了综述，他们总结道："康复科学领域的海量证据已经显示，对那些因为中风、创伤性脑伤、脊髓受伤、帕金森病和多发性硬化而功能衰退的人而言，节奏性的刺激有助于他们恢复功能。"[13]

神经成像研究发现，当人们听到自己青少年时期的流行音乐时，大脑中支持提取自身生平信息的内侧前额叶皮质特别活跃。还有进一步的证据表明，在童年和青少年时期听到的音乐比在其他年龄段听到的音乐能创造更加强烈或者更加持久的记忆。[14]

有趣的是，赛斯·斯蒂芬斯－达维多维奇对声田用户的音乐选择所进行的研究发现，所有年龄段的人最常听的都是自己青少年时期流行的音乐。[15] 一个例子便是电台司令乐队 1993 年发行的歌曲《懦夫》（Creep）。2018 年，《懦夫》在 38 岁男性最喜欢收听的歌曲中排名第 164 位，这首歌发行时他们只有 14 岁；但是对比他们早 10 年或者晚 10 年出生的男性而言，这首歌甚至都未能排进前 300 名。斯蒂芬斯－达维多维奇分析了 1960 年至 2000 年间《公告牌》排行榜榜首的所有歌曲，他发现"对男性而言，形成他们成年后品味的最重要时期是 13 岁至 16 岁，而对女性而言，这个时期是 11 岁至 14 岁"。看起来青少年期对塑造我们音乐品味和记忆非常关键。

作家哈兰·科本在新泽西州的一个郊区长大，他回顾了音乐在塑造自己身份过程中所扮演的角色。"我的内心深处为自己毫无目标感到恐慌。我的叛逆虽然看似不太强烈，却包括听斯迪利·丹这种乐队的音乐。"* 尤其打动他的是《迪肯布鲁斯》（Deacon Blues）。"我听到的是一首关于某个被困在郊区、试图挣脱束缚的人的歌。"他后来对写作产生了兴趣，"并找到了自己挣脱束缚的办法"。

---

* 哈兰·科本，《小说家哈兰·科本谈斯迪利·丹乐队》，《华尔街日报》，2016 年 11 月 15 日。

我曾经问 Q Prime 经纪公司的创始人克利夫·伯恩斯坦和彼得·门施，他们为什么要定期参加美国职业棒球大联盟的春季训练。彼得回答说："我们在尽量延长自己的青春期。"克利夫笑着补充说："我们算是在从事延长青春期这一行吧。"[16]

划算货

音乐可以说是有史以来最划算的产品之一。对听众来说，音乐是一种灵丹妙药，似乎具有神奇功效：它能改善不愉快的经历，能让愉快的活动更加令人快乐。音乐也能够帮助个人调节情绪。对社会来说，音乐具有团结不同背景的人、消除障碍、号召人们支持一些事业的能力。音乐几乎存在于我们生命每一个重要的关键节点中：高中舞会、婚礼、葬礼、生日、游行、体育赛事、大学聚会和总统就职典礼。

尽管音乐有这些益处，美国人每年花在唱片上的费用比他们花在薯片上的费用还是要少。普通消费者每天花在唱片上的钱不到 10 美分。然而，人们平均每天花 3 到 4 个小时听音乐。很少有活动能像音乐一样占用那么多时间，却又能提供那么多的乐趣。更重要的是，自 1999 年以来，我们听音乐的时间在增加，而在音乐上的花费却下降了 80%。划算的东西变得越发划算了！

现场娱乐也是给粉丝的一个超级划算货。尽管在过去几十年中顶级歌手现场演唱会的票价上涨的速度远远快于整体物价的上涨速度，但听演唱会的人数还是超过以往任何时候，这表明消费者仍然认为现场演出很划算。到各处巡演的明星也比以往多。

音乐经济学的七项要诀

随着新的应用程序和商业模式的问世、粉丝口味的改变、全新音乐类型的出现，以及艺人事业的兴衰，音乐产业肯定会发生变化，但是理解音乐产业的七项经济学要诀很可能将持续存在，并将继续有助于理解该行业的各种发展。

例如，供应、需求、人类对公平待遇的渴望，以及政府保护版权和打击"黄牛"的政策，将始终在决定音乐产业发展的方向方面发挥核心作用。尽管技术的发展将进一步实现去中介化，为艺人创作、推广和传播其作品提供新的途径，而鉴于音乐市场的规模、艺人的独特性以及网络在决定人气中的作用，音乐产业很可能将继续由少数超级明星主导。究竟哪些超级明星能够抓住这个势头，在众多艺人争夺观众、日益拥挤的市场上杀出重围，才华和运气很可能将继续发挥巨大的决定性作用。

成功的艺人和公司将继续利用现场演唱会和出售商品等互补性活动，去寻找在不得罪粉丝的前提下实行价格歧视的办法，以便最大限度地增加收入，并且避免产生不必要的成本。音乐将始终影响听众的情绪，科学家或许会寻找到更好的新音乐疗法治疗病人。

一位中国记者最近问我："诚如您书中所言，您如何看待最新热门应用程序抖音的兴起？"说实话，我当时还没有听说过抖音。那是一个快速发展的社交平台，用于创建和分享短视频，拥有5亿用户。不过我也提到，本书给大家分享的一个经验便是消费者需要快捷、便利的服务，这是苹果音乐、亚马逊音乐和声田等流媒体平台能够从提供免费盗版音乐的网站手中抢走用户的原因，音乐是一种通过网络传播的社会活动。随着音乐产业的发展和新应用程序的出现，摇滚经济学的这些经验将帮助我们理解这些令人兴奋但又具有颠覆性的发展，并将这些发展置于更广泛的背景中。

打烊时间（*Closing Time*）

约翰·梅纳德·凯恩斯在1930年发表的论文《我们的后代的经济可能性》中提出，100年后，人们面临的主要问题将是如何处理我们的闲暇时间：

> 因此，人类自诞生以来将第一次面临真正的永久难题——如何运用在解决了紧迫的经济问题之后获得的自由，如何利用科学和复利为其赢得的闲暇时间，明智地、愉快地、幸福地生活。[17]

然而大多数人远没有像凯恩斯预想的那样解决了紧迫的经济问题，部分原因在于我们越来越"赢者通吃"的经济中不平等现象的加剧，而在未来10年凯恩斯所预测的百年大关到来之际，这种情况不太可能改变。不过，凯恩斯的预测还是有道理的。正如丹尼尔·哈默梅什所言："我们购买和享用商品和服务的能力的增速，远远超过我们享用它们的时间的增速。"[18] 凯恩斯预测："只有那些能够保持活力的人，那些能够将人生艺术培养到极致的人，那些不会为了生活所需而出卖自己的人，才能够在富足到来时尽情享受它。"

的确，经济活动和消费支出越来越依赖于体验、娱乐和文化。诺贝尔奖得主安格斯·迪顿和丹尼尔·卡内曼的研究发现，埃拉·菲茨杰拉德那句名言"有钱更好"只是部分正确：更高的生活满意度确实与更高的收入相关，但是收入超过一定水平之后——他们估计年收入75,000美元——更多的收入其实对日常情绪健康影响不大。用他们的话来说："高收入能够买来对生活的满足，却买不到幸福。"大量的心理学研究发现，经历、家庭、友情、健康和个人价值观对我们的幸福感最重要，而不是我们购买的物质商品的数量。[19] 基于这个原因，生活指南类的书籍通常建议，为了改善生活，我们应该把钱花在难忘的愉快经历上，而不是有形的商品上。

音乐是体验经济一个典型的组成部分。我们希望能够很快面临凯恩斯所说的如何处理过多的闲暇时间的困境，而听音乐将继续是我们在闲暇时间和工作期间改善体验的一个重要因素。这是摇滚经济学的一个基本要素：音乐的地位非常独特，能够增强体验、加强记忆、帮助人们找到生活的目的与意义、建设可持续发展的社区。让人们实现这些目标便是经济的最终目的。

凯恩斯在这篇论述未来的文章结尾处写道：

> 我们达到经济幸福这一目的地的速度将取决于四点——我们控制人口的能力，避免战争和民事纠纷的决心，将本该由科学解决的事情交给科学去解决的意愿，以及由生产与消费之间的差距所决定的积累速度；如果前三点能够成功，最后一点自然会迎刃而解。
>
> 与此同时，为我们的命运稍稍做些准备，积极鼓励并参与生活的艺术及有意义的活动，这也没有什么害处。
>
> 然而，最重要的是，我们不要高估经济问题的重要性，或者为了其所谓的必要性而牺牲其他更重大、更持久的问题。这应该是专业人士要解决的问题，就像牙科。如果经济学家能够成功地让人们将他们视为像牙医那样谦逊、能干的人，那将好极了！

我的牙医业余时的确在经纪她儿子的电子乐队"太空耶稣"。从牙医那里学到的东西比凯恩斯预想的还要多！摇滚经济学为我们在通向经济幸福的旅途中了解经济和生活提供了一个了不起的模型。

附录
对《明星选票》票房数据库的评估

在第四章和第六章中,《明星选票》的数据库被用于描述演唱会票价和收入的趋势。《明星选票》的数据有多种商业用途:媒体(如《华尔街日报》和《福布斯》)可以根据它们确定演唱会行业的规模和名人收入;《明星选票》可以根据它们挑选乐队进行巡演;演唱会承办方可以根据它们确定巡演时的门票销量;商品销售商可以根据它们确定某乐队的商品销售潜力。《明星选票》的数据被视为演唱会上座率、收入和价格等数据的黄金标准,但一些音乐产业内部人士向我提到,《明星选票》的数据是不完整的。数据质量始终是个问题,尤其是在音乐产业,因为该产业缺乏透明度,经纪人、承办方和场馆都可能有动机报告错误数据或者根本不报。(但是,作为一家上市公司,汇演邦有准确报告的法律义务。)本附录将对《明星选票》数据的覆盖率、准确性和可靠性进行评估。*

---

* 这些术语在统计学上具有特定的意义。覆盖率指《明星选票》数据中所包含的演唱会份额;准确性指根据数据计算出来的统计数据平均而言是否趋于正确;可靠性指《明星选票》报告的数据与实际票房记录之间的关联度。

演唱会的基础数据由场馆、承办方和经纪人向《明星选票》杂志报告。报告的信息包括活动日期、重要演出和开幕演出、承办方、场馆的名称和地点、票房收入、售出的门票数量、最高和最低票价。在本附录中，我将把一些演唱会的《明星选票》数据与来自其他渠道更加精确、更加全面的数据进行比较。我的分析得出的主要结论是，《明星选票》的数据虽然在覆盖率方面有所欠缺，但它的票房数据库为顶级艺人的演唱会收入提供了较为全面、准确、可靠的数据，尤其是自20世纪90年代以来，以及在美国。

现在之所以能够将《明星选票》的数据与其他渠道的数据进行比较，因为（1）Setlist.fm网站众包了一些大腕的演唱会信息，而且（2）一所经营着两座大型场馆的州立大学向我透露了保密的票房数据，条件是我不透露学校的名称。[1] 这两个场馆并不直接向《明星选票》报告数据，但是在这些场馆组织演出的经纪人和承办方经常报告数据。

这两个可替代的数据来源渠道有着各自的优缺点：Setlist.fm缺乏价格、上座率、收入等方面的信息，但是对顶级艺人而言，它相当全面。那所大型州立大学只代表了两个没有直接向《明星选票》报告数据的场馆，却向我提供了所有演唱会无可置疑的票房记录。综合起来，这两个渠道有助于我对《明星选票》数据的覆盖率、准确性和可靠性有一个全面的了解。我首先将《明星选票》的数据与Setlist.fm的数据进行比较，以此来考虑《明星选票》数据的覆盖率，然后我再将注意力转向价格和收入数据的准确性和可靠性。

覆盖率证据

这项分析聚焦于 26 位大腕，在 20 世纪初以来向 Setlist.fm 报道的 2.3 万多场演出中，他们占据了头条。具体来说，这些艺人包括碧昂丝、比利·乔尔、邦·乔维、布兰妮·斯皮尔斯、布鲁斯·斯普林斯汀、布鲁诺·马尔斯、雪儿、酷玩乐队、席琳·迪翁、戴夫·马修斯乐队、杰斯、约翰·梅尔、贾斯汀·比伯、肯尼·切斯尼、Lady Gaga、麦当娜、玛丽亚·凯莉、魔力红乐队、金属乐队、红粉佳人乐队、蕾哈娜、莎妮娅·吐温、泰勒·斯威夫特、U2、亚瑟小子和惠特尼·休斯顿。我从 Setlist.fm 那里收集了他们每次演出的日期、地点和主打节目的数据。数据收集完毕之后，我努力将颁奖表演、电视节目、MTV 和其他非演唱会表演从 Setlist.fm 数据中剔除。尽管如此，Setlist.fm 的清单中仍然可能保留了一些非演唱会演出，这将使《明星选票》的数据看上去没有实际情况那么全面。《明星选票》的演唱会样本几乎只是向 Setlist.fm 报告的一个真子集，这表明 Setlist.fm 差不多覆盖了所有演唱会。

表 A.1 报告了《明星选票》数据库中包含的这 26 位大腕的演唱会数量与 Setlist.fm 所列的演唱会数量的比例。这里的结果分别呈现了《明星选票》和 Setlist.fm 拥有数据的美国的演唱会（第 3 列）和所有国家的演唱会（第 6 列）。如果将 Setlist.fm 收集的演唱会资料视作涵盖了所有演唱会的话，那么《明星选票》数据则涵盖了顶级大腕 21 世纪头 10 年在美国举办的演唱会的 80%。在汇演邦停止向《明星选票》报告的那段时间里，《明星选票》所覆盖的演唱会比例有所下降，不过汇演邦后来还是恢复了向《明星选票》报告数据。《明星选票》对美国以外演唱会的覆盖率每 10 年都在提高，目前已经接近美国国内演唱会的覆盖率。

表 A.1：Setlist.fm 和《明星选票》数据库中 26 位大腕的演唱会数量

十年	美国 Setlist	美国《明星选票》	美国《明星选票》占 Setlist 比例	所有国家 Setlist	所有国家《明星选票》	所有国家《明星选票》占 Setlist 比例
	（1）	（2）	（3）	（4）	（5）	（6）
1980 年—1989 年	1876	1121	60%	2906	1173	40%
1990 年—1999 年	2553	1794	70%	4343	2174	50%
2000 年—2009 年	5585	4884	87%	8569	6340	74%
2010 年至今	4337	3529	81%	7342	5786	79%

注：作者基于《明星选票》票房数据库和 Setlist.fm 的分析所得。艺人名单见正文。作者已经从 Setlist.fm 演唱会列表中删除了非演唱会演出。

准确性与可靠性证据

尽管向我透露数据的这所大型州立大学的两个场馆的运营商没有直接向《明星选票》报告数据，在这两个场馆演出的歌手的经纪人和承办方仍然可以向《明星选票》报告数据。该大学向我透露了从 2010 年年中到 2017 年年底在其场馆举办的现场演唱会的数据。在此期间，《明星选票》数据库中出现的演唱会多达 135 场，占这两个场馆所举办的演唱会总数的 57%。鉴于这两个场馆的运营商没有直接向《明星选票》报告，这个数据不如《明星选票》整体数据全面就不足为奇了。

令人欣慰的是，平均而言，向《明星选票》报告的这 135 场演唱会的数据与该大型州立大学提供的相同演唱会的数据基本相似。《明星选举》提供的每场演唱会的收入为 801,086 美元，该大学给出的数据为 776,170 美元，这两组数据中 135 场演唱会收入数据的出入仅为 3%。根据《明星选票》的统计，平均售出的门票数量为 11,324 张，而根据该大学的记录，平均售出的门票数量为 11,191 张，两者之间的出入仅为 1%。根据《明星选票》的统计，平均票价（按每场演唱会售出的门票收入计算）为 70.74 美元，该大学的记录为 69.36 美元。令人惊讶的是，售出更多门票的演唱会常常会少报给《明星选票》。尽管如此，这种比较表明，报告给《明星选票》的数据比较准确。

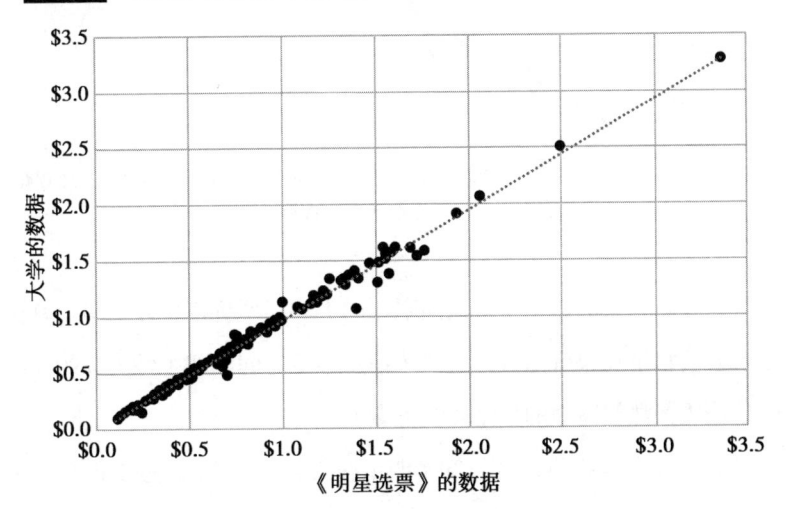

图 A.1 该大学和《明星选票》提供的收入数据（百万美元）

《明星选票》数据也与实际票房数据高度一致。图 A.1 为该大学（纵轴）和《明星选票》（横轴）提供的每场演唱会收入数据的散点图。这两组数值之间的相关性为 0.99，拟合线接近 45 度，这意味着在大多数情况下，报告给《明星选票》的收入数据几乎与该大学记录的收入数据相同。有意思的是，在少数几个不相关的数据点中，与拟合线的偏差往往低于这条线，这表明经纪人或承办方向《明星选票》报告收入数据时偶尔会有所夸大。

图 A.2 显示，该大学和《明星选票》数据报告的每场演唱会售出的门票数量之间也存在着紧密的对应关系。（请注意，其中一场演唱会售出了 3 万张门票，这其实是同一位歌手在相邻数天内两场演出的门票之和。）《明

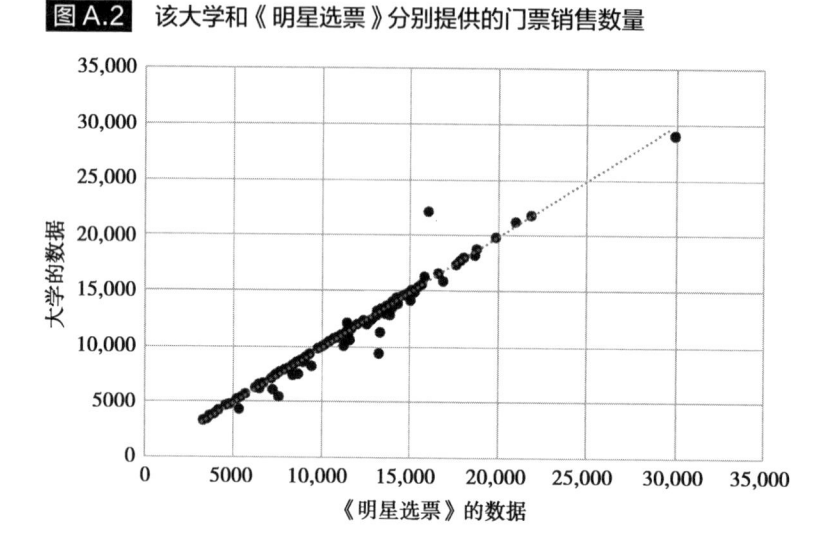

图A.2 该大学和《明星选票》分别提供的门票销售数量

星选票》和该大学的数据中每场演唱会的平均门票价格也差不多。就售出的门票数量和平均票价而言，这两个信息渠道之间的相关性为0.99，表明《明星选票》数据库中的数据非常可靠。

最后，该大学提供的数据和《明星选票》的数据在较长时间里显示出相似的趋势。例如，从2011年到2017年，《明星选票》的数据显示这两个场馆举办的演唱会的平均票价上涨了27%，而该大学的数据显示这两个场馆举办的所有演唱会的平均门票价格上涨了24%。按照2010年至2017年间《明星选票》的数据和该大学的数据计算的年平均票价之间的相关性为0.93。

清理《明星选票》数据

《明星选票》数据包括了一些非演唱会活动，比如喜剧表演、百老汇巡演和体育赛事。我努力从数据库中删除这些非演唱会活动。此外，我给一些艺人所报告的名字重新进行了编码，以确保他们在所有记录中保持一致（例如，统一使用 & 符号）。音乐节和（与多位大腕的）联合演出的收入平均分配给各位大腕。

尽管美国和世界各地举办的大多数演唱会的票房数据都报告给了《明星选票》票房数据库，但早期演唱会的数据更有可能被少报，甚至在最近数年，该数据库也不完整。在分析各位艺人总收入在多个 10 年中的变化趋势时，演唱会数据的缺失变成了一个大问题。因此，为了得出第四章图 4.3a 和 4.3b 中艺人累计收入的数字，作者运用基于 Setlist.fm 和《明星选票》在相应 10 年中的数据得出的具体艺人的比率，根据每位艺人没有向《明星选票》报告的演唱会份额（反比）进行了放大。如果被排除的演唱会的平均门票收入与包括在内的演唱会的收入相等，那么这种方法就可以纠正演唱会报告不完整的情况。

结论

《明星选票》的样本并不包含所有演唱会，但是它代表了顶级大腕近年来举办的绝大多数演唱会。在确定平均票价或收入分配时，覆盖率不完整不一定就会带来问题，因为演唱会信息的缺失比较随机，而且现有数据比较准确、可靠。但是，如果仅仅依靠《明星选票》的数据来确定整个演唱会行业的规模或者各位艺人的总收入，就会导致低估的结果，因为过去 20 年中大约有 20% 的演唱会没有向《明星选票》报告。

致 谢

我必须承认：我只是一个普通乐迷，也就是说，我每天大约听几个小时的音乐。诚然，我从20世纪70年代的比利·乔尔、朱迪·科林斯、史蒂夫·米勒、乔治·本森和亨利·曼奇尼开始，我去现场听演唱会的次数比大多数人多，而且一直到八年级我都是乐队的鼓手（尽管水平很差）。但我对音乐没有那么疯狂。我喜欢跟着一起唱，还喜欢随着节奏用脚打拍子，但我绝对算不上对音乐了如指掌。

在我的职业生涯中，我对U3（官方失业率）的关注远胜于对U2（爱尔兰摇滚乐队）的关注。但是与一个领域保持一定距离有助于更好地了解它，或者至少可以看得更全面，这也是我希望本书所能传达的。音乐在我这个普通乐迷的生活中扮演着如此不可或缺的角色，这一事实表明音乐至少在数百万读者的生活中同样重要。

每当我回首往事，我就发现音乐深深地影响了我的生活。当我小时候试图弄清楚自己长大后想做什么，以及如何融入社会的时候，我会躺在卧室里听音乐。我锻炼身体时听音乐，看完体育比赛坐公交车回家时听音乐。我在高中舞会和我的婚礼上随着音乐跳舞。与我这一代的许多人一样，我在高中毕业纪念册上引用过对我具有特别意义的歌词。我选的是ABBA乐队最不流行的一首歌《向前走》（*Move On*）中开头的几句：

> 如果我探索天堂，或者是探索内心
>
> 嗯，其实结果已经不重要，只要我能告诉自己，我尝试过

这种情感对我来说一直是某种鼓舞和灯塔。本书就是探索之旅的产物。

在家人、朋友、研究助理和学生的大力帮助下，我过得很好。如果没有许多其他人的帮助、鼓励和建议，我不可能写出这本书。我妻子莉萨阅读了每一章，从一开始就不断鼓励这个项目。我的经纪人和朋友雷夫·萨加林热情地鼓励我论述摇滚经济学。我的编辑罗杰·肖勒看出了我想实现的目标，并引导我撰写完一本大众书籍的整个过程。企鹅兰登书屋的埃林·利特尔娴熟地协助了本书的出版。

几位研究助理协助我完成了数据分析和其他研究任务。马克斯·迈耶－博斯一边参加美国奥运赛艇队的训练，一边协助我分析《明星选票》的票房数据库。艾米·维克特和詹姆斯·里夫斯熟练地协助分析流媒体数据，将 ACS 和《公告牌》数据制成表格，并且完成了无数其他任务，包括制作图表、压缩脚注内容。格蕾斯·孔、布伦丹·王和赵俊豪（Jun Ho Choi）用了一个夏天的时间查找顶级音乐人的背景。

普林斯顿大学 30 年来一直是给予我支持的东家，也是我进行研究的好环境。普林斯顿大学研究中心的艾德·弗里兰帮助设计并开展了音乐产业研究协会音乐人调查项目。

我哥哥理查德·克鲁格和我儿时的朋友杰夫·科尔顿对本书几个章节提供了反馈，并根据他们丰富的经验指导我了解音乐、歌手和乐队等复杂的问题。

我的孩子本和西德尼阅读了几章手稿，并提供了宝贵的建议。他们多年前游说我去看"超级男孩"的演出，重新激发了我对现场音乐的兴趣。西德尼在哥伦比亚大学的同学保罗·布鲁姆给我提供了对音乐神经科学研究领域翔实的总结。

音乐产业的几位人士向我提供了数据。《明星选票》的创始人加里·史密斯和加里·邦乔万尼特别慷慨,让我访问《明星选票》票房数据库,而《明星选票》的新老板也尊重了他们的安排。"看见音乐"的廷科·格奥尔基耶给我提供了流媒体数据,并且指导我了解中国音乐市场。国际唱片业协会的大卫·普莱斯向我提供了最新的国际唱片收入数据。马可·里纳尔多、卡洛琳娜·布雷桑和安德烈·巴拉蒂尼慷慨地提供了来自 Rehegoo 的流媒体数据。

音乐产业有太多人(我无法一一提及)指导我了解这一行的内部运作机制,但我想特别感谢亚当·费尔、昆西·琼斯、约翰·伊斯门、埃里克·伯曼、唐·帕斯曼、马蒂·戈特斯曼和罗布·莱文给予的建议和帮助。约翰·卡波、埃里克·德丰特奈、刘庆满和 J.P. 梅帮助我了解了中国的音乐市场。我还要特别感谢克利夫·伯恩斯坦和彼得·门施与我分享他们的故事和见解,并且安排我从混音站观看金属乐队的演出,还鼓励我进行研究。我希望明年能参加他们的春训。

我从音乐产业研究协会的合作伙伴那里学到了很多东西,全都反映在了本书中。他们包括乔尔·瓦尔德福格尔、阿伦·索伦森、玛丽·康诺利、丹·赖恩、朱莉·霍兰德·莫蒂默和珍妮·威尔金森。佩尔·克鲁塞尔指导我了解了瑞典的音乐情况。丹·平克帮助我整理思绪。我的同事奥利·阿申费尔特不仅给予我鼓励和建议,他对葡萄酒经济学的研究也为我在这个领域的工作铺平了道路。艾米·布伦戴奇和萨姆·米歇尔在这个项目的不同阶段都向我提供了宝贵的反馈意见。

马克斯·温伯格、史蒂夫·费罗内、丹·威尔逊、雅各布·科利尔和格洛丽亚·埃斯特凡等才华横溢、非常敬业的音乐人慷慨且耐心地向我展示了他们的生活和技艺。他们激励着我和他们的粉丝。我已经尽了最大努力,尽可能忠实地呈现他们的故事和他们这一行的经济学。

附

注

本附注非最终版本

第一章：前言

1. See Mikal Gilmore, "Why the Beatles Broke Up," *Rolling Stone*, Sep. 3, 2009.
2. Jon Pareles, "David Bowie: 21st Century Entrepreneur," *New York Times*, Jun. 9, 2002.
3. Mark Mulligan, "Why Profit Doesn't Come into It for Apple Music," *Music Industry Blog*, Aug. 28, 2015.
4. Barbara Charone, "Ladies and Gentlemen...Emerson, Lake & Palmer," *Gig Magazine*, Sep. 1977, http://ladiesofthelake.com/cabinet/77 Tour.html.
5. 这句话来自2018年3月2日在纽约市对约翰·伊斯门的采访。
6. Neil Young, "My My, Hey Hey (Into the Black)," *Rust Never Sleeps*, Reprise Records, 1979.
7. Chris Moukarbel, dir., *Gaga: Five Foot Two*, Netflix, 2017.
8. David J. Hargreaves, "The Effects of Repetition on Liking for Music," *Journal of Research in Music Education* 32, no. 1 (1984): 35-47; Robert B. Zajonc, "Attitudinal Effects of Mere Exposure," *Journal of Personality and Social Psychology* 9, no. 2, pt. 2 (1968): 1-27.
9. Tasneem Chipty, "FCC Media Ownership Study #5: Station Ownership and Programming in Radio," Federal Communications Commission, Jun. 24, 2007, https://docs.fcc.gov/public/attachments/DA-07-3470A6.pdf.
10. Gary Trust, "Ask Billboard: Max Martin Notches Another No. 1," *Billboard*, Nov. 25, 2014; Ed Christman, "Billboard's 2018 Money Makers: 50 Highest-Paid Musicians," *Billboard*, Jul. 20, 2018.

11. Marc Myers, "Steely Dan's Donald Fagen Tours with Young 'Nightflyers,'" *Wall Street Journal*, Jul. 26, 2017.
12. Alfred Marshall, *Principles of Economics* (New York: Macmillan, 1947).
13. Chris Anderson, *The Long Tail: Why the Future of Business Is Selling Less of More* (New York: Hyperion, 2006).
14. 作者基于《明星选票》票房数据库的信息计算而得。
15. Facundo Alvaredo, Lucas Chancel, Thomas Piketty, Emmanuel Saez, and Gabriel Zucman, "World Inequality Report," World Inequality Lab, 2018.
16. Gerry Mullany, "World's 8 Richest Have as Much Wealth as Bottom Half, Oxfam Says," *New York Times*, Jan. 16, 2017.
17. Michael Wheeler, "The Luck Factor in Great Decisions," *Harvard Business Review*, Nov. 18, 2013.
18. See Chapter 6.
19. "Concert Tickets' Expensive Rocknomics: Our View," *USA Today*, Aug. 8, 2013.
20. Richard E. Caves, *Creative Industries: Contracts Between Art and Commerce* (Cambridge, MA: Harvard University Press, 2002). See also Peter Tschmuck, *The Economics of Music*, (New Castle upon Tyne: Agenda Publishing, 2017).
21. IFPI, "Global Music Report 2018: Annual State of the Industry," 2018.
22. Jason Huang, David H. Reiley, and Nickolai M. Riabov, "Measuring Consumer Sensitivity to Audio Advertising: A Field Experiment on Pandora Internet Radio," working paper, 2018, https://davidreiley.com/papers/PandoraListenerDemandCurve.pdf.
23. See Alan B. Krueger, Daniel Kahneman, David Schkade, Norbert Schwarz, and Arthur A. Stone, "National Time Accounting: The Currency of Life," in *Measuring the Subjective Well-Being of Nations: National Accounts of Time Use and Well-Being,* ed. Alan B. Krueger (Chicago: University of Chicago Press, 2009).
24. 出自加拿大洛杉矶加州大学洛杉矶分校2017年音乐产业研究协会会议上Dave Bakula, Nielsen, and Russ Crupnick at the 2017 MIRA Conference at UCLA, Los Angeles, CA. See https://themira.org/program-1.
25. 作者基于Statista（https://www.statista.com/outlook/40110200/109/potato-chips/united-states）和IFPI的信息计算而得，"Global Music Report 2018"。

26. Maria L. Bringas et al., "Effectiveness of Music Therapy as an Aid to Neurorestoration of Children with Severe Neurological Disorders," *Frontiers in Neuroscience* 9 (2015): 427.

第二章：紧跟资本的走向：音乐经济

1. 西蒙的这段话最初被引用是在 Jon Landau, "Paul Simon: The Rolling Stone Interview," *Rolling Stone*, Jul. 20, 1972。
2. 西蒙的这段话最初被引用 Statista, "Music Dossier," 2017 (https://www.statista.com/study/10499/music-industry-in-the-united-states-statista-dossier), 10, 11, 17 及 the Bureau of Economic Analysis。
3. Mikal Gilmore, "The Rolling Stone 20th Anniversary Interview: Bruce Springsteen," *Rolling Stone*, Nov. 5, 1987.
4. 声田的首席经济学家威尔·佩奇（Will Page）认为，唱片行业收入中少算了版权收入。但即使考虑到这种计数不足，全球音乐支出仍远低于全球 GDP 的 0.1%。参见 Tim Ingham, "The Global Music Copyright Business Is Worth More than You Think-And Grew by Nearly $1bn Last Year," *Music Business Worldwide*, Dec. 13, 2016。
5. 引自 2017 年 5 月 17 日在田纳西州纳什维尔对拉斯·克拉普尼克（Russ Crupnick）的采访。
6. Darren Heitner, "Sports Industry to Reach $73.5 Billion by 2019," *Forbes*, Oct. 19, 2015.
7. Daniel Kaplan, "NFL Revenue Reaches $14B, Fueled by Media," *Sports Business Journal*, Mar. 6, 2017, and author's calculation using data from the U.S. Department of Education (https://ope.ed.gov/athletics/#).
8. Jennifer Maloney and Saabira Chaudhuri, "Against All Odds, the U.S. Tobacco Industry Is Rolling in Money," *Wall Street Journal*, Apr. 23, 2017. Advertising expenditures were $8.9 billion in 2015, according to the CDC; "Smoking & Tobacco Use: Fast Facts," Centers for Disease Control and Prevention, https://www.cdc.gov/tobacco/data_statistics/fact_sheets/fast_facts/index.htm.
9. IHRSA, "U.S. Fitness Center/Health Club Industry Revenue from 2000 to 2016

(in Billion U.S. Dollars)," Statista, www.statista.com/statistics/236120/us-fitness-center-revenue, and Ana Swanson, "What Your Gym Doesn't Want You to Know," *Washington Post*, Jan. 5, 2016.

10. 本章此处和其他几处引自 2017 年 7 月 5 日对克利夫·伯恩斯坦的电话采访。

11. Alan B. Krueger and Ying Zhen, "Inaugural Music Industry Research Association (MIRA) Survey of Musicians," *MIRA Conference Report 2018*.

12. 引自 2017 年 11 月 10 日在纽约州纽约与艾弗里·利普曼（Avery Lipman）的会见的谈话。

13. "Vinyl (Still) Rocks \m/," *RIAA Music Note Blog*, Mar. 23, 2016; Elizabeth King, "Why Are CDs Still a Thing?," *Motherboard*, Apr. 8, 2016.

14. Allison Stewart, "What Genres Have Benefited Most from the Streaming Era of Music," *Chicago Tribune*, Apr. 4, 2018.

15. Hugh McIntyre, "What Do the Major Streaming Services Pay per Stream," *Forbes*, Jul. 27, 2017.

16. Jem Aswad and Janko Roettgers, "With 70 Million Subscribers and a Risky IPO Strategy, Is Spotify Too Big to Fail?," *Variety*, Jan. 24, 2018.

17. Donald S. Passman, *All You Need to Know About the Music Business* (New York: Free Press, 2012).

18. AudienceNet, "2017 Music Consumption: The Overall Landscape." 这些数据基于具有全国代表性的在线调查，调查对象为 3006 名 16 岁及以上的美国居民。

19. Goldman Sachs Equity Research, "Music in the Air," Aug. 28, 2017, 25.

20. "A Billion Reasons to Celebrate Music on YouTube," *YouTube Official Blog*, Dec. 6, 2016; Rob LeFebvre, "YouTube Music Head Says Company Pays Higher Royalties than Spotify in US," Engadget, Aug. 7, 2017.

21. 统计数据来自 "David Byrne and Thom Yorke on the Real Value of Music," Wired, Dec. 18, 2007。

22. "BuzzAngle Music 2017 U.S. Report," BuzzAngle, 2017.

23. 信息来自阿曼达·帕默（Amanda Palmer）的网页 https://www.patreon.com/amandapalmer。

24. Passman, *All You Need to Know About the Music Business*.

25. 本小节的统计数据来自《公告牌》公布的 2016 年和 2017 年的收入最高的音

乐人的信息，以及作者基于这些数据的所得的计算。Ed Christman, "Billboard's 2018 Money Makers: 50 Highest-Paid Musicians," Billboard, Jul. 20, 2018.

26. Gary Trust and Keith Caulfield, "Eminem Marks Sales, Hot 100 Milestones," *Billboard*, Mar. 21, 2014.

27. Fleetwood Mac, "Dreams," *Rumors*, Warner Bros., 1977.

28. Dan Kopf, "Amid Controversy, the NFL Is Still Thriving Financially," *Quartz*, Sep. 9, 2018.

29. 尼尔森音乐全球产品领导及行业见解副总裁戴夫·巴库拉（David Bakula）2017年在举办于洛杉矶加州大学洛杉矶分校的音乐产业研究协会会议上所做的演讲 (https://themira.org/program-1); Audience Net, "2018 Music Consumption: The Overall Landscape," 2018。

30. AudienceNet, "2017 Music Consumption: The Overall Landscape."

31. "Time with Tunes: How Technology Is Driving Music Consumption," *Nielsen Insights*, Nov. 2, 2017.

32. Robert B. Zajonc, "Attitudinal Effects of Mere Exposure," *Journal of Personality and Social Psychology* 9, no. 2, pt. 2 (1968): 1–27.

33. Erik Kirschbaum, *Rocking the Wall: Bruce Springsteen: The Berlin Concert That Changed the World* (New York: Berlinica, 2015).

34. Eric Alper (@ThatEricAlper), "What album or song or musician has changed your life?," Twitter, Dec. 26, 2017, 10:30 a.m., https://twitter.com/ThatEricAlper/status/945723501746454528.

35. Ben Cosgrove, "Concert for Bangladesh: Photos from the First-Ever Rock 'n' Roll Benefit Show," *Time*, Jul. 30, 2013.

36. Amy Robinson, "Michael Jackson 'We Are the World,' " The Borgen Project, Jan. 27, 2014, https://borgenproject.org/michael-jackson-world.

37. Catherine McHugh, "Live Aid 30th Anniversary: The Day Rock and Roll Changed the World," Biography.com, Jul. 12, 2015.

38. Milton Friedman and Rose D. Friedman, *Capitalism and Freedom* (Chicago: University of Chicago Press, 1962).

39. Larry Fink, BlackRock, "A Sense of Purpose," annual letter to CEOs, 2017.

40. 作者基于BuzzAngle总流媒体量的数据计算而得。

41. Michael Agresta, "The Redemption of Sinead O'Connor," *Atlantic*, Oct. 3, 2012.

42. Brian Hiatt, "Natalie Maines: A Dixie Chick Declares War on Nashville," *Rolling Stone*, May 20, 2013.

43. Trigger (Kyle Coroneos), "Destroying the Dixie Chicks—Ten Years After," *Saving Country Music* (blog), Mar. 10, 2013.

44. Gayle Thompson, "15 Years Ago: Natalie Maines Makes Controversial Comments About President George W. Bush," The Boot, Mar. 10, 2018, http://theboot.com/natalie-maines-dixie-chicks-controversy.

45. "North American Concerts Gross $61M for Dixie Chicks," *Austin Business Journal*, Aug. 18, 2003.

46. "Banging the Drum for Music," BBC Arts, http://www.bbc.co.uk/programmes/articles/5lgpCss83SfgN1FJks8gJkB/banging-the-drum-for-music. 访问日期：2018年10月16日。

第三章：音乐人的供给

1. Andy Greene, "Max Weinberg Talks 43 Years with Bruce Springsteen, Health Scares," *Rolling Stone*, Mar. 7, 2017.

2. Bruce Springsteen, "Ain't Got You," *Tunnel of Love*, Columbia Records, 1987.

3. 本节中的数字是基于我对2000—2016年的美国社区调查和1970年、1980年、1990年人口普查的所列的表格。薪酬数据采用的是调查前的12个月的。员工的职位是根据其当前或最近的工作职责进行分类的。员工人数是根据前一周有偿工作的人数进行计算的。2016年美国社区调查样本包括220万个家庭。使用了样本权重以使加权能够代表美国人口的状况。

4. Randall Filer "The 'Starving Artist'—Myth or Reality? Earnings of Artists in the United States," *Journal of Political Economy* 94, no. 1 (1986): 56–75. 文章发现，在1980年，包括音乐人在内的艺术家的平均收入比其他工人赚的钱要少，而这主要是因为他们年轻。他的结论是，艺术家挨饿是一个迷思。然而，这个迷思在21世纪成为更加突出的现实，因为音乐人的年龄越来越大，受到的教育也越来越好，但他们的平均工资仍然要比其他工人低得多。

5. 本段的统计数据是基于Alan Krueger and Ying Zhen, "Inaugural Music Industry

Research Association (MIRA) Survey of Musicians"）*MIRA Conference Report*, 2018。

6. Lawrence F. Katz and Alan B. Krueger, "Understanding Trends in Alternative Work Arrangements in the United States," NBER Working Paper No. 25425, 2019.
7. Andrea Domanick, "The Dollars and Desperation Silencing #MeToo in Music," Noisey.com, Mar. 15, 2018.
8. "Artists and Health Insurance Survey," *Future of Music,* Oct. 15, 2013.
9. Krueger and Zhen, "Inaugural Music Industry Research Association (MIRA) Survey of Musicians."
10. "Freelancing in America: 2017," Freelancers Union & Upwork, 2017.
11. 2018年2月21日新泽西音乐人焦点小组讨论。
12. 见 Alan B. Krueger, "The Impact of Non-Traditional Jobs and the Role of Public Policy," Moynihan Lecture, 2017, http://www.aapss.org/news/alan-krueger-delivers-2017-moynihan-lecture.
13. Eric Alper, "Billy Joel on His Advice to Younger Musicians," *That Eric Alper* (blog), Jan. 14, 2018.
14. Dan Wilson (@DanWilsonMusic), "Even to be a moderately successful musician... " Twitter, May 10, 2018, 8:48 a.m., https://twitter.com/DanWilsonMusic/status/994604978625900550.
15. Kurt Cobain, *Kurt Cobain Journals* (London: Viking Books, 2002).
16. Shawn Rending, "Music Legend Nile Rodgers to SXSW Crowd: 'Don't Be a Snob,' " KVUE, Mar. 15, 2017.
17. Patti Smith, *Just Kids* (New York: Ecco, 2010).
18. Bob Dylan, *Chronicles: Volume One* (New York: Pocket Books, 2005).
19. lEIGh5, "Jason Pierce (Spiritualized) Interview: 2011," *Digging a Hole* (blog), May 11, 2011, http://guestlisted.blogspot.com/2011/05/jason-pierce-spiritualized-interview.html.
20. 2018年2月16日在迈阿密海滩采访雅各布·科利尔（Jacob Collier）。
21. Krueger and Zhen, "Inaugural Music Industry Research Association (MIRA) Survey of Musicians."
22. 与鲍勃·格尔多夫（Bob Geldof）于2017年11月17日在纽约市汉密尔顿计

划（Hamilton Project）研讨会上进行的讨论。

23. 作者根据上市公司的高管的薪酬、运动员和音乐人收入的数据计算而得。"Equilar | New York Times 200 Highest-Paid CEOs," Equilar, May 25, 2018; "The World's Highest-Paid Athletes," *Forbes,* June 13, 2018; and Ed Christman, "Billboard's 2018 Money Makers: 50 Highest-Paid Musicians," *Billboard*, Jul. 20, 2018.

24. Adam Smith, *An Inquiry into the Nature and Causes of the Wealth of Nations* (London: W. Strahan and T. Cadell, 1776).

25. Grateful Dead, "Playing in the Band," *Ace*, Warner Bros., 1972.

26. Frank Sinatra, *Sinatra at the Sands*, Reprise Records, 1966.

27. 作者基于《公告牌》百强单曲榜的数据计算而得。

28. 2018年6月29日通过Skype对丹·威尔逊（Dan Wilson）进行的采访。

29. Gary Trust, "Happy Birthday, Billboard Charts! On July 27, 1940, the First Song Sales Chart Debuted," *Billboard*, Jul. 27, 2017.

30. Robert Daniels, "The Hip Hop Economy Goes Free Trade," *Fortune*, Apr. 25, 2012.

31. Jacob Slichter, *So You Wanna Be a Rock & Roll Star: How I Machine-Gunned a Roomful of Record Executives and Other True Tales from a Drummer's Life* (New York: Broadway Books, 2004).

32. 电话采访克利夫·伯恩斯坦，2017年7月5日。

33. James Brown and Bruce Tucker, *James Brown: The Godfather of Soul* (London: Head of Zeus, 1987).

34. Dan Epstein, "Metallica's Black Album: 10 Things You Didn't Know," *Rolling Stone*, Aug. 12, 2016.

35. Fred Bronson, "Metallica, Afghanistan National Institute of Music Named 2018 Polar Music Prize Laureates," *Billboard*, Feb. 14, 2018.

36. 2017年8月11日在加利福尼亚州洛杉矶对昆西·琼斯（Quincy Jones）的采访，以及2017年1月23日昆西·琼斯在佛罗里达州好莱坞市举行的全球交易所交易基金（ETF）内部会议上的讲话。

37. 2017年8月11日在加利福尼亚州洛杉矶对亚当·费尔的采访。

38. 引自2018年3月14日在加利福尼亚州洛杉矶对史蒂夫·费罗内（Steve

Ferrone）的采访。

39. 本节的统计数据基于 2018 年的音乐产业研究协会音乐人调查，2016 年全国药物使用和健康调查以及 2015—2016 年国家健康和营养调查（NHANES）。Krueger and Zhen, "Inaugural Music Industry Research Association (MIRA) Survey of Musicians."

40. Martin Wolkewitz, Arthur Allignol, Nicholas Graves, and Adrian G. Barnett, "Is 27 Really a Dangerous Age for Famous Musicians? Retrospective Cohort Study," *BMJ* 343, no. 7837 (2011); Mark A. Bellis, Tom Hennell, Clare Lushey, Karen Hughes, Karen Tocque, and John R. Ashton, "Elvis to Eminem: Quantifying the Price of Fame Through Early Mortality of European and North American Rock and Pop Stars," *Journal of Epidemiology and Community Health* 61, no. 1 (2007): 896–901.

41. 音乐人的社会经济指标和地理位置情况收集自各种资料来源，包括访谈、文章、传记等。社会经济地位是根据若干因素确定的，包括家庭结构、住房类型（公共住房）和父母职业。父母职业是根据 2010 年美国社区调查的数据进行分类的。

42. Raj Chetty, Nathaniel Hendren, Patrick Kline, and Emmanuel Saez, "Where Is the Land of Opportunity? The Geography of Intergenerational Mobility in the United States," *Quarterly Journal of Economics* 129, no. 4 (2014): 1553–1623.

43. "Melanie C Talks Spice Girls and Sexism at AIM's Women in Music," *Music Week*, Jan. 18, 2018.

44. Krueger and Zhen, "Inaugural Music Industry Research Association (MIRA) Survey of Musicians."

45. Trigger (Kyle Coroneos), "In 2017, Women Only Made Up 7.5% of Country Radio's Top 40," *Saving Country Music* (blog), Dec. 27, 2017.

46. Judy Klemesrud, "Is Women's Lib Coming to the Philharmonic?," *New York Times*, Apr. 11, 1971.

47. Melinda Newman, "Where Are All the Female Music Producers," *Billboard,* Jan. 19, 2018.

48. Claudia Goldin and Cecilia Rouse, "Orchestrating Impartiality: The Impact of 'Blind' Auditions on Female Musicians," *American Economic Review* 90, no. 4

(2000): 715–741.

49. Katharine Zaleski, "Job Interviews Without Gender," *New York Times*, Jan. 6, 2018.
50. Patrick Doyle, "The Last Word: Billy Joel on Self-Doubt, Trump and Finally Becoming Cool," *Rolling Stone*, Jun. 14, 2017.

第四章：超级明星经济

1. Thomas Piketty and Emmanuel Saez, "The Evolution of Top Incomes: A Historical and International Perspective," *American Economic Review* 96, no. 2 (2006): 200–205.
2. Lucas Chancel Facundo, Thomas Piketty, Emmanuel Saez, and Gabriel Zucman, "2018 World Inequality Report," World Inequality Lab, 2018.
3. This and other quotes are from Alfred Marshall, *Principles of Economics*, 8th ed. (London: Macmillan, 1930).
4. 此处和其他几处引言出自：Sherwin Rosen, "The Economics of Superstars," *American Economic Review* 71, no. 5 (1981): 845–858。
5. William Barclay Squire, "Billington, Elizabeth," in *Dictionary of National Biography*, ed. Leslie Stephen (London: Smith, Elder, 1886).
6. 这是基于英格兰银行的通胀计算器和英镑兑美元1.40的汇率得出的数据。参见 Zack O'Malley Greenburg, "The World's Highest-Paid Women in Music 2017," *Forbes*, Nov. 20, 2017。
7. 作者基于《明星选票》票房数据库中的信息计算而得。
8. 作者基于 BuzzAngle 的数据计算而得。作者的估计是基于以下前提：目前在流媒体平台上有300万艺人。艺人按2017年的专辑销量排名。
9. Jon Pareles, "David Bowie: 21st Century Entrepreneur," *New York Times*, Jun. 9, 2002.
10. 引自对克利夫·伯恩斯坦的电话采访，2017年7月5日。
11. Donald S. Passman, *All You Need to Know About the Music Business* (New York: Free Press, 2012).
12. Lucy Williamson, "The Dark Side of South Korean Pop Music," BBC News, Jun.

15, 2011.

13. "BuzzAngle Music 2017 U.S. Report," BuzzAngle, 2018.

14. 计算基于以下前提：人均寿命 80 岁；每天 16 小时听音乐时间；每首歌长约 5 分钟。

15. David J. Hargreaves, "The Effects of Repetition on Liking for Music," *Journal of Research in Music Education* 32, no. 1 (1984): 35–47; Robert B. Zajonc, "Attitudinal Effects of Mere Exposure," *Journal of Personality and Social Psychology* 9, no. 2, pt. 2 (1968): 1–27.

16. 关于这一过程的技术讨论，请参阅：David Easley and Jon Kleinberg, *Networks, Crowds, and Markets: Reasoning About a Highly Connected World* (Cambridge, MA: Cambridge University Press, 2010), ch. 18。

17. Matthew J. Salganik, Peter Sheridan Dodds, and Duncan J. Watts, "Experimental Study of Inequality and Unpredictability in an Artificial Cultural Market," *Science* 311 (2006): 854–856.

18. 引自 2018 年 2 月 16 日在迈阿密海滩对雅各布·科利尔的采访。

19. Mark E. J. Newman, "Power Laws, Pareto Distributions and Zipf's Law," *Contemporary Physics* 46, no. 5 (2005): 323–351; Dimitrios Rafailidis and Yannis Manolopoulos, "The Power of Music: Searching for Power-Laws in Symbolic Musical Data," working paper, Department of Informatics, Aristotle University, Thessaloniki, Greece, 2008.

20. Stephen Gandel, "Beware, Bitcoin Buffs, Bubbles Often Bite," *Bloomberg*, Sep. 29, 2017.

21. Chris Anderson, *The Long Tail: Why the Future of Business Is Selling Less of More* (New York: Hyperion, 2006).

22. Paul Krugman, "Is This (Still) the Age of the Superstar?," *New York Times*, Jun. 13, 2013.

23. Author's calculation using information from the Pollstar Boxoffice Database.

24. Anita Elberse, *Blockbusters: Hit-Making, Risk-Taking, and the Big Business of Entertainment* (London: Macmillan, 2013).

25. 史密斯和特朗提出了一个相关的论点："长尾过程不仅仅被用于生产长尾产品，它能够而且将会被用于生产拳头产品。" Michael D. Smith and Rahul

Telang, *Streaming, Sharing, Stealing: Big Data and the Future of Entertainment* (Cambridge, MA: MIT Press, 2016), 76.

26. 奎斯特拉夫于 2018 年 4 月 15 日在佛罗里达州迈阿密海滩的巴斯艺术博物馆接受汤姆·希利的采访。

27. 作者基于《明星选票》票房数据库的信息计算而得。

28. Lawrence Mishel, Elise Gould, and Josh Bivens, "Wage Stagnation in Nine Charts," Economic Policy Institute, Jan. 6, 2015.

29. Steven Kaplan and Joshua Rauh, "It's the Market: The Broad-Based Rise in the Return to Top Talent," *Journal of Economic Perspectives* 27, no. 3 (2013).

30. David Autor, David Dorn, Lawrence F. Katz, Christina Patterson, and John Van Reenen, "The Fall of the Labor Share and the Rise of Superstar Firms," NBER Working Paper No. 23396, 2017; David Wessel, "Is Lack of Competition Strangling the U.S. Economy," *Harvard Business Review*, Mar. 2018.

31. Wessel, "Is Lack of Competition Strangling the U.S. Economy."

32. Paul Resnikoff, "Two-Thirds of All Music Sold Comes from Just 4 Companies," *Digital Music News*, Aug. 3, 2016.

33. "Tech Firms Shell Out to Hire and Hoard Talent," *The Economist*, Nov. 5, 2016.

34. "Knorr, Wabtec Settle with U.S. over Agreements to Not Poach Workers," Reuters, Apr. 3, 2018.

35. Adam Smith, *An Inquiry into the Nature and Causes of the Wealth of Nations* (London: W. Strahan and T. Cadell, 1776).

36. Federal Trade Commission, "Antitrust Guidance for Human Resource Professionals," Department of Justice, Antitrust Division, Oct. 2016.

37. David Clark, "Antitrust Action Against No-Poaching Agreements: Obama Policy to Be Continued by the Trump Administration," *National Law Review*, Jan. 26, 2018.

第五章：运气的力量

1. 摘自 2017 年 11 月 13 日埃尔顿·约翰做客《斯蒂芬·科尔伯特的深夜脱口秀》（*The Late Show with Stephen Colbert*）文字稿。

2. Peter Carlin, *Homeward Bound*: *The Life of Paul Simon* (New York: Henry Holt, 2016).

3. Frank H. Robert, *Success and Luck: Good Fortune and the Myth of Meritocracy* (Princeton, NJ: Princeton University Press, 2016).

4. 即使所有竞争者都同样有才华并且同样勤奋，超级明星也仍然会出现。见 Moshe Adler, "Stardom and Talent," *American Economic Review* 75, no. 1 (1985): 208–212，在假设每个人都拥有同样的天赋的前提下，对舍温·罗森的超级明星模型的延伸。

5. Chris Hastings and Susan Bisset, "Literary Agent Made £15m Because JK Rowling Liked His Name," *Telegraph*, Jun. 15, 2003.

6. Shaun Considine, "The Hit We Almost Missed," *New York Times*, Dec. 3, 2004.

7. Mike Sigman, "John Hammond Looks Back (II)," *Record World*, Oct. 7, 1972.

8. Robert Burnett, "Dressed for Success: Sweden from Abba to Roxette," *Popular Music* 11, no. 2 (1992): 141–150.

9. 2018年4月12日在纽约市采访约翰·伊斯门。

10. Larry Rohter, "A Real-Life Fairy Tale, Long in the Making and Set to Old Tunes," *New York Times*, Jul. 20, 2012.

11. Jennifer Ordoez, "Pop Singer Fails to Strike a Chord Despite the Millions Spent by MCA," *Wall Street Journal*, Feb. 26, 2002.

12. 本节中的统计数据基于《公告牌》1960—2017年的年终百强排行榜计算而得。

13. Fran Strine, *Hired Gun*, Vision Films, 2016.

14. Matthew J. Salganik and Duncan Watts, "Leading the Herd Astray: An Experimental Study of Self-Fulfilling Prophecies in an Artificial Cultural Market," *Social Psychology Quarterly* 71, no. 4 (2008): 338–355. 为了能够展现他们试验的概貌，我的描述综合了他们两个不同的体系，但也忠实于他们的主要发现。

15. Duncan Watts, "Is Justin Timberlake a Product of Cumulative Advantage?," *New York Times*, Apr. 15, 2007.

16. Bruce Springsteen, *Born to Run* (New York: Simon & Schuster, 2017), 324–325.

17. Andy Greene, "Max Weinberg Talks 43 Years with Bruce Springsteen, Health Scares," *Rolling Stone*, Mar. 7, 2017.

18. Alex Arbuckle, "A Young Frank Sinatra, Dapper and Rebellious from Birth,"

Mashable, Oct. 19, 2015.

19. Geoff Boucher, "Allen Klein Dies at 77; Powerful Figure in Music World," *Los Angeles Times*, Jul. 5, 2009.

20. "Princeton University's 2012 Baccalaureate Remarks," Princeton University, Jun. 3, 2012, www.princeton.edu/news/2012/06/03/princeton-universitys-2012-baccalaureate-remarks.

21. Orley Ashenfelter and Alan B. Krueger, "Estimates of the Economic Return to Schooling from a New Sample of Twins," *American Economic Review* 84, no. 5 (1994): 1157–1183.

22. Philip Oreopoulos, Till Von Wachter, and Andrew Heisz, "The Short-and Long-Term Career Effects of Graduating in a Recession," *American Economic Journal: Applied Economics* 4, no. 1 (2012): 1–29; Lisa B. Kahn, "The Long-Term Labor Market Consequences of Graduating from College in a Bad Economy," *Labour Economics* 17, no. 2 (2010): 303–316.

23. Paul Oyer, "The Making of an Investment Banker: Stock Market Shocks, Career Choice and Lifetime Income," *Journal of Finance* 63, no. 6 (2008): 2601–2628.

24. Lawrence Mishel and Jessica Schieder, "CEO Pay Remains High Relative to the Pay of Typical Workers and High-Wage Earners," Economic Policy Institute, Jul. 20, 2017.

25. Marianne Bertrand and Sendhil Mullainathan, "Are CEOs Rewarded for Luck? The Ones Without Principals Are," *Quarterly Journal of Economics* 116, no. 3 (2001): 901–932.

26. David Cho and Alan B. Krueger, "Rent Sharing Within Firms," draft working paper, 2018.

27. 引自2018年7月27日在纽约市对克利夫·伯恩斯坦的采访。

28. Burton Malkiel, *A Random Walk down Wall Street: Including a Life-Cycle Guide to Personal Investing* (New York: W. W. Norton, 1999).

29. Burton Malkiel, "Index Funds Still Beat 'Active' Portfolio Management," *Wall Street Journal*, Jun. 5, 2017.

30. Chana Schoenberger, "Peter Lynch, 25 Years Later: It's Not Just 'Invest in What You Know,'" *MarketWatch*, Dec. 28, 2015.

31. Joan Goodman, "*Playboy* Interview with Paul and Linda McCartney," *Playboy*, Dec. 1984.
32. Brad M. Barber and Terrance Odean, "The Courage of Misguided Convictions: The Trading Behavior of Individual Investors," *Financial Analyst Journal* 55, no. 6 (1999): 41–55; Brad M. Barber and Terrance Odean, "Boys Will Be Boys: Gender, Overconfidence, and Common Stock Investment," *Quarterly Journal of Economics* 116, no. 1 (2001): 261–92.
33. 2018年10月4日对格洛丽亚·埃斯特凡（Gloria Estefan）的采访。
34. Frank Bruni, "Am I Going Blind?," *New York Times*, Feb. 23, 2018.
35. George Palathingal, "Life Not So Sweet for 'Sugar Man' Sixto Rodriguez," *Sydney Morning Herald*, May 29, 2014.
36. Larry Rohter, "A Real-Life Fairy Tale, Long in the Making and Set to Old Tunes," *New York Times*. Jul. 20, 2012.

第六章：演出必须继续：现场音乐演出的经济学

1. U2的巡演数据来自Bob Grossweiner and Jane Cohen, "Madonna Tour Wraps with $280 Million-Plus Gross," *TicketNews*, Dec. 23, 2008, and Brian Boyd, "Bono's Injury and U2's Shrinking Tour," *Irish Times*, May 8, 2015。
2. 引自2018年在加利福尼亚州洛杉矶举行的《明星选票》的现场音乐行业会议。
3. 本章中的这个和其他引用来自于2017年7月5日对克利夫·伯恩斯坦的电话采访。
4. 作者基于《明星选票》票房数据库的信息计算而得。
5. Thor Christensen, "Gouge-a-Palooza? Rock Artists' Soaring Ticket Prices Amplify Cries of 'Sellout,'" *Dallas Morning News*, Jun. 2, 2002.
6. Donald S. Passman, *All You Need to Know About the Music Business* (New York: Free Press, 2012).
7. Ron Howard, dir., *The Beatles: Eight Days a Week*, Polygram Entertainment, 2016.
8. Ethan Smith, "Ticketmaster, Live Nation Near Merger," *Wall Street Journal*, Feb. 4, 2009.
9. Deborah Speer, "Pollstar Live! Q&A: Michael Rapino," *Pollstar*, Feb. 2, 2018.
10. Ben Sisario and Graham Bowley, "Live National Rules Music Ticketing, Some Say

11. Dave Brooks, "AEG Says It Will Continue to Block-Book the O2 and Staples Center," *Billboard*, Sep. 1, 2017.

12. Jem Aswad, "AEG-MSG Turf Battle Heats Up: Acts That Play L.A. Forum Cannot Play London's O2 Arena," *Variety*, Jun. 30, 2017.

13. Jem Aswad, "Sharon Osbourne Slams AEG over Staples-O2 Booking Policy, Jay Marciano and Irving Azoff Respond," *Variety*, Feb. 7, 2018.

14. Associated Press, "In Move to Discourage Scalping, Rock Band Won't Honor Tickets," *New York Times*, Jul. 2, 1996.

15. MTV News Staff, "Box Office Employee Convicted in N.Y. Ticket Scam," *MTV News*, June 18, 1998.

16. Sarah Pittman, "Listen to Michael Rapino's Pollstar Live! Keynote Q&A: Promoter 101 Podcast," *Pollstar*, Feb. 19, 2018.

17. Neil Irwin, "Why Surge Prices Make Us So Mad: What Springsteen, Home Depot and a Nobel Winner Know," *New York Times*, Oct. 14, 2017.

18. Julie Holland Mortimer, Chris Nosko, and Alan Sorensen, "Supply Responses to Digital Distribution: Recorded Music and Live Performances," *Information Economics and Policy* 24, no. 1 (2012): 3–14; Alan B. Krueger, "The Economics of Real Superstars: The Market for Rock Concerts in the Material World," *Journal of Labor Economics* 23, no. 1 (2005): 1–30.

19. 引自 2018 年 3 月 5 日与约翰·伊斯门的电子邮件通信。

20. 2009 年，特玛捷时任首席执行官欧文·阿佐夫在参议院司法机构小组委员会上就特玛捷-汇演邦的合并证实："你知道，特玛捷的建立就是为了能替所有其他人抵挡风险。特玛捷只拿到了服务费中很小的一部分，包括信用卡费用、给场馆的回扣，有时还有给艺人或者承办商的回扣。" Stephen Dubner, "Why Is the Live-Event Ticket Market So Screwed Up?," *Freakonomics Radio*, WNYC, Dec. 6, 2017.

21. Irwin, "Why Surge Prices Make Us So Mad."

22. 作者基于《明星选票》票房数据库的信息计算而得。

23. "What Other Bands Can Learn from Ed Sheeran," *Stage Right Secrets*, Jan. 10, 2015.

24. David Wild, "10 Things That Piss Off Tom Petty," *Rolling Stone*, Nov. 14, 2002.
25. 本材料来自2018年2月2日加斯·布鲁克斯（Garth Brooks）在洛杉矶举办的《明星选票》的现场音乐行业会议的小组讨论。
26. Ben Popper, "8 Business Secrets of the Grateful Dead," *Business Insider*, Aug. 5, 2010.
27. Pittman, "Listen to Michael Rapino's Pollstar Live! Keynote Q&A."
28. Gregory Mankiw, "I Paid $2,500 for a 'Hamilton' Ticket. I'm Happy About It," *New York Times*, Oct. 21, 2016.
29. Phillip Leslie and Alan Sorensen, "Resale and Rent-Seeking: An Application to Ticket Markets," *Review of Economic Studies* 81, no. 1 (2014): 266–300.
30. Aditya Bhave and Eric Budish, "Primary-Market Auctions for Event Tickets: Eliminating the Rents of 'Bob the Broker'?," NBER Working Paper No. 23770, 2017.
31. "What Is Ticketmaster Verified Fan?" Ticketmaster, https://help.ticketmaster.com/s/article/What-is-Ticketmaster-Verified-Fan. 访问日期：2018年10月22日。
32. Kaitlyn Tiffany, "How Ticketmaster's Verified Fan Program Toys with the Passions of Fandom," *The Verge*, Feb. 7, 2018.
33. Dave Brooks, "Taylor Swift Has Concert Industry Embracing 'Slow Ticketing' Model," *Billboard*, Dec. 14, 2017.
34. Dave Brooks, "Slow Ticketing Helps Jay-Z Net $48.7M on 2017 Tour," *Billboard*, Jan. 11, 2018.
35. William J. Baumol and William G. Bowen, *Performing Arts, the Economic Dilemma: A Study of Problems Common to Theater, Opera, Music, and Dance* (New York: Twentieth Century Fund, 1966).
36. 引自2017年8月3日对罗布·莱文（Rob Levine）的采访。
37. 引自2018年4月5日对迈克尔·洛里克（Michael Lorick）的采访。
38. 本节材料来自2017年12月5日对彼得·鲁宾（Peter Lubin）的采访。
39. 引自丹·赖恩于2017年10月11日在普林斯顿大学发表的演讲。
40. Ethan Smith and Sara Silver, "To Protect Its Box-Office Turf, Ticketmaster Plays Rivals' Tune," *Wall Street Journal*, Sep. 12, 2006.
41. Barry Ritholtz, "Markets, Music and a Defense on Wall Street: Barry Ritholtz,"

Washington Post, Dec. 22, 2017.

第七章：欺诈、骗局与音乐业务

1. 作者于 2018 年 3 月 2 日至 4 月 12 日对约翰·伊斯门进行的采访。
2. Richard E. Caves, *Creative Industries: Contracts Between Art and Commerce* (Cambridge, MA: Harvard University Press, 2000), 65.
3. Justin M. Jacobsen, "The Artist & Record Label Relationship—A Look at the Standard 'Record Deal' [Part 1]," *TuneCore*, May 11, 2017.
4. Ray Waddell, "Update: Madonna Confirms Deal with Live Nation," *Billboard*, Oct. 16, 2007.
5. Peter C. DiCola, "Money from Music: Survey Evidence on Musicians' Revenue and Lessons About Copyright Incentives," *Arizona Law Review* 55, no. 2 (2013): 301–370.
6. Donald S. Passman, *All You Need to Know About the Music Business* (New York: Free Press, 2012).
7. Richard Smirke, "Indie Labels Raked in $6 Billion Last Year, Accounting for 38 Percent of Global Market: New Study," *Billboard*, Oct. 23, 2017.
8. Nate Rau, "Lumineers' Success Hasn't Changed Label's Formula," *Tennessean*, Apr. 4, 2014.
9. Dylan Owens, "Four Years Later, the Lumineers Stage a Surprising Second Act," *Denver Post*, Mar. 31, 2016.
10. Bruce Springsteen, *Born to Run* (New York: Simon & Schuster, 2016), 251.
11. Colin Stutz, "Lil Pump Signs New Contract with Warner Bros. for Roughly $8M: Sources," *Billboard*, Mar. 12, 2018.
12. Jem Aswad, "It's Official: 'Gucci Gang' Rapper Lil Pump Re-Signs with Warner Bros. Records," *Variety*, Mar. 13, 2018.
13. Rafa Alvarez, "A Hip-Hop Signing Frenzy Sends New Record Deal Prices Soaring," *Billboard*, Mar. 29, 2018.
14. 这是我于 2018 年 6 月 26 日在洛杉矶"村落"录音棚的音乐产业研究协会大会上与汤姆·科森（Tom Corson）的对话和问答环节的内容。

15. Fred Goodman, *Allen Klein: The Man Who Bailed Out the Beatles, Made the Stones, and Transformed Rock and Roll* (New York: Houghton Mifflin Harcourt, 2015), 195.
16. "Jay Van Dyke, formerly of the Lumineers: Music Biz 101 & More Podcast," *Music Biz 101*, Dec. 7, 2017.
17. This comes from a lecture Dan Ryan presented at Princeton University on Oct. 11, 2017.
18. Passman, *All You Need to Know About the Music Business*.
19. Peter Bogdanovich, dir., *Tom Petty and the Heartbreakers: Runnin' Down a Dream*, Warner Bros., 2007.
20. Fred Goodman, "How Tom Petty Beat the Labels," *Billboard*, Oct. 6, 2017.
21. Richard Harrington, "Billy Joel's Midlife Confessions," *Washington Post*, Oct. 17, 1993.
22. Nick Paumgarten, "Thirty-Three-Hit Wonder," *New Yorker*, Oct. 27, 2014.
23. Mary Braid, "Sting's Adviser Jailed for £6m Theft from Star," *Independent*, Oct. 18, 1995.
24. Alison Boshoff, "Why Sting's Reduced to Singing at Weddings," *Daily Mail*, Jul. 20, 2016.
25. Guy Lynn and George Greenwood, "Musicians Hit by 'Management Scam,'" BBC, Mar. 29, 2018.
26. John Robinson, "Get Back and Other Setbacks," *Guardian*, Nov. 21, 2003.
27. "Colonel Tom Parker Biography," Biography.com, Apr. 16, 2018.
28. Jerry Osborne, *Elvis: Word for Word* (New York: Harmony Books, 2000).
29. Dave Brooks, "Kanye West Splits with Longtime Manager Izzy Zivkovic: Exclusive," *Billboard*, Mar. 28, 2018.
30. "How I Became the Fresh Prince of Bel-Air | Storytime," YouTube, posted by Will Smith, May 10, 2018, https://www.youtube.com/watch?v=y_WoOYybCro.
31. "Singer Shakira Under Investigation in Spain for Possible Tax Evasion," *USA Today*, Jan. 24, 2018.
32. Emily Farache, "Elton Loses Mega-Lawsuit," E! News, Apr. 11, 2001.
33. Jon Blistein, "50 Cent to End Bankruptcy Case with $23 Million Payout," *Rolling*

Stone, Jul. 7, 2016.

34. Carlson Kyle, Joshua Kim, Annamaria Lusardi, and Colin F. Camerer, "Bankruptcy Rates Among NFL Players with Short-Lived Income Spikes," *American Economic Review: Papers and Proceedings* 105, no. 5 (2015): 381–384.

35. Astrid Baumgardner, "How to Take Charge of Your Finances as a Musician," *I Care If You Listen* (blog), Nov. 11, 2014.

第八章：流媒体正在改变一切

1. 资料来源：RIAA, U.S. Sales Database, https://www.riaa.com/u-s-sales-database。注意，这些是零售数据。关于盗版对音乐作品的销售的影响，详细的文献综述请参见 Michael D. Smith and RahulTelang, *Streaming, Sharing, Stealing* (Cambridge, MA: MIT Press, 2016), ch. 6。

2. 资料来源：美国唱片工业协会（RIAA）的乔希·弗里德兰德（Josh Friedlander）于 2018 年 6 月 26 日在加州洛杉矶举行的音乐产业研究协会会议上的发言。据弗里德兰德说，订阅支持的音频的流媒体播放量占 2017 年所有音乐的流媒体播放量的 31%，互联网广播占 35%，广告支持的视频占 26%，广告支持的音频占 8%。

3. Tim Arango, "Digital Sales Surpass CDs at Atlantic," *New York Times*, Nov. 25, 2008.

4. "Vinyl Still Rocks \m/," *RIAA Music Note Blog*, Mar. 23, 2016; Elizabeth King, "Why Are CDs Still a Thing?," *Motherboard*, Apr. 8, 2016.

5. Steve Knoppwer, "The End of Owning Music: How CDs and Downloads Died," *Rolling Stone*, Jun. 14, 2018.

6. 弗里德兰德于 2018 年 6 月 26 日在音乐产业研究协会会议上的发言。

7. 这一段的数据来自 Ben Sisario, "After Driving Streaming Music's Rise, Spotify Aims to Cash In," *New York Times*, Mar. 13, 2018; Paul Resnikoff, "Apple Music Just Surpassed Spotify's U.S. Subscriber Count," *Digital Music News*, Jul. 5, 2018; "2017 Letter to Shareholders," Amazon, Apr. 18, 2018; Erin Griffith, "Pandora Learns the Cost of Ads, and of Subscriptions," *Wired*, Apr. 30, 2018; "Tencent Platforms Overview in Q1 2018; WeChat MAU Exceeded 1bn," *China Internet*

Watch, May 17, 2018。

8. 摘自 2017 年马克·盖格在洛杉矶音乐产业研究协会会议上的发言。

9. Jem Aswad and Janko Roettgers, "With 70 Million Subscribers and a Risky IPO Strategy, Is Spotify Too Big to Fail?" *Variety*, January 24, 2018.

10. 更为复杂的是,互动式流媒体服务商的固定版税率的占比由版税委员会确定,唱片公司可以就最低支付金额进行谈判。而且,正如本章后面所解释的那样,唱片公司和流媒体服务商除了流媒体版税之外,还可以就宣传和其他利益进行谈判。有些合同还根据复杂公式计算版税,包括流媒体收入中的大头、基于每次播放量支付的金额和基于每位用户支付的金额等要素。

11. Amy X. Wang, "Tidal Hits Back Against Rumors of Wrongdoing with Its Own Investigation," *Rolling Stone*, May 18, 2018.

12. Colin Stutz, "Spotify Subscribers Demand Refunds over Too Much Drake Promotion," *Billboard*, Jul. 2, 2018; Micah Singleton, "Drake's Scorpion Pulls In over 1 Billion Streams in Its First Week," *The Verge*, Jul. 8, 2018.

13. Josh Constine, "Spotify 'Sponsored Songs' Lets Labels Pay for Plays," *TechCrunch*, Jun. 19, 2017.

14. Nicholas Deleon, "Best Music Streaming Services," *Consumer Reports*, May 18, 2018; "Amazon Music," Amazon, https://www.amazon.com/gp/dmusic/promotions/AmazonMusicUnlimitedFamily. 访问日期:2018 年 10 月 16 日。

15. "U.S. Music Mid-Year Report 2018," Nielsen, Jul. 6, 2018.

16. 这是作者基于 BuzzAngle 音乐 2018 年 1 月 5 日至 2018 年 6 月 28 日的数据计算而得。该计算淡化了删除德雷克之后对其他艺人的影响,因为流媒体总播放量只计算排名前 4000 的艺人。

17. 见诸如 Ben Sisario, "As Music Streaming Grows, Royalties Slow to a Trickle," *New York Times*, Jan. 28, 2013。

18. "Billboard Finalizes Changes to How Streams Are Weighted for Billboard Hot 100 & 200," *Billboard*, May 1, 2018.

19. 这些数据以及其他关于声田的数据均来自 Spotify Technology, "Spotify Technology S.A. Releases Financial Outlook for First Quarter and Fiscal Year 2018," March 26, 2018, https://www.sec.gov/Archives/edgar/data/1639920/000119312518095067/d560151dex991.htm; and Spotify Technology

S.A., "Form F-1 Registration Statement Under the Securities Act of 1933," Feb. 28, 2018。

20. Brian Braiker, "Pandora Wants to 'Evolve out of' Autoplay Video Ads," *Digiday*, Mar. 15, 2016.

21. Jason Huang, David H. Reiley, and Nickolai M. Riabov, "Measuring Consumer Sensitivity to Audio Advertising: A Field Experiment on Pandora Internet Radio," working paper, 2018, https://davidreiley.com/papers/PandoraListenerDemandCurve.pdf.

22. Shelly Banjo, "Yes, You're Hearing More Ads on Pandora These Days," *Quartz*, Jul. 24, 2015.

23. Luis Aguiar and Joel Waldfogel, "Platforms, Promotion, and Product Discovery: Evidence from Spotify Playlists," NBER Working Paper No. 24713, 2018.

24. Joel Waldfogel, "How Digitization Has Created a Golden Age of Music, Movies, Books, and Television," *Journal of Economic Perspectives* 31, no. 3 (2017): 195–214, for an analysis of the growth in music production in response to technological change.

25. "Database Statistics," MusicBrainz, 2018.

26. "Music Production," Rehegoo Music, 2018, https://rehegoo.com/music-production.html.

27. Marc Hogan, "Uncovering How Streaming Is Changing the Sound of Pop," *Pitchfork*, Sep. 25, 2017.

28. 我的研究助理艾米·维克特（Amy Wickett）听了所有合作演唱的歌曲，以确定在歌曲前 30 秒或之后出现的歌手。这一段是她的调查结果。

29. 有关数字下载如何解绑专辑销售和专辑销量下降的早期分析，见 Anita Elberse, "Bye-Bye Bundles: The Unbundling of Music in Digital Channels," *Journal of Marketing* 74, no. 3 (2010): 107–123。

30. George Garner, " 'You Can't Capture Lightning in the Bottle Again' : Rihanna Producer JR Rotem on the Key to Writing Hit Songs," *MusicWeek*, Feb. 28, 2018.

31. Abigail Tracy, "Jay-Z's Tidal Music Streaming Service Says Goodbye to Another CEO," *Forbes*, Jun. 23, 2015.

32. Keith Caulfield, "Taylor Swift' s 'Reputation' Becomes Only Album Released in

Last Two Years to Sell 2 Million Copies in U.S.," *Billboard*, Mar. 21, 2018.

33. Taylor Swift, "For Taylor Swift, the Future of Music Is a Love Story," *Wall Street Journal*, Jul. 7, 2014.
34. 这段话所依据的是 "Apple Music Changes Policy After Taylor Swift Stand," BBC News, Jun. 22, 2015。
35. Ian Courtney, "The Bob Lefsetz Podcast: Steve Boom," *Celebrity Access Encore*, Jun. 27, 2018.
36. Stephen Witt, "Billboard Power 100 Cover: Amazon's Jeff Bezos & Steve Boom on Starting a New 'Golden Age' for Music," *Billboard*, Feb. 9, 2017.
37. This is based on Marc Geiger's interview with Hannah Karp at the 2017 MIRA Conference.
38. 引自 Alan B. Krueger and David A. Anderson, *Explorations in Economics* (New York: Worth, 2013)。

第九章：模糊界线：数字世界中的知识产权

1. *Williams v. Gaye*, 885 F.3d 1150 (2018).
2. Philip Caulfield, "Sam Smith Gives Tom Petty Songwriting Credit on 'Stay with Me,'" New York *Daily News*, Jan. 26, 2015.
3. Michelle Fabio, "Bruno Mars and Mark Ronson's 'Uptown Funk' Faces (Yet Another) Copyright Infringement Suit," *Forbes*, Dec. 30, 2017.
4. Kory Grow, "Led Zeppelin Face Retrial in 'Stairway to Heaven' Suit," *Rolling Stone*, Sep. 28, 2018.
5. 引自 2018 年 1 月 22 日在佛罗里达州好莱坞市对昆西·琼斯的采访。
6. Kurt Dahl, "The 2 Copyrights in a Song (or The Most Important Concept in the Music Business)," *Lawyer Drummer*, Oct. 2, 2013.
7. Paul Goldstein, *Copyright's Highway: The Law and Lore of Copyright from Gutenberg to the Celestial Jukebox* (New York: Hill and Wang, 1995), 4.
8. 关于版权经济学的精彩综述，见 Stan Liebowitz and Richard Watt, "How to Best Ensure Remuneration for Creators in the Market for Music? Copyright and Its Alternatives," *Journal of Economic Surveys* 20, no. 4 (2006): 513–545。

9. Alan Greenspan, "Statement re S. 31 Before the Subcommittee on Patents, Copyrights and Trademarks, Senate Committee on the Judiciary," Oct. 25, 1983.
10. Nilay Patel, "Metallica Sued Napster 15 Years Ago Today," *The Verge*, Apr. 13, 2015.
11. Todd Bishop, "Rhapsody Will Rebrand as Napster, Creating 'One Global Brand' for Longtime Music Service," *GeekWire*, Jun. 14, 2016.
12. 见诸如 Joseph Plambeck, "Court Rules That File-Sharing Service Infringed Copyrights," *New York Times*, May 12, 2010。
13. Joel Waldfogel, "Copyright Protection, Technological Change, and the Quality of New Products: Evidence from Recorded Music Since Napster," *Journal of Law and Economics* 55, no. 4 (2012): 715–740.
14. Michela Giorcelli and Petra Moser, "Copyrights and Creativity: Evidence from Italian Operas," SSRN Working Paper No. 2505776, 2016.
15. Frederic M. Scherer, *Quarter Notes and Bank Notes: The Economics of Music Composition in the Eighteenth and Nineteenth Centuries* (Princeton, NJ: Princeton University Press, 2012).
16. Questlove, *Creative Quest* (New York: Ecco, 2018).
17. 引自 2018 年 5 月 30 日与约翰·伊斯门来往的电子邮件。
18. Petra Moser, "Patents and Innovation in Economic History," NBER Working Paper No. 21964, 2016.
19. 诺贝尔经济学奖得主保罗·罗默强调了这一点。他写道："当更多人开始勘探金矿或者进行细菌实验时,将会出现更多有价值的发现。"见 Paul M. Romer, "The Origins of Endogenous Growth," *Journal of Economic Perspectives* 8, no. 1 (1994): 3–22。
20. 见 Lorie Hollabaugh, "Florida Georgia Line, Bebe Rexha Hit One Billion Streaming Mark," *MusicRow*, May 30, 2018; Jim Asker, "Bebe Rexha & Florida Georgia Line's 'Meant to Be' Breaks Record for Longest Rule in Hot Country Songs Chart's History," *Billboard*, Jul. 30, 2018.
21. 引自雷尼·肖克内在加州洛杉矶"村落"录音棚举办的 2018 年音乐产业研究协会会议上的讨论。

22. Ben Kaye, "David Bowie, King of Turning People Down, Turned Down the Trainspotting Soundtrack," *Consequence of Sound*, Feb. 26, 2016.
23. Kelsey McKinney, "Songwriter Aloe Blacc Has a Plan to Save the Music Industry," *Vox*, Jan. 22, 2015.
24. Avery Avapol, "Steven Tyler Demands Trump Stop Playing Aerosmith at Rallies," *The Hill*, Aug. 22, 2018.
25. Steven Tyler (@IamStevenT), "This is not about Dems vs. Repub," Twitter, Aug. 22, 2018, 2:20 p.m., https://twitter.com/iamstevent/status/1032376949358788608?lang=en.
26. Kory Grow, "The Last Word: Lars Ulrich on Metallica's Darkest Times, Making His Own Rules," *Rolling Stone*, Nov. 7, 2016.
27. George A. Akerlof et al., "The Copyright Term Extension Act of 1998: An Economic Analysis," AEI-Brookings Joint Center for Regulatory Studies, Brief 02-1, 2002.
28. Megan MacGarvie, John McKeon, and Jeremy Watson, "It Was Fifty Years Ago Today: Recording Copyright Term and the Supply of Music," working paper, 2017.
29. International Federation of the Phonographic Industry, "Fixing the Value Gap," *IFPI Global Music Report 2018*.
30. 巴里·马萨斯基慷慨地提供了这些数据。图表中报告的收入比例与一般报告中的其他估值不同，因为其收入基数是广义上的卫星音乐电台。
31. AudienceNet, "2017 Music Consumption: The Overall Landscape."
32. 引自2018年7月24日对马蒂·戈特斯曼（Marty Gottesman）的采访。
33. 详细信息见："The Music Modernization Act," SoundExchange, https://www.soundexchange.com/advocacy/music-modernization-act. 访问日期：2018年10月16日。
34. Ed Christman, "Music Modernization Act Passes Senate: Should End Confusion on Sirius XM Pre-1972 Settlement," *Billboard*, Sep. 19, 2018.
35. Peter DiCola and David Touve, "Licensing in the Shadow of Copyright," *Stanford Technology Law Review* 17 (2014): 397.

第十章：全球音乐市场

1. 本节数据是作者基于 2018 年国际唱片业协会（IFPI）全球音乐市场数据计算得出的。
2. Cherie Hu, "How India, the Global Music Industry's Sleeping Giant, Is Finally Waking Up," *Forbes*, Sep. 23, 2017.
3. Mun Keat Looi, "Why Japan Has More Old-Fashioned Music Stores than Anywhere Else in the World," *Quartz*, Aug. 19, 2016.
4. 例如，赫里威尔（Helliwell）发现加拿大各省之间的货物贸易大约是同等大小和距离的加拿大各省与美国各州之间货物贸易的 12 倍。州际服务贸易的密度是加拿大与美国之间服务贸易的 25 至 30 倍。他还发现，国家边界对欧盟国家之间的贸易也有着重要的影响，只是比美加之间小得多：国内贸易密度大约是国际贸易密度的 6 倍，而在使用相同语言的国家之间则更低。见 John Helliwel, *How Much Do National Borders Matter?* (Washington, DC: Brookings Institution Press, 1998)。
5. Fernando Ferreira and Joel Waldfogel, "Pop Internationalism: Has Half a Century of World Music Trade Displaced Local Culture?," *Economic Journal* 123, no. 569 (2013): 634–664; Luis Aguiar, Joel Waldfogel, and Estrella Gomez-Herrera, "Does Digitization Threaten Local Culture? Music in the Transition from iTunes to Spotify," mimeo, 2018.
6. Josh O'Kane, "The Other Stockholm Syndrome," *Globe and Mail*, Jan. 12, 2018.
7. 引自 2017 年 8 月 11 日对昆西·琼斯的采访。
8. John Seabrook, "Blank Space: What Kind of Genius Is Max Martin?," *New Yorker*, Sep. 30, 2015.
9. 这段话摘自 2018 年 3 月 19 日和 20 日对约翰·卡波的采访。
10. 本报道引自 Wang Han, "Faye Wong's Shanghai Concert: The Return, or Fall, of a Legend?," *Global Times*, Jan. 4, 2017; Viola Zhou, "The Rise and Fall of Scalped Faye Wong Concert Tickets," *South China Morning Post*, Dec. 26, 2016; and "Jack Ma Pays $32.5 Million for Faye Wong Concert in Shanghai: Report," *Asia One*, Jun. 23, 2016. 我是按 1 美元兑 6.9 元人民币的汇率（这是当时的汇率）计算的。

11. 这里所依据的是 A2LiVE 委托尼尔森公司进行的"亚太舞曲研究"（*Asia-Pacific Dance Music Study*），2017 年 10 月。

12. 见 Hwang, "Touring in China Remains Unpredictable"; Laura Snapes, "Dua Lipa 'Proud' of Fans Ejected from Concert for Waving LGBT Flags," *Guardian*, Sep. 13, 2018。

13. Doug Strub, "John Cappo: Bringing Music to the Mainland," *Amcham Shanghai*, Jul. 20, 2017.

14. 这段以及其他几段文字均引自 2018 年 3 月 18 日在北京对埃里克·德丰特奈（Eric de Fontenay）的采访以及后来来往的电子邮件。

15. "Headlines from China: China Media Capital Launches CMC Live," *China Film Insider*, Jan. 10, 2018.

16. "Midi Modern Music Festival to Leave Beijing," China.org, Mar. 18, 2009.

17. "Ultra Shanghai Forced to Cancel Only a Week Before Taking Place, Ultra Beijing Dates Reconfirmed," *EDM Sauce*, Sep. 3, 2017.

18. 这段以及其他几段文字均引自 2018 年 3 月 20 日在上海对阿奇·汉密尔顿（Archie Hamilton）的采访。

19. David Herlihy and Yu Zhang, "Music Industry and Copyright Protection in the United States and China," *Global Media and China* 1, no. 4 (2016): 394. Other details in the next two paragraphs also draw on their article.

20. 引自 2018 年 3 月 18 日在北京对萨姆·江（Sam Jiang）的采访。

21. 这里的内容来自 2018 年 3 月 20 日我在上海对看见音乐（Kanjian Music）全球业务总监廷科·格奥尔基耶（Tinko Georgiev）的采访。

22. Lorraine Schmucker, "China's Ban on Hip-Hop from Television Causes Many to Speak Their Minds," *IR Insider*, Feb. 9, 2018.

23. Mark Savage, "China's Music Listening Habits Revealed," BBC News, Feb. 2, 2016.

24. 这里所依据的是腾讯音乐娱乐集团副总吴伟林（Andy Ng）在 2017 年法国戛纳国际音乐博览会（Midem Conference）上提供的数据。来源 "Keynote: Andy Ng, Tencent—Midem 2017," YouTube, posted by Midem, Jun. 6, 2017, https://www.youtube.com/watch?v=eCDPOkfpIYw。

25. NetEase Cloud Music, "NetEase Cloud Music Hits 400 Million User Mark," PR

Newswire, Nov. 21, 2017.

26. Marsha Silva, "Spotify Is Poised to Make Another $3 Billion—Thanks to Tencent Music's Upcoming IPO," *Digital Music News*, Jul. 8, 2018.

27. 除非另有说明，本节其余部分有关腾讯音乐娱乐集团的信息均基于我2018年3月18日在北京对萨姆·江的采访以及此后的一封电子邮件，或者基于腾讯音乐娱乐集团2018年10月提交给证券交易委员会的招股说明书。

28. "Universal Music Group and Tencent Music Entertainment Group Enter into Strategic Agreement Significantly Expanding Chinese Music Market," Universal Music Group, May 16, 2017.

第十一章：音乐与良好生活

1. Oliver Sacks, *Musicophylia* (New York: Knopf, 2007), 373.
2. Daniel Levitin, *This Is Your Brain on Music* (New York: Plume/Penguin, 2007), 186–188.
3. Alan B. Krueger, Daniel Kahneman, David Schkade, Norbert Schwarz, and Arthur A. Stone, "National Time Accounting: The Currency of Life," in *Measuring the Subjective Well-Being of Nations: National Accounts of Time Use and Well-Being*, ed. Alan B. Krueger (Chicago: University of Chicago Press, 2009), 9–86. 通过对2010年、2012年和2013年美国人时间分配的幸福感的模块数据的分析，得出了大致相同的结果。
4. 该样本是在2005年通过随机拨号得到的。每位受试者得到75美元的参与费，但是需要填写四个数据包，其中包含问卷和位于中心位置的时间记录。与传统时间使用调查法（比如通过电话进行的"美国时间使用调查"）相较而言，这种调查提供了更多的多任务处理实例。问卷和数据可以在这里找到：https://rady.ucsd.edu/faculty/directory/schkade/pub/fa-study。
5. 根据不同时段的长短进行加权，据报告有7.5%醒着的时间在听音乐。
6. Daniel Kahneman, Alan B. Krueger, David A. Schkade, Norbert Schwarz, and Arthur A. Stone, "A Survey Method for Characterizing Daily Life Experience: The Day Reconstruction Method," *Science* 306, no. 5702 (2004): 1776–1780.
7. 如果将某个时段是否出现音乐作为一项指标，将主要活动作为变量，并且据此对每个时段的幸福指数进行回归分析，那么有音乐的时段的幸福指数高出 0.281，标准误差为 0.043。

8. 具体来说，如果将某个时段是否出现音乐作为一项指标，将主要活动作为变量，将每个人作为无约束变量，并且据此对每个时段的幸福指数进行回归分析，那么有音乐的时段的幸福指数要高出 0.157，标准误差为 0.0038。如果某个人在回忆每个时段是否听了音乐时出现错误（这很有可能），那么对人的影响的控制将会减弱听音乐的预计效果。

9. Daniel Västfjäll, Patrik N. Juslin, and Terry Hartig, "Music, Subjective Well-Being, and Health: The Role of Everyday Emotions," in *Music, Health, and Well-Being*, ed. Raymond A. R. MacDonald, Gunter Kreutz, and Laura Mitchell (Oxford: Oxford University Press, 2012), 405–423. 这几位作者还报告了他们的一个体验抽样法，该研究对 32 名瑞典大学生进行了调查，在 2 周时间里每天随机选择 7 个时间点询问他们的实时情绪和活动。他们发现，在听音乐的时候，压力明显低于没有听音乐的时段。

10. Marie Helsing, Daniel Västfjäll, Pär Bjälkebring, Patrik Juslin, and Terry Hartig, "An Experimental Field Study of the Effects of Listening to Self-Selected Music on Emotions, Stress, and Cortisol Levels," *Music and Medicine* 8, no. 4 (2016): 187–198.

11. Saoirse Finn and Daisy Fancourt, "The Biological Impact of Listening to Music in Clinical and Nonclinical Settings: A Systematic Review," *Progress in Brain Research* 237 (2018): 173–200.

12. Katlyn J. Peck, Todd A. Girard, Frank A. Russo, and Alexandra J. Fiocco, "Music and Memory in Alzheimer's Disease and the Potential Underlying Mechanisms," *Journal of Alzheimer's Disease* 51, no. 4 (2016): 949–959.

13. A. Blythe LaGasse and Michael H. Thaut, "Music and Rehabilitation: Neurological Approaches," in *Music, Health, and Well-Being*, ed. Raymond A. R. MacDonald, Gunter Kreutz, and Laura Mitchell (Oxford: Oxford University Press, 2012), 159–160.

14. Laurel J. Gabard-Durnam, Takao Hensch, and Nim Tottenham, "Music Reveals Medial Prefrontal Cortex Sensitive Period in Childhood," bioRxiv (2018), https://doi.org/10.1101/ 412007; Steve M. Janssen, Antonio G. Chessa, and Jaap

M. Murre, "Temporal Distribution of Favourite Books, Movies, and Records: Differential Encoding and Re-Sampling," *Memory* 15, no. 7 (2007): 755–767.

15. Seth Stephen-Davidowitz, "The Songs That Bind," *New York Times*, Feb. 10, 2018.
16. 引自 2018 年 3 月 1 日在纽约市对克利夫·伯恩斯坦和彼得·门施的采访。
17. John Maynard Keynes, *Essays in Persuasion* (New York: W. W. Norton, 1963), 358–373.
18. Daniel Hamermesh, *Spending Time: The Most Valuable Resource* (London: Oxford University Press, 2018), 4.
19. Daniel Kahneman and Angus Deaton, "High Income Improves Evaluation of Life but Not Emotional Well-Being," *Proceedings of the National Academy of Sciences* 107, no. 38 (2010): 16489–16493. Richard Layard, *Happiness: Lessons from a New Science*, 2nd ed. (London: Penguin Books, 2011).

附录：对《明星选票》票房数据库的评估

1. 为了获得公立大学的数据，我于 2018 年 2 月正式成为向该大学提供分析服务的承办商，报酬是 100 美元。协议的条款要求对该大学的名称以及所分析的两个场馆保密。